레벨업이 필요할 땐

토익
부스터 RC

레벨업이 필요할 땐

토익 부스터 RC

지은이 박혜영, 전지원, Joseph Bazil Manietta
펴낸이 정규도
펴낸곳 (주)다락원

초판 1쇄 발행 2019년 2월 11일
초판 3쇄 발행 2021년 10월 1일

책임 편집 홍인표, 조상익
디자인 윤지영, 박선영

다락원 경기도 파주시 문발로 211
내용 문의 (02)736-2031 내선 551
구입 문의 (02)736-2031 내선 250~252
Fax (02)732-2037
출판 등록 1977년 9월 16일 제406-2008-000007호

Copyright © 2019 박혜영, 전지원

값 14,500원 (본책 + 해설집)
ISBN 978-89-277-0966-4 14740
　　　978-89-277-0964-0 14740 (set)

http://www.darakwon.co.kr
다락원 홈페이지를 방문하시면 상세한 출판 정보와 함께 MP3 자료 등의
다양한 어학 정보를 얻으실 수 있습니다.

레벨업이 필요할 땐

토익
부스터 RC

다락원

"실전 토익, 어떻게 준비해야 할까요?"

토익 시험이 개정된 이후에 토익이 부쩍 어려워졌다는 말을 학생들로부터 많이 듣곤 합니다. 또한, 기초 단계의 교재를 학습한 다음 시중에 나와 있는 실전 토익 교재로 공부하려고 할 때, 방대한 내용에 부담을 느껴 포기하게 되는 학생들도 많이 보았습니다. 이와 같이, 토익의 기초를 다지기는 했지만, 여전히 실전 토익에 대비하는 데 어려움을 느끼는 학생들을 위해 이 책이 개발되었습니다. 이 책을 학습하고 나면, 막연했던 토익이 손에 잡히는 느낌이 들 것입니다.

이 책은 다음과 같은 특징을 갖고 있습니다.

- 문법 유형별로 유닛이 구성되어 있습니다. 꼭 알아야 할 문법 사항들이 알기 쉽게 정리되어 있으며, 문법 연습을 통해 학습한 내용을 확실히 습득할 수 있습니다.

- 자주 출제되는 어휘들이 품사별로 정리되어 있습니다. 정리된 어휘들을 학습한 다음 실전연습을 통해 관련 문제를 풀어 보면서 실전 토익에 대비할 수 있습니다.

- 실전 토익에 대비할 수 있도록 유닛이 끝날 때마다 Part 5, 6, 7의 실전 연습 문제들을 수록하였습니다.

- Half Test가 수록되어 있어서, 교재를 모두 학습하고 난 다음 자신의 실력이 얼마나 향상되었는지 측정해 볼 수 있습니다.

교재의 집필에 합류해 주신 한국외국어대학교 외국어연수평가원의 Joseph Bazil Manietta 선생님께 특별한 감사의 말씀을 전합니다. 마지막으로, 이 책으로 공부하는 모든 학생 여러분들이 눈에 띄는 실력의 향상을 경험할 수 있기를 기원합니다.

박혜영 · 전지원

목차

이 책의 구성 ·········· p.006

토익(TOEIC)에 관하여 ·········· p.008

Chapter 1 동사의 시제 ·········· p.009
- **01** 단순 시제
- **02** 완료 시제
- **03** 시제 일치의 예외

Chapter 2 능동태와 수동태 ·········· p.021
- **01** 능동태와 수동태
- **02** 4형식/5형식의 수동태
- **03** 주의해야 할 수동태 구문

Chapter 3 to부정사 ·········· p.033
- **01** to부정사의 용법
- **02** to부정사를 목적어/목적 보어로 취하는 동사
- **03** to부정사의 관용 표현

Chapter 4 동명사 ·········· p.047
- **01** 동명사의 역할과 특징
- **02** 동명사를 목적어로 취하는 동사
- **03** 동명사의 관용 표현

Chapter 5 분사 ·········· p.059
- **01** 분사의 역할 / 주의해야 할 분사
- **02** 분사의 관용 표현
- **03** 분사구문

Chapter 6 명사 ·········· p.071
- **01** 명사의 역할과 자리
- **02** 가산 명사 / 불가산 명사
- **03** 주의해야 할 복합명사

Chapter 7 대명사 ·········· p.083
- **01** 인칭대명사
- **02** 재귀대명사 / 지시대명사
- **03** 부정대명사

Chapter 8 형용사 ·········· p.095
- **01** 형용사의 역할
- **02** 수량 형용사
- **03** 주의해야 할 형용사 구문

Chapter 9 부사 ·········· p.107
- **01** 부사의 역할과 위치
- **02** 빈도/시간/접속부사
- **03** 주의해야 할 부사

Chapter 10 원급 / 비교급 / 최상급 ·········· p.119
- **01** 원급
- **02** 비교급
- **03** 최상급

Chapter 11 접속사 ·········· p.131
- **01** 명사절 접속사
- **02** 등위/상관접속사
- **03** 부사절 접속사

Chapter 12 관계사 ·········· p.143
- **01** 관계대명사
- **02** 관계대명사의 생략 / 전치사 + 관계대명사
- **03** 관계부사 / 복합관계사

Chapter 13 전치사 ·········· p.155
- **01** 시간/장소의 전치사
- **02** 기타 전치사 / 혼동하기 쉬운 전치사
- **03** 전치사의 관용 표현

Chapter 14 가정법 ·········· p.169
- **01** 가정법 과거 / 가정법 과거완료
- **02** 가정법 현재와 미래 / 혼합 가정법
- **03** 가정법의 도치

Half Test ·········· p.183

[별책] 정답 및 해설

이 책의 구성

Part 5 · 6 · 7

기출 유형

기출 유형의 문제를 풀어 보면서 해당 유닛에서 학습하게 될 문법 사항을 파악할 수 있습니다.

문법 설명

해당 유닛에서 학습하게 되는 문법 사항이 정리되어 있습니다. 꼭 알아야 하는 기본적인 문법 사항들이 설명되어 있으며, 제시된 예문을 통해 용례를 익힐 수 있습니다.

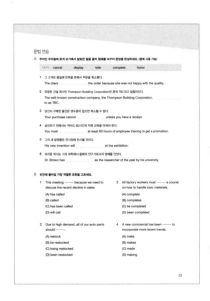

문법 연습

A에서는 문법 문제를 풀어 보면서 학습한 문법 사항을 보다 확실하게 이해할 수 있습니다. B에서는 Part 5에 출제되는 문법 문제를 풀면서, 해당 문법 사항이 토익에서 어떻게 출제되는지 파악할 수 있습니다.

토익 실전 어휘

Part 5와 6에서는 문법 문제 외에도 어휘 문제가 출제됩니다. 이에 대비하기 위해 각 유닛이 끝날 때마다 품사별로 꼭 알고 있어야 하는 어휘 학습 사항들이 정리되어 있습니다. 여기에서 학습한 어휘들은 이어지는 실전 연습에서 문제로 출제됩니다.

실전 연습

각 유닛이 끝날 때마다 RC의 모든 파트의 실전 연습 문제가 수록되어 있습니다. 학습했던 문법 사항과 어휘를 활용한 문제들이 Part 5와 Part 6에 제시되어 있습니다. 또한, 유닛마다 다양한 유형의 지문을 활용한 Part 7 문제들이 제공됩니다.

Half Test

교재의 내용을 모두 학습하고 난 다음, 자신의 실력을 측정해 볼 수 있는 Half Test가 수록되어 있습니다.

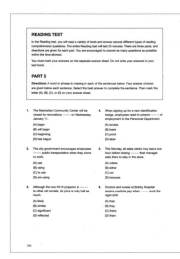

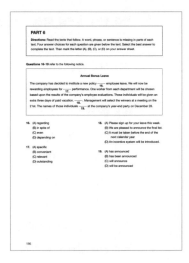

토익(TOEIC)에 관하여

토익(TOEIC)이란?

TOEIC은 Test of English for International Communication의 약자로서, 영어를 모국어로 사용하지 않는 사람이 국제 환경에서 생활을 하거나 업무를 수행할 때 필요한 실용 영어 능력을 평가하는 시험이다. 현재 한국과 일본은 물론 전 세계 약 60개 국가에서 연간 4백만 명 이상의 수험생들이 토익에 응시하고 있으며, 수험 결과는 채용 및 승진, 해외 파견 근무자 선발 등 다양한 목적으로 활용되고 있다.

시험의 구성

구성	PART	내용		문항수	시간	배점
Listening Comprehension	1	사진 묘사		6	45분	495점
	2	질의 응답		25		
	3	짧은 대화		39		
	4	짧은 담화		30		
Reading Comprehension	5	단문 공란 채우기		30	75분	495점
	6	장문 공란 채우기		16		
	7	독해	단일 지문	29		
			복수 지문	25		
TOTAL				200	120분	990점

출제 분야

토익의 목적은 일상 생활과 업무 수행에 필요한 영어 능력을 평가하는 것이기 때문에 출제 범위도 이를 벗어나지 않는다. 비즈니스와 관련된 주제를 다루는 경우라도 전문적인 지식을 요구하지는 않으며, 아울러 특정 국가나 문화에 대한 이해도 요구하지 않는다. 구체적인 출제 범위는 아래와 같다.

일반적인 비즈니스 (General Business)	계약, 협상, 마케팅, 영업, 기획, 콘퍼런스 관련
사무 (Office)	회의, 편지, 회람, 전화, 팩스 및 이메일, 사무 기기 및 사무 가구 관련
인사 (Personnel)	구직, 채용, 승진, 퇴직, 급여, 포상 관련
재무 (Finance and Budgeting)	투자, 세금, 회계, 은행 업무 관련
생산 (Manufacturing)	제조, 플랜트 운영, 품질 관리 관련
개발 (Corporate Development)	연구 조사, 실험, 신제품 개발 관련
구매 (Purchasing)	쇼핑, 주문, 선적, 결제 관련
외식 (Dining Out)	오찬, 만찬, 회식, 리셉션 관련
건강 (Health)	병원, 진찰, 의료 보험 관련
여행 (Travel)	교통 수단, 숙박 시설, 터미널 및 공항에서의 안내 사항, 예약 및 취소 관련
엔터테인먼트 (Entertainment)	영화, 연극, 음악, 미술, 전시 관련
주택 / 법인 재산 (Housing / Corporate Property)	건설, 부동산 매매 및 임대, 전기 및 가스 서비스 관련

Chapter 1

동사의 시제

Tenses

01 단순 시제

02 완료 시제

03 시제 일치의 예외

★ 토익 실전 어휘 – 동사 I

★ 실전 연습

01 단순 시제

기출 유형

Q Robert Kim ------- a seminar on what established companies can learn from startups last week.

(A) led
(B) leading
(C) lead
(D) has led

> **Q** Robert Kim 은 지난주에 대기업들이 신생 기업들에게 무엇을 배울 수 있는지에 대한 세미나를 이끌었다.
>
> (A) 이끌었다
> (B) 이끄는
> (C) 이끌다
> (D) 이끌었다
>
> 정답 (A)

 빈칸은 주어 다음에 오는 동사 자리로서, 적절한 시제의 동사를 골라야 한다. 문장의 마지막에 나오는 'last week(지난주)'와 어울리는 시제는 과거 시제이므로 정답은 (A)이다.

1 현재 시제 (반복되는 일, 현재의 상황, 일반적인 사실)

반복되는 일은 현재 시제를, 현재 진행 중인 일을 표현할 때에는 현재진행 시제(be + −ing)를 쓴다.

The company **hires** (is hiring [X]) new employees **every two years**. (반복되는 일)
회사는 2년마다 신규 직원을 채용한다.

2 과거 시제 (확실한 과거시점에 발생한 일)

확실한 과거 시점을 나타내는 표현이 있을 경우 반드시 과거 시제를 써야 하며 현재완료 시제(have + p.p.)는 쓰지 못한다.

Mr. Campbell **transferred** (has transferred [X]) to the Boston office **3 years ago**. (ago = 확실한 과거 표현)
Campbell 씨는 3년 전에 보스턴 지점으로 전근 갔다.

3 미래 시제 (미래 계획과 예측)

'will'이나 'be going to'로 미래를 표현한다.

The board of directors **will vote** on the major issues **this coming Monday**. (will + 동사원형)
이사회는 주요 이슈에 대해 오는 월요일에 투표할 것이다.

Mr. Nguyen **is going to hire** more technicians and sales representatives **soon**. (be going to + 동사원형)
Nguyen 씨는 기술자와 영업 사원을 더 채용할 것이다.

현재 시제와 어울리는 시간 표현	과거 시제와 어울리는 시간 표현	미래 시제와 어울리는 시간 표현
always 항상	2 years ago 2년 전에	soon 곧
usually 보통	in the past 과거에	in the future 미래에
generally 일반적으로	last quarter 지난 분기에	in 5 years 5년 후에
often 자주	last Monday 지난 월요일에	this coming Saturday 오는 토요일에
every year 매년	in 2002 2002년에	as of + 미래 시점 ~부로
every three years 3년 마다	when + 주어 + 과거 동사 ~였을 때	starting + 미래 시점 ~부터

문법 연습

A 주어진 우리말과 맞게 보기에서 적절한 동사를 골라 시제에 맞게 변형하여 빈칸을 완성하세요.

〈보기〉	work	receive	give	get	research	leave

1 주말에 근무하는 사람들은 추가 임금을 받는다.

Those who work on the weekend _____ additional pay.

2 Garcia 씨는 연설 후에 질문을 받는 데 충분한 시간을 할애할 것이다.

Mr. Garcia _____ plenty of time for questions after his speech.

3 Yuki 전자는 1월부터 AI 기술을 연구할 것이다.

Yuki Electronics _____ AI technology starting next January.

4 지난 금요일에, 모든 직원은 대량 주문 때문에 야근했다.

Last Friday, all employees _____ overtime because of a large order.

5 Eisner 씨는 매일 7시에 집을 나서고 8시에 회사에 도착한다.

Ms. Eisner _____ home at 7 o'clock and _____ to work at 8 o'clock every day.

B 빈칸에 들어갈 가장 적절한 표현을 고르세요.

1 The Stratford Tourist Center ------- ferry rides along the Swan Canal twice a day.

(A) offer

(B) offers

(C) offering

(D) have offered

2 FM Industries ------- a reception to introduce the newly appointed sales manager to its employees last week.

(A) hold

(B) holds

(C) held

(D) has hold

3 Venus Clothing, Inc. ------- its financial service provider as of March 1.

(A) change

(B) changing

(C) will change

(D) had changed

4 Brock's Dining ------- for a head chef to develop Italian cuisine for this coming summer.

(A) is looked

(B) looking

(C) is looking

(D) are looked

02 완료 시제

기출 유형

Q Research shows that tourism at Kent National Park ------- stable over the past 3 years.

(A) remains
(B) remaining
(C) has remained
(D) had remained

Q 연구에 따르면 Kent 국립공원의 관광 사업은 지난 3년 동안 안정적이었다.

(A) 계속 ~이다
(B) 계속 ~인
(C) 계속 ~이다
(D) 계속 ~이었다

정답 (C)

출제 포인트! 현재완료와 함께 사용되는 부사구를 통해 정답을 고를 수 있다. 빈칸은 동사 자리인데, 부사구인 'over the past 3 years(지난 3년 동안)'는 '기간'을 나타내므로 현재완료와 함께 사용되어야 한다. 따라서 정답은 (C)이다.

1 현재완료 (have / has + p.p.)

과거에 일어난 일이 현재까지 지속되거나 현재와 관련이 있을 때 현재완료 시제를 쓴다. 경험, 완료, 계속을 나타낸다.

현재완료와 함께 사용되는 부사구		
already 벌써	so far 지금까지	for/over the past 5 years 지난 5년 동안
just 막	until now ~까지	not... yet 아직 ~이 아니다
recently / lately 최근에	since + 과거 시점 ~ 이후로	

Mr. Vieira **has been** to Berlin more than 10 times **so far**. (경험: 과거부터 지금까지 경험한 일)
Vieira 씨는 지금까지 베를린을 10회 이상 방문했다.

The company **has developed** a system that can identify undervalued stocks. (완료: 과거에 시작된 일이 완료됨)
그 회사는 저평가된 주식을 찾아내는 시스템을 개발했다.

Ms. Kwon **has served** as chief financial officer **for the last two years**. (계속: 과거에 시작한 일이 지금까지 계속됨)
Kwon 씨는 지난 2년간 최고재무책임자로 근무했다.

2 과거완료 (had + p.p.)

'대과거'라고도 하며, 과거에 발생한 어떤 일보다 먼저 일어난 일을 나타낼 때 쓰인다. 'by the time + 과거 시제'는 과거완료와 함께 쓰인다.

We **learned** that the company **had laid** off two of our colleagues.
우리는 회사에서 동료 2명을 정리 해고했다는 사실을 알게 되었다.

By the time Ms. Nichols **arrived** at the station, the train **had already left**.
Nichols 씨가 역에 도착했을 무렵에는 기차가 이미 떠나고 없었다.

3 미래완료 (will + have + p.p.)

미래의 특정 시점 이전에 완료되는 일을 나타낼 때 쓰이고, 'by the time + 현재 시제'와 함께 쓰이는 경우가 많다.

By the time Mr. Wilson **arrives**, all the participants **will have left** the conference.
Wilson 씨가 도착할 무렵에는 모든 참석자들이 컨퍼런스를 떠나고 없을 것이다.

문법 연습

A 주어진 우리말에 맞게, 보기에서 알맞은 표현을 고른 다음 적절하게 변형하여 빈칸을 완성하세요.

〈보기〉	meet	win	complete	visit	leave

1 Cole 씨는 이전에 런던 사무실을 방문한 적이 없다.

Mr. Cole _____ the London office before.

2 Campion 씨는 시장 선거에 세 번 당선되었다.

Mr. Campion _____ mayoral elections three times.

3 새로 고용된 직원들은 지금까지 회사의 사장을 만난 적이 없다.

The newly hired employees _____ the company president so far.

4 Roberto 씨가 사무실로 돌아왔을 때, 그의 고객은 이미 떠나고 없었다.

By the time Mr. Roberto came back to his office, his client _____.

5 올해 말쯤, 회사는 도로 공사를 완료했을 것이다.

By the end of this year, the company _____ the road construction.

B 빈칸에 들어갈 가장 적절한 표현을 고르세요.

1 Mr. Eisner's investments in stocks ------- pretty lucrative over the past two years.

(A) are

(B) will be

(C) to be

(D) have been

2 By the time Ms. Gates got to the conference, Mr. Woo ------- his presentation.

(A) will already finish

(B) have already finished

(C) had already finished

(D) have already been finished

3 Dr. Carter ------- at Gray National University Hospital for the last twenty years, and he will retire this coming Friday.

(A) has served

(B) had served

(C) will have served

(D) serves

4 Because he ------- his job, he was able to sign up for the study abroad program.

(A) to quit

(B) quits

(C) quitting

(D) had quit

03 시제 일치의 예외

기출 유형

Q The consulting firm suggested that the company ------- its business to China. (A) has expanded (B) expands (C) expand (D) expanded	Q 컨설팅 업체는 그 회사가 중국으로 사업을 확장해야 한다고 제안했다 (A) 확장시켰다 (B) 확장시킨다 (C) 확장시키다 (D) 확장시켰다 정답 (C)

시제 일치의 예외와 관련된 문제가 출제된다. 이 문제의 경우, 주절의 동사가 suggest이므로 종속절 동사의 형태가 동사원형이어야 한다는 것을 알고 있어야 풀 수 있다. 이와 같은 동사로는 주장, 제안, 요구를 의미하는 동사들이 있다.

1 현재 시제가 미래 시제를 대신하는 경우

주절의 시제가 미래 시제라고 하더라도 시간, 조건의 부사절의 동사는 항상 현재 시제여야 한다.

시간, 조건의 부사절		
when ~일 때	while ~ 동안에	after / before ~ 전에 / ~ 후에
until ~할 때까지	unless 만약 ~가 아니라면	as soon as ~하자마자
if / providing / provided 만약 ~라면	by the time ~할 때 즈음에	

We **will deliver** the items you ordered as soon as they **are** (will be [X]) available. (시간의 부사절)
주문하신 제품이 들어오자마자 배송해 드리겠습니다.

If you **fill** (will fill [X]) out the survey, we **will send** you a gift card valued at $50. (조건 부사절)
설문을 작성하시면, 50 달러 상당의 상품권을 드리겠습니다.

2 주장, 요구, 제안, 명령 동사 + that + 주어 + (should) + 동사원형

주장, 요구, 제안, 명령을 의미하는 동사		
suggest ~을 제안하다	recommend ~을 추천하다	advise 충고하다
insist ~을 주장하다	order ~을 명령하다	request / require / demand ~을 요구하다

The HR manager **requested** that employees (should) **update** (updated [X]) their personnel records.
인사부장은 직원들이 인사 기록을 업데이트해야 한다고 요구했다.

3 의무 형용사 + that + 주어 + (should) + 동사원형

의무를 의미하는 형용사		
important 중요한	necessary 필요한	imperative 반드시 해야 하는
essential 필수의	vital 필수적인	

It is **imperative** that a new restaurant employee (should) **read** (reads [X]) the food safety guidelines.
레스토랑의 신규 직원은 식품안전지침서를 반드시 읽어야 한다.

문법 연습

A 주어진 우리말에 맞게 보기에서 적절한 동사를 골라 빈칸을 완성하세요. 필요할 경우 동사의 형태를 변형하세요.

〈보기〉	come	keep	refine	wear	permit

1 Anna는 Steven 박사님이 병원으로 오실 때까지 기다릴 것이다.

Anna will wait until Dr. Steven _____ back to the clinic.

2 고객들은 영수증의 원본을 보관하는 것이 중요하다.

It is important that customers _____ their original receipts.

3 보고서에서는 회사가 생산 절차를 개선해야 한다고 제안하고 있다.

The report suggests that the company _____ its manufacturing procedures.

4 시간이 허락한다면, 프레젠테이션이 끝난 뒤 질문을 받도록 하겠습니다.

If time _____, I will take questions after my presentation.

5 주최자는 참석자들이 항상 배지를 달아야 한다고 요구했다.

The organizer required that attendants _____ a badge at all times.

B 빈칸에 들어갈 가장 적절한 표현을 고르세요.

1 Bob Textiles Co. has requested that we ------- the quantity of our order by Friday.

(A) confIrm

(B) confirming

(C) confirmed

(D) will confirm

2 When the renovations -------, the Shanghai office of Wong, Inc. will return to its company building.

(A) will be completed

(B) are completed

(C) complete

(D) completing

3 It is vital that every construction worker ------- safety gear at all times.

(A) wore

(B) wear

(C) wears

(D) are worn

4 If Mr. Yamamoto ------- immediately after the meeting, he will arrive in time for the conference in New York.

(A) leaving

(B) leaves

(C) to leave

(D) had quit

A 아래의 빈출 동사들을 암기하세요.

implement 시행하다	disrupt 방해하다
conduct 실시하다	increase 증가시키다
reserve 예약하다	possess 소유하다
enhance 향상시키다	discontinue 중단하다
launch 시작하다, 착수하다	estimate 추정하다, 견적을 내다
extend 연장하다	retain 유지하다
accommodate 수용하다	inquire 문의하다, 조사하다
reach 도달하다	guarantee 보증하다
promote 홍보하다, 승진시키다	disclose 밝히다
announce 발표하다	observe 관찰하다
feature 특징으로 삼다	utilize 활용하다
release 공개하다	distribute 배포하다
renew 갱신하다	affix 부착하다
expire 만료되다	modify 수정하다
consult 상의하다	endorse (유명인사가) 홍보하다
attend 참석하다	exceed 초과하다, 넘어서다
develop 개발하다	favorite 좋아하는

B 우리 말에 맞게 알맞은 단어를 고르세요.

1 새로운 정책을 시행하다 → (implement / develop) a new policy

2 호텔 방을 예약하다 → (renovate / reserve) a hotel room

3 근무시간을 연장하다 → (exceed / extend) the working hours

4 새 의류 라인을 홍보하다 → (promote / endorse) a new line of clothes

5 고용 계약서를 갱신하다 → (extend / renew) an employment contract

6 졸업식에 참석하다 → (observe / attend) a commencement

7 생산을 방해하다 → (disrupt / hesitate) production

8 효율성을 증가시키다 → (launch / increase) efficiency

9 회사명을 유지하다 → (retain / persist) the name of a company

10 발표할 것이 있다 → have something to (announce / accommodate)

Part 5 빈칸에 들어갈 가장 적절한 표현을 고르세요.

1. If the city council ------- us to hold a festival in the park, Mr. Kim will immediately start organizing the event.

   (A) allows

   (B) will allow

   (C) allowing

   (D) to allow

2. Ellen Jones, the new CFO at KP Bank, ------- in finance at a bank in England for more than 20 years.

   (A) work

   (B) working

   (C) to work

   (D) has worked

3. The technical support team requested that every employee ------- their passwords on a regular basis.

   (A) change

   (B) changes

   (C) is changing

   (D) are changing

4. Recently, Tom Construction Ltd. ------- more than 1,000 constructions workers to build a massive factory in Texas.

   (A) hires

   (B) has hired

   (C) will have hired

   (D) will have hired

5. Claire Myers ------- a bike-sharing company in Sydney, Australia.

   (A) run

   (B) runs

   (C) to run

   (D) running

6. Pica Technology successfully ------- the first stage of its new expansion plan last month.

   (A) completes

   (B) completed

   (C) will complete

   (D) has completed

7. The vice president ------- that some of the talented managers be transferred to the overseas branches in Europe.

   (A) mentioned

   (B) suggested

   (C) thought

   (D) considered

8. Please ------- the labels on the package so that they can be delivered by express mail service.

   (A) affix

   (B) drape

   (C) transport

   (D) launch

9. The Blackwell Animation Studio ------- the first computer animated feature film, *Toy Fairy*, in 1995.

(A) developing
(B) developed
(C) had developed
(D) has developed

10. If the new advertising campaign results in increased sales, the company ------- its sales goals for the year.

(A) is meeting
(B) will meet
(C) has met
(D) has been met

11. The venue for the company banquet can ------- over a hundred guests.

(A) accomplish
(B) accumulate
(C) acknowledge
(D) accommodate

12. Before the participants in the workshop entered the room, they ------- the guestbook.

(A) will sign
(B) signing
(C) was signing
(D) had signed

13. The summit between the leaders of the two countries ------- in Singapore at the moment.

(A) progresses
(B) is progressing
(C) will progress
(D) has progressed

14. The Valley Tech Corporation ------- additional factories in Southeast Asia, including in Vietnam and Indonesia, next year.

(A) construct
(B) constructing
(C) has constructed
(D) will construct

15. Management has decided to ------- Mr. Freeman to regional manager in Seoul.

(A) promote
(B) feature
(C) indicate
(D) observe

16. It is very ------- that every participant complete the questionnaire in detail.

(A) respectful
(B) educational
(C) important
(D) useful

Part 6   지문을 읽고 각각의 빈칸에 들어갈 가장 적절한 표현을 고르세요.

Questions 17-20 refer to the following e-mail.

To: m.suzuki@ymail.com

From: grace_ortiz@toronto.gov

Date: January 19

Subject: Awards Ceremony for Community Involvement

Dear Mr. Suzuki,

I am pleased to inform you that you have been selected by the city of Toronto to receive an award in recognition of your contributions to our community. Your donations to the park system and your role as a community leader ------- our city a better place to live. We would like to invite you
17.
to the awards ceremony at the Montgomery Convention Hall ------- December 6. We will present
18.
you and six other members of the community with awards. The event ------- dinner, so please let
19.
us know if you can make it or not. Again, congratulations on this achievement. -------.
20.

Sincerely,

Grace Ortiz

Community Outreach Director

City of Toronto

---

17. (A) are made
    (B) have made
    (C) making
    (D) be making

18. (A) at
    (B) on
    (C) in
    (D) to

19. (A) include
    (B) including
    (C) included
    (D) will include

20. (A) I look forward to hearing from you soon.
    (B) I will repay you for your financial contributions.
    (C) You can park anywhere near the venue.
    (D) You will be the only recipient of the award.

Questions 21-22 refer to the following text message chain.

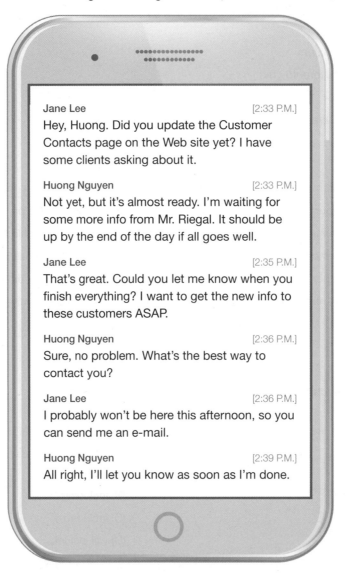

> **Jane Lee**   [2:33 P.M.]
> Hey, Huong. Did you update the Customer Contacts page on the Web site yet? I have some clients asking about it.
>
> **Huong Nguyen**   [2:33 P.M.]
> Not yet, but it's almost ready. I'm waiting for some more info from Mr. Riegal. It should be up by the end of the day if all goes well.
>
> **Jane Lee**   [2:35 P.M.]
> That's great. Could you let me know when you finish everything? I want to get the new info to these customers ASAP.
>
> **Huong Nguyen**   [2:36 P.M.]
> Sure, no problem. What's the best way to contact you?
>
> **Jane Lee**   [2:36 P.M.]
> I probably won't be here this afternoon, so you can send me an e-mail.
>
> **Huong Nguyen**   [2:39 P.M.]
> All right, I'll let you know as soon as I'm done.

21. Why does Ms. Lee contact Ms. Nguyen?

(A) To find some client's contact information

(B) To get Ms. Nguyen's e-mail address

(C) To see if Ms. Nguyen has finished the Web page updates

(D) To find out when the clients will receive the new contact information

22. At 2:39 P.M., what does Ms. Nguyen imply when she writes, "All right"?

(A) She will send Ms. Lee an e-mail.

(B) She will contact Mr. Riegal.

(C) She will visit Ms. Lee's office.

(D) She will meet the deadline.

능동태와 수동태

Voices

01 능동태와 수동태

02 4형식/5형식의 수동태

03 주의해야할 수동태 구문

★ 토익 실전 어휘 – 동사 II

★ 실전 연습

01 능동태와 수동태

기출 유형

Q A sum of 500,000 dollars ------- to help those people who lost their homes due to the recent flood.

(A) donated
(B) to donate
(C) donates
(D) was donated

Q 최근의 홍수로 집을 잃은 사람들을 돕기 위해 총 50만 달러의 돈이 기부되었다.

(A) 기부했다
(B) 기부하는
(C) 기부한다
(D) 기부되었다

정답 (D)

 능동태와 수동태를 구분하는 문제가 출제되는 경우, 주어와 동사의 관계가 수동인지 능동인지를 구분하여 정답을 골라야 한다. 이 문제의 경우 주어인 'A sum of 500,000 dollars'가 '기부되었다'는 수동의 의미가 되어야 하므로 (D)가 정답이 된다.

1 능동태와 수동태의 개념

(1) 능동태 문장: '주어가 ~을 했다'는 의미이다.

The organizer **prepared** a free meal for the participants at the seminar. (능동태 동사)
주최자가 세미나 참석자들을 위해 무료 식사를 준비했다.

(2) 수동태 문장: '주어에게 ~일이 행해 졌다, 가해 졌다'는 의미이다.

The office **was renovated** for the first time in 30 years. (수동태 동사)
사무실이 30년 만에 처음으로 개조되었다.

2 다양한 형태의 수동태

종류	형태	예시
조동사 수동태	조동사 + be + 과거 분사	can be seen / will be made
완료 수동태	have/has been + 과거 분사	have been cleaned / has been ignored
진행 수동태	am/is/are being + 과거 분사	is being made / are being

More efforts **will be made** to keep the environment safe.
환경을 안전하게 유지하기 위해 더 많은 노력이 기울여질 것이다.

The problem between the two parties **has been solved**.
양자간의 문제가 해결되었다.

Employee training **is being conducted** in Room 201.
직원 교육이 201호에서 시행되고 있다.

문법 연습

A 주어진 우리말에 맞게 보기에서 알맞은 말을 골라 형태를 바꾸어 문장을 완성하세요. (중복 사용 가능)

〈보기〉	cancel	display	refer	complete	honor

1 그 고객은 품질에 만족을 못해서 주문을 취소했다.

The client _____ the order because she was not happy with the quality.

2 유명한 건설 회사인 Thompson Building Corporation은 흔히 TBC라고 일컬어진다.

The well-known construction company, the Thompson Building Corporation, _____ to as TBC.

3 당신이 구매한 물건은 영수증이 없으면 취소될 수 없다.

Your purchase cannot _____ unless you have a receipt.

4 승진하기 위해서는 적어도 60시간의 직원 교육을 마쳐야 한다.

You must _____ at least 60 hours of employee training to get a promotion.

5 그의 새 발명품은 전시장에 전시될 것이다.

His new invention will _____ at the exhibition.

6 브라운 박사는 그의 대학에서 올해의 연구가로서의 영예를 안았다.

Dr. Brown has _____ as the researcher of the year by his university.

B 빈칸에 들어갈 가장 적절한 표현을 고르세요.

1 This meeting ------- because we need to discuss the recent decline in sales.

(A) has called

(B) called

(C) has been called

(D) will call

2 Due to high demand, all of our auto parts should -------.

(A) restock

(B) be restocked

(C) being restocked

(D) been restocked

3 All factory workers must ------- a course on how to handle toxic materials.

(A) complete

(B) completes

(C) be completed

(D) been completed

4 A new commercial has been ------- to incorporate more recent trends.

(A) make

(B) makes

(C) made

(D) making

02 4형식/5형식의 수동태

기출 유형

Q Participants in the workshop ------- a free tote bag at the end.

(A) gave
(B) giving
(C) was given
(D) been given

Q 워크샵의 참석자들에게는 마지막에 무료 토트백이 주어졌다.

(A) gave
(B) giving
(C) was given
(D) been given

정답 (C)

출제 포인트! 주어인 participants에게 tote bag이 '주어졌다'는 의미가 되어야 자연스러우므로 정답은 수동형인 (C)이다. 이와 같이 4형식이나 5형식의 수동태 또한 출제되므로 구조를 잘 파악해 두어야 한다.

1 4형식의 수동태

4형식의 구조는 [주어 + 동사 + 간접 목적어 + 직접 목적어]의 형태로, 목적어가 두 개이기 때문에 수동태 또한 두 종류이다.

〈대표적인 4형식 동사〉

| give | show | offer | grant | award | lend | pay |

They **showed** <u>me</u> <u>a recently-renovated office</u>.
　　　　　　간접 목적어　　　직접 목적어

→ (간접 목적어를 주어로) <u>I</u> **was shown** a recently-renovated office (by them).

→ (직접 목적어를 주어로) <u>The recently renovated office</u> **was shown** to me (by them).

2 5형식의 수동태

5형식의 구조는 [주어 + 동사 + 목적어 + 목적격 보어]의 형태로 목적격 보어의 자리에 형용사, 명사, to부정사 등의 다양한 형태가 올 수 있다. 따라서 5형식 문장을 수동태로 바꾸었을 때, 수동태 동사 바로 다음에 형용사, 명사, to부정사 등이 올 수 있다.

5형식 문장의 종류	능동태 → 수동태
주어 + **동사** + 목적어 + <u>형용사</u> (keep, consider, make 등)	Neighbors **consider** the new gym <u>expensive</u>. 주민들은 새 체육관이 비싸다고 생각한다. → The new gym **is considered** <u>expensive</u> by neighbors. 　새로운 체육관은 주민들에게 비싸다고 여겨진다.
주어 + **동사** + 목적어 + <u>명사</u> (name, appoint, elect 등)	They **appointed** him <u>the floor manager</u>. 그들은 그를 매장 관리인으로 임명했다. → He was **appointed** <u>the floor manager</u>. 그는 매장 관리인으로 임명되었다.
주어 + **동사** + 목적어 + <u>to부정사</u> (allow, expect, force, remind, warn, advise, invite 등)	They **expect** the president <u>to come</u> this Friday. 그들은 사장이 이번 주 금요일에 올 것이라고 예상한다. → The president **is expected** <u>to come</u> this Friday. 　사장은 이번 주 금요일에 올 것으로 예상된다.

문법 연습

A 보기와 같이 각각의 문장을 괄호 안의 지시에 따라 바꿔 쓰세요.

> 〈보기〉 They showed me how to use the new machine.
> → (수동태로) <u>I was showed how to use the new machine (by them)</u>.

1 They awarded him second place in the contest.

→ (수동태로) _____.

2 Roy's Restaurant was named the best Chinese restaurant in the town.

→ (능동태로) _____.

3 The board of directors considers Ms. Lee suitable for the new management position.

→ (수동태로) _____.

4 The company was warned not to invest more money by a group of consultants.

→ (능동태로) _____.

5 They allow club members to use the snack bar at the center at no extra charge.

→ (수동태로) _____.

B 빈칸에 들어갈 가장 적절한 표현을 고르세요.

1 Customers are ------- to use public transportation since there are not enough parking spaces.

(A) advising

(B) advisory

(C) advised

(D) advise

2 Ms. Flint was ------- the grand prize for her performance at the show.

(A) award

(B) awards

(C) awarding

(D) awarded

3 The new sign-in system is considered ------- by most of the employees.

(A) convenient

(B) convenience

(C) conveniently

(D) convinced

4 People working in the building are ------- to eat at the newly renovated cafeteria.

(A) encourage

(B) encouraging

(C) encouraged

(D) encouragement

03 주의해야 할 수동태 구문

기출 유형

Q The new conference room is equipped ------- a computer projector and a screen.

(A) with
(B) to
(C) of
(D) from

Q 새 회의실에는 컴퓨터 프로젝터와 스크린이 갖추어져 있다.

(A) ~와 함께
(B) ~에게
(C) ~의
(D) ~로부터

정답 (A)

 출제 포인트! 수동태 구문에서 by 이외의 전치사를 고르는 문제가 출제된다. 'be equipped with ~'는 '~이 갖추어져 있다'라는 의미의 수동태 구문인데, 전치사 by가 아닌 with가 사용된다는 점에 유의하자.

주의해야 할 수동태 구문

be + 과거 분사 + with	be + 과거 분사 + in	be + 과거 분사 + to
be satisfied with ~에 만족하다	be interested in ~에 관심이 있다	be known to ~에게 알려져 있다
be covered with ~로 덮여 있다	be involved in ~에 연루되다	be devoted to ~에 헌신하다
be filled with ~으로 가득 차 있다	be engaged in ~에 종사하다	be committed to ~에 전념하다
be pleased with ~에 만족하다	be absorbed in ~에 몰두하다	be exposed to ~에 노출되다
be obsessed with ~에 집착하다	be indulged in ~에 열중하다	be accustomed to ~에 익숙하다
be equipped with ~장비를 갖추고 있다	be skilled in ~에 노련하다	be used to ~에 익숙하다
		be related to ~에 관련되다

If you are not **satisfied with** the service, you should call the customer service office.
서비스에 만족하지 않는다면, 고객 서비스 부서에 전화해 보세요.

Some children are **absorbed in** playing new mobile games.
몇몇의 아이들은 새로운 모바일 게임에 몰두해 있다.

Dr. Jin **is devoted to** helping people who are in need of personal care.
Jin 선생님은 개인적인 관리가 필요한 사람들을 돕는 데 헌신하고 있다.

문법 연습

A 주어진 우리말을 참고하여 보기에서 알맞은 구문을 골라 형태를 바꾸어 각각의 문장을 완성하세요.

〈보기〉	be devoted to	be filled with	be engaged in
	be involved in	be equipped with	be used to

1 그 공장은 최신 시설을 갖추고 있다.

The factory _____ up-to-date facilities.

2 그 박물관은 전 세계에서 온 관광객들로 가득 차 있다.

The museum _____ tourists from all around the world.

3 어떤 사람들은 도로의 왼쪽에서 운전하는 것에 익숙하지 않다.

Some people _____ not _____ driving on the left side of the road.

4 나의 파트너는 사업 확장에 전념하고 있다.

My partner _____ the expansion of the business.

5 당신이 만일이 스캔들에 연루되어 있다면, 당신은 매니저에게 보고해야 할 것이다.

If you _____ the scandal, you have to report it to the manager.

B 빈칸에 들어갈 가장 적절한 표현을 고르세요.

1 Jack's Bistro is ------- to using the best-quality ingredients in all of its dishes.

(A) devote

(B) devotes

(C) devotion

(D) devoted

2 Research shows that some of the workers are ------- to a great deal of toxic gas near the assembly line.

(A) expose

(B) exposes

(C) exposed

(D) exposing

3 It turned out that our product is known only ------- those who live in urban areas.

(A) with

(B) at

(C) to

(D) for

4 If you are ------- in signing up for the workshop on the new software program, please talk to your supervisor.

(A) interest

(B) interests

(C) interesting

(D) interested

A 자동사는 목적어를 취할 수 없으며, 자동사가 목적어를 취할 때에는 전치사와 함께 쓰입니다. 아래의 '자동사' 및 '자동사 + 전치사'들을 학습하세요.

자동사	자동사 + 전치사
be / become ~이다 / ~이 되다	account for ~을 설명하다
remain ~로 남아있다	agree to ~에 동의하다
seem / appear ~인 것 같다	care for ~을 좋아하다
go / depart 가다 / 출발하다	deal with ~을 다루다
come / arrive 오다 / 출발하다	depend on ~에 의존하다
happen 일어나다, 발생하다	participate in ~에 참여하다
occur (= take place) 일어나다, 발생하다	react to ~에 반응하다
decrease / decline / fall 감소하다	specialize in ~을 전문으로 하다
increase / rise / grow 증가하다	belong to ~에 속하다
exist 존재하다	subscribe to ~을 구독하다
do 충분하다	apply to/for ~에 지원하다
count 중요하다	object to ~을 반대하다
work 효과가 있다	look over ~을 검토하다

B 우리 말에 맞게 알맞은 단어를 고르세요.

1 회사에 지원하다.   → (apply to / agree to) the company

2 행사에 참여하다.   → (care for / participate in) the event

3 제안에 반대하다.   → (object to / look over) the proposal

4 마케팅을 전문으로 하다   → (subscribe to / specialize in) marketing

5 예산을 늘리다   → (deal with / increase) the budget

6 이유를 설명하다   → (count / account for) the reason

7 약이 효과가 있다   → the medicine (exists / works)

8 사고가 발생하다   → an accident (happens / remains)

9 상황에 따라 다르다   → (depend on / belong to) the situation

10 문제를 다루다   → (agree to / deal with) problems

Part 5 빈칸에 들어갈 가장 적절한 표현을 고르세요.

1. Mr. Smith was ------- as the employee of the year thanks to his dedication to the company.

   (A) honor
   (B) honoring
   (C) honored
   (D) honors

2. Action must be ------- with regard to a recent decrease in the number of customers.

   (A) take
   (B) taken
   (C) taking
   (D) took

3. Your subscription can be ------- at any time by submitting a request for cancelation by e-mail or mail.

   (A) terminate
   (B) terminating
   (C) termination
   (D) terminated

4. It seems that no one objects ------- decreasing retail prices in our shop.

   (A) to
   (B) with
   (C) over
   (D) from

5. The manager usually ------- over the documents before she makes a decision.

   (A) looks
   (B) accounts
   (C) does
   (D) counts

6. The development of writing was ------- mostly by merchants and accountants.

   (A) pioneer
   (B) pioneering
   (C) pioneered
   (D) be pioneered

7. The problem will ------- with care because it is considered an extremely sensitive issue.

   (A) to deal
   (B) deal
   (C) be dealt
   (D) be dealing

8. The client was not pleased ------- the new bedsheets, so she requested that the length be shortened.

   (A) on
   (B) with
   (C) at
   (D) for

9. You should write your name and date to make sure you are ------- the projector.

(A) give
(B) gave
(C) given
(D) giving

10. The R&D team ------- to back up all the files so that they would not lose any important data.

(A) reminded
(B) was reminded
(C) will remind
(D) reminding

11. Before renovations take place, all the offices must ------- by Friday at the latest.

(A) vacate
(B) vacating
(C) vacancy
(D) be vacated

12. Employee morale is closely ------- to the office atmosphere where they work.

(A) relate
(B) relates
(C) related
(D) relating

13. If any accident ------- on a public road, the state assumes no liability.

(A) occurs
(B) accounts
(C) works
(D) reacts

14. It is not ------- to park in front of the building due to the remodeling process of the main entrance.

(A) permit
(B) permits
(C) permitted
(D) permission

15. The Owen & Silver Travel Agency is ------- to providing you with the best experience possible.

(A) dedicate
(B) dedicated
(C) dedicating
(D) dedication

16. We are truly delighted to share that we have ------- first prize at the 2019 Teaching Excellence Competition.

(A) been awarding
(B) been awarded
(C) was awarded
(D) been award

Part 6 지문을 읽고 각각의 빈칸에 들어갈 가장 적절한 표현을 고르세요.

Questions 17-20 refer to the following e-mail.

Dear residents:

We would like to inform you that the north parking lot ------- for construction from March 12 to 17.
17.
This construction is part of the spring remodeling project, and the north lot is the first one to be

renovated. During this time, we ask that all residents move their cars to the east or south parking

lots. -------. Any cars that are not ------- to one of these three sites by March 12 at 9:00 A.M. will
18. **19.**
be towed to prevent delays in construction. Thank you, and we apologize for the -------.
20.

---

17. (A) will close

(B) will be closing

(C) will be closed

(D) are closed

18. (A) Construction will be paid for by the
monthly residence fee.

(B) No guests will be permitted onsite
during the construction period.

(C) You can expect the next construction
project to begin early next week.

(D) Additionally, we will be providing extra
parking space on Elm Street.

19. (A) move

(B) moves

(C) moved

(D) to be moving

20. (A) inconvenience

(B) appliance

(C) competition

(D) approval

Questions 21-23 refer to the following letter.

Omaha Municipal Museum of Natural History
555 German Hill Rd.
Omaha, Nebraska 55568
www.omahamuseums.com

Dear Mrs. Williams,

Thank you for your continued financial support of the museum. — [1] —. As thanks, we would like to invite you to our 15th annual Night at the Museum event. More than 200 museum donors will come together to enjoy an evening in the main exhibition hall that includes a cocktail reception, live music, a seated dinner, and an awards presentation. — [2] —.

This special event has limited space, so please RSVP by December 21 online at www.omahamuseums.com/RSVP or by phone at 084-857-2453. — [3] —. Also, please inform us if you will bring a guest or not. Attendees are allowed to bring one guest.

Thank you again for your continued support, and we look forward to hearing from you soon. — [4] —.

Sincerely,

Jacob Lutz

Omaha Municipal Museum of Natural History
Community Outreach Director

---

21. Why did Mr. Lutz write to Mrs. Williams?

(A) To offer her a discount at a future exhibition

(B) To ask for her food preferences

(C) To offer her a chance to attend to a museum-hosted event

(D) To ask her to donate regularly to the museum

22. What is suggested about Mrs. Williams?

(A) She will attend a special event at the museum.

(B) She has made a donation to the museum.

(C) She visits the museum very often.

(D) She will receive an award for helping the museum.

23. In which of the position marked [1], [2], [3], and [4] does the following sentence best belong?

"When replying, please let us know your meal preference."

(A) [1]

(B) [2]

(C) [3]

(D) [4]

Chapter 3

to부정사
to-infinitive

01 to부정사의 용법

02 to부정사를 목적어/목적 보어로 취하는 동사

03 to부정사의 관용 표현

★ 토익 실전 어휘 – 동사 어구 I

★ 실전 연습

01 to부정사의 용법

기출 유형

Q ------- the designs of the new products, the director will hold a meeting early next week.

(A) To improve
(B) For improving
(C) To be improved
(D) Improve

Q 신제품의 디자인을 향상시키기 위하여, 책임자는 다음주 일찍 회의를 열 것이다.

(A) 향상시키기 위해서
(B) 향상시키는 것을 위해서
(C) 향상되기 위해서
(D) 향상시키다

정답 (A)

 출제 포인트! 목적을 역할을 하는 to부정사의 부사적 용법은 출제 빈도가 높다. 이때 to부정사는 '~하기 위하여'로 해석되며, 위치는 문장의 앞, 뒤, 중간, 어디든 가능하다.

1 명사 역할을 하는 명사적 용법 (주어, 목적어, 보어 역할)

to부정사는 [to + 동사원형]의 형태이다. 명사와 같이 to부정사도 주어, 목적어, 보어 역할을 한다.

주어	**To renovate** the old historical museum will be challenging. 낡은 역사적 박물관을 보수하는 것은 쉽지 않을 것이다.
목적어	The finance team manager agreed **to give** Mr. Smith a pay raise. 재무팀장은 Smith 씨의 연봉을 인상해 주는 것에 동의했다
보어	The purpose of the training program is **to provide** employees with the latest technology. 그 교육프로그램의 목적은 직원들에게 최신 기술을 제공하는 것이다.

2 명사를 수식하는 형용사적 용법

to부정사가 형용사 역할을 할 때에는 명사의 뒤에서 명사를 수식한다.

to부정사와 자주 어울리는 명사 (명사 + to부정사)

work to V ~할 일	chance to V ~할 기회	opportunity to V ~할 기회
decision to V ~할 결정	ability to V ~할 수 있는 능력	plan to V ~할 계획
right to V ~할 권리	way to V ~할 방법	attempt to V ~할 시도

The decision **to invest** in foreign stock markets was made by the CEO.
해외 주식 시장에 투자하기로 한 결정이 CEO에 의해 내려졌다.

3 목적과 원인을 나타내는 부사적 용법

목적을 나타내는 to부정사는 '~하기 위하여'로 해석되고 'in order to부정사'로 바꾸어 쓸 수 있다. 감정 형용사인 pleased, glad, delighted 등의 뒤에 오는 to부정사는 감정의 원인을 나타내기도 한다.

To promote (= In order to promote) online sales, we are planning promotional events. (목적)
온라인 판매를 촉진시키기 위하여, 우리는 판촉 행사를 계획하고 있다.

The author was pleased **to hear** that her new book is selling well. (원인)
저자는 그녀의 새 책이 잘 판매되고 있다는 소식을 들어서 기뻤다.

문법 연습

A 주어진 우리말에 맞게 보기에서 적절한 동사를 골라 변형하여 문장을 완성하고, 그 역할을 고르세요.

〈보기〉	recruit	increase	work	meet	receive

1 새로 채용된 직원들은 이번 주에 회장님을 만날 기회를 갖게 될 것이다.

The newly hired employees will have a chance _____ the president this week.

(명사적 용법 | 형용사적 용법 | 부사적 용법)

2 회사는 판매 저조로 인하여 고위 간부를 고용할 여유가 없다.

The company can't afford _____ high-level executives because of the decrease in sales.

(명사적 용법 | 형용사적 용법 | 부사적 용법)

3 KTEC 사는 고객 만족을 향상시키기 위하여 노력할 것이다.

KTEC Co. will make an effort _____ customer satisfaction.

(명사적 용법 | 형용사적 용법 | 부사적 용법)

4 동료와 조화롭게 일하는 것은 마케팅 담당자들에게 매우 중요하다.

_____ harmoniously with coworkers is extremely important for marketers.

(명사적 용법 | 형용사적 용법 | 부사적 용법)

5 환불을 받기 위하여, 유효한 영수증이 제출되어야 한다.

_____ a refund, a valid receipt must be presented.

(명사적 용법 | 형용사적 용법 | 부사적 용법)

B 빈칸에 들어갈 가장 적절한 표현을 고르세요.

1 Regular customer surveys are an excellent way ------- customers' needs.

(A) to understand

(B) understanding

(C) of understand

(D) has understood

2 Management has decided ------- a couple of new offices in European counties.

(A) opening

(B) to open

(C) has opened

(D) is opening

3 The manager will be meeting with the top candidates ------- a few more questions.

(A) asked

(B) to ask

(C) to asking

(D) for asking

4 The labor union was pleased ------- the offer of an 8% pay raise.

(A) accepts

(B) for accepting

(C) to accepting

(D) to accept

02 to부정사를 목적어/목적 보어로 취하는 동사

기출 유형

Q A German carmaker failed ------- emissions of diesel fumes that can cause lung diseases.

(A) reduce
(B) reducing
(C) to reduce
(D) reduces

Q 독일의 한 자동차 제조사는 폐질환을 일으킬 수 있는 디젤 매연을 감소하는 것에 실패했다.

(A) 감소시키다
(B) 감소시키는 것
(C) 감소시키는 것
(D) 감소시킨다

정답 (C)

 출제 포인트! 빈칸 앞의 동사 fail 뒤에는 동명사가 아닌 to부정사가 와야 하므로 정답은 (C)이다. 이와 같이 to부정사를 목적어로 취하는 동사들을 암기해 두어야 한다.

1 to부정사를 목적어 취하는 동사 (동사 + to부정사)

hope to V ~하기를 희망하다	afford to V ~할 여유가 있다
need to V ~할 필요가 있다	offer to V ~하는 것을 제안하다
want to V ~하기를 원하다	expect to V ~하기를 기대하다
agree to V ~하기를 동의하다	manage to V ~하는 것을 해내다
plan to V ~할 계획이다	ask to V ~하는 것을 부탁하다
decide to V ~하기로 결정하다	fail to V ~하는 것을 실패하다
choose to V ~하기를 선택하다	refuse to V ~하는 것을 거부하다

Everyone in the HR Department **agreed to hold** this year's employee awards banquet in March.
인사부의 모든 사람은 3월에 올해의 직원상 시상을 위한 연회를 열기로 동의했다.

2 to부정사를 목적 보어로 취하는 동사 (동사 + 목적어 + to부정사)

ask + 목적어 + to V ...에게 ~하라고 요청하다	expect + 목적어 + to V ...가 ~하기를 기대하다
tell + 목적어 + to V ...에게 ~하라고 말하다	enable + 목적어 + to V ...가 ~할 수 있게 하다
remind + 목적어 + to V ...에게 ~하라고 상기시키다	help + 목적어 + to V ...가 ~하도록 도와주다
advise + 목적어 + to V ...에게 ~하라고 충고하다	require + 목적어 + to V ...가 ~하도록 요구하다
invite + 목적어 + to V ...에게 ~하도록 제안하다	allow + 목적어 + to V ...가 ~하도록 허락하다
force + 목적어 + to V ...에게 ~하도록 강요하다	encourage + 목적어 + to V ...에게 ~하라고 격려하다

The engineering team **advised employees to back up** all their files on a regular basis.
기술팀은 직원들이 규칙적으로 모든 파일을 백업하도록 권고했다.

The secretary **reminded Mr. Takeshi to call** JK Bank at 3:00 o'clock.
비서는 Takeshi 씨에게 3시에 JK 은행에 전화하라고 상기시켰다.

문법 연습

A 주어진 우리말에 맞게 보기에서 알맞은 동사의 쌍을 골라 적절하게 변형하여 문장을 완성하세요.

〈보기〉	remind / come	plan / interview	want / work
	ask / transfer	help / adjust	expect / set up

1 인사부장은 다가오는 화요일에 몇 명의 후보자들의 면접을 볼 계획이다.

The personnel manager is _____ several candidates this coming Tuesday.

2 WCK 사는 우리가 새로운 프로젝트에 관하여 회의를 열 것을 기대하고 있다.

WCK Ltd. is _____ us _____ a meeting with regard to the new project.

3 Taylor 씨는 런던 사무실로 전근 가는 것을 부탁했다.

Ms. Taylor has _____ to the London office.

4 대다수의 직원들은 직업적 성공 가능성 향상을 위해 해외에서 일하고 싶어 한다.

A majority of the staff members _____ abroad to improve their career prospects.

5 여행 가이드는 우리가 정오까지 역으로 돌아와야 한다는 것을 상기시켜 주었다.

The tour guide _____ us _____ back to the station by midday.

6 오리엔테이션은 신입 직원들이 직장에 적응하도록 도와줄 것이다.

The induction course will _____ new employees _____ themselves to the workplace.

B 빈칸에 들어갈 가장 적절한 표현을 고르세요.

1 KC Finance encourages its analysts ------- for the World Economic Forum.

(A) register
(B) to register
(C) registering
(D) to be registered

2 Realwork Solutions needs ------- at least two more programmers to meet the deadline.

(A) hire
(B) hiring
(C) to hire
(D) to have hired

3 Management expects Human Resources ------- several charity events this year.

(A) organizing
(B) to organize
(C) be organized
(D) to be organized

4 Some officials agreed ------- the funds to construct more community facilities.

(A) to spend
(B) to spending
(C) spending
(D) on spend

03 to부정사의 관용 표현

기출 유형

> **Q** The modern art exhibition is scheduled ------- place on July 2.
>
> (A) take
> (B) taking
> (C) to take
> (D) takes
>
> **Q** 현대 예술 전시회는 7월 2일에 열릴 예정이다.
>
> (A) 열다
> (B) 여는
> (C) 여는 것으로
> (D) 연다
>
> 정답 (C)

 출제 포인트! to부정사가 포함된 관용 표현은 토익에서 자주 출제되는 유형이다. 이 문제의 경우 'be scheduled to부정사 (~할 예정이다)'라는 표현을 알고 있다면 쉽게 풀 수 있다. 이러한 표현들을 정리하여 암기해 두어야 한다.

1 too + 형용사/부사 + to부정사 (너무 …해서 ~할 수 없다)

'too ~ to V' 사이에 들어갈 품사를 선택할 때에는 'too ~ to V'가 없을 경우 형용사와 부사 중 어느 것이 적절한지 판단해야 한다.

The new accounting system is **too difficult to understand**. (too + 형용사 ~)
새 회계 시스템은 너무 어려워서 이해할 수 없다.

The documents were written **too terribly** for us **to read**. (too + 부사 ~)
그 서류는 너무 형편없이 작성되어서 우리가 읽을 수 없었다.
* to부정사의 의미상의 주어는 to부정사 앞에 [for + 목적격]으로 나타낸다.

2 형용사/부사 + enough to부정사 (~할 정도로 충분히 …하다)

Most of my colleagues are **intelligent enough to do** the project. (형용사 + enough ~)
나의 동료들 대부분은 그 프로젝트를 수행할 정도로 충분히 지적이다.

Mr. Jackson performed **well enough to get** a promotion. (부사 + enough ~)
Jackson 씨는 승진을 할 정도로 충분히 업무 능력이 뛰어나다.

3 be동사 + 형용사 + to부정사 관용표현

be able to V ~할 수 있다	be eager to V ~하기를 열망하다
be likely to V ~할 가능성이 있다	be willing to V 기꺼이 ~하다
be scheduled to V ~할 예정이다	be eligible to V ~할 자격이 있다
be about to V 막 ~하려고 하다	be hesitant to V ~하기를 주저하다
be supposed to V ~하기로 되어 있다	be sure to V 반드시 ~하다
be ready to V ~할 준비가 되다	be apt to V ~하기 쉽다

18-year-olds **are** not **eligible to vote** in Korea.
18세의 사람들은 한국에서 투표할 자격이 되지 않는다.

문법 연습

A 주어진 우리말에 맞도록 too, enough, willing, about과 보기의 단어를 사용하여 to부정사 문장을 완성하세요.

〈보기〉 costly expensive clearly purchase understand accept begin

1 Boeing 사의 새 비행기는 너무 비싸서 우리가 구매할 수 없다.

The new airplane from Boeing is _____ for us _____.

2 그 관료는 청중이 이해할 수 있을 정도로 충분히 명확한 발표를 했다.

The official made an announcement _____ for the audience _____.

3 너무 비싸서 모든 재고를 창고에 보관할 수 없다.

It is _____ to store all the inventory in the warehouses.

4 Janet Nixon은 Inovis 주식회사의 일자리 제의를 기꺼이 받아들일 것이다.

Janet Nixon is _____ the job offer from Inovis, Inc.

5 Lead City 사는 도시재건 프로젝트를 막 시작하려고 한다.

The Lead City Corporation is _____ a city renovation project.

B 빈칸에 들어갈 가장 적절한 표현을 고르세요.

1 The seminar room is big enough ------- a hundred participants.

(A) accommodate

(B) accommodation

(C) accommodating

(D) to accommodate

2 The finance manager is hesitant ------- in the Russian market because of the high risk.

(A) investment

(B) to invest

(C) has invested

(D) will invest

3 The New York office is too noisy ------- to concentrate on our work.

(A) us

(B) for us

(C) we

(D) to us

4 Intra Technology is scheduled ------- new security services in the Middle East.

(A) start

(B) to start

(C) starting

(D) to be started

A 다음의 빈출 동사 어구들을 암기하세요.

attend to a client 고객을 상대하다	make a complaint 불평하다
be accompanied by ~을 동반하다	make a move 조치를 취하다
be committed to ~에 전념하다	obsess about ~에 대해 강박관념을 갖다
bring up (문제를) 제기하다	post a notice on ~에 공지를 올리다
carry out ~을 수행하다	provide A with B A에게 B을 제공하다
call off 취소하다	put off 연기하다
compare A with B A와 B를 비교하다	refer to ~을 참조하다
compare A to B A를 B에 비유하다	respond to ~에 응답하다
comply with (법률을) 따르다	result in ~라는 결과를 낳다
convict A of B A를 B로 유죄 판결하다	specialize in ~을 전문으로 하다
cut back on costs 비용을 절감하다	sign up for ~에 등록하다
distinguish A from B A와 B를 구별하다	shut down 닫다, 폐쇄하다
draw up (문서를) 작성하다	take charge of ~을 담당하다
file for bankruptcy 파산 신청을 하다	transfer A to B A를 B로 전근시키다
give away 기부하다; 거저 주다	turn in ~을 제출하다
let down ~을 실망시키다	take action 조치를 취하다
look forward to ~을 고대하다	turn to ~로 향하다; ~에 의지하다

B 우리 말에 맞게 알맞은 단어를 고르세요.

1 프로젝트 책임자를 실망시키다 → (let / send) down the project coordinator

2 오래된 사무용 비품을 기부하다 → (turn / give) away the old office equipment

3 쇼핑을 줄이다 → (put / cut) back on shopping

4 Miller 씨를 오사카 지점으로 전근시키다 → (transfer / waive) Mr. Miller to the Osaka office

5 온라인 코스를 등록하다 → (sign / enroll) up for the online course

6 예산 회의를 연기하다 → (call / put) off the budget meeting

7 새 계약서를 작성하다 → (turn / draw) up a new agreement

8 민감한 문제를 제기하다 → (come / bring) up a sensitive issue

9 정부 정책을 따르다 → (comply / lead) with government policies

10 재정적 어려움이라는 결과를 가져오다 → (result / cause) in financial difficulty

Part 5 빈칸에 들어갈 가장 적절한 표현을 고르세요.

1. The purpose of the orientation is ------- new engineers understand how to operate the new devices efficiently.

   (A) for help
   (B) to help
   (C) helped
   (D) being helped

2. If you would like to use a conference room in March, be sure ------- one in advance.

   (A) book
   (B) to book
   (C) booking
   (D) for booking

3. Most of the staff members working on the second floor of the community center ------- in the care of children.

   (A) commit
   (B) belong
   (C) arrive
   (D) specialize

4. The plan to ------- the old city hall building into a community sports facility has been postponed.

   (A) changing
   (B) changes
   (C) change
   (D) be changed

5. If you are interested in applying to Samson, Inc., ----- to the company's Web site for further information.

   (A) refer
   (B) to refer
   (C) reference
   (D) referring

6. Most of the major companies are -------- to hire more employees because they are experiencing financial difficulties.

   (A) hesitant
   (B) hesitation
   (C) hesitated
   (D) be hesitated

7. Ms. Williams has successfully ------- the tasks outlined in her contract.

   (A) carried out
   (B) met
   (C) strived
   (D) called for

8. ------- the use of artificial intelligence, the government provides researchers with a significant amount of funds.

   (A) Promotion
   (B) To be promoted
   (C) For promoting
   (D) To promote

9. When picking up a press pass, journalists need ------- proof of identification to the receptionist.

   (A) show
   (B) to show
   (C) showing
   (D) to be shown

10. All employees should contact their immediate supervisors if they expect ------- to work late.

    (A) comes
    (B) coming
    (C) will come
    (D) to come

11. Mr. Wood is in charge of handling the changes that are about ------- in the Production Department.

    (A) happen
    (B) happenings
    (C) happening
    (D) to happen

12. The project manager has decided to ------- the meeting with the suppliers.

    (A) raise
    (B) call off
    (C) specialize
    (D) remind

13. The Management Department will ------- a notice on the backup power plan in the event of a power failure.

    (A) reply
    (B) post
    (C) refer
    (D) lead

14. ------- increase efficiency and productivity, we need to obtain state-of-the-art manufacturing systems.

    (A) If
    (B) Because
    (C) In order to
    (D) So

15. The board of directors believes that Ms. Freeman is talented enough ------- the executive position.

    (A) handle
    (B) handles
    (C) to handle
    (D) handling

16. Mr. Mondi asked a junior member of the staff ------- all the terms and conditions by this week.

    (A) look over
    (B) looked over
    (C) has looked over
    (D) to look over

Part 6 지문을 읽고 각각의 빈칸에 들어갈 가장 적절한 표현을 고르세요.

Questions 17-20 refer to the following advertisement.

Job Opening at Reynolds Telecom

The Customer Service Department at Reynolds Telecom is looking for people who can fill several bilingual customer service representative positions. Your responsibilities will include helping customers in both English ------- your language of expertise with accounts and billing issues.
        17.
-------. Specific technical terms will be covered during the job-training process.
  18.

Applicants should have native-level English skills and near-native ------- in one of the following
               19.
languages: Spanish, Turkish, Japanese, Korean, Chinese, or Hungarian. Additionally, you must
be a college graduate ------- for this job. Please visit our Web site at www.reytel.com/careers for
        20.
more information.

---

17. (A) or
    (B) and
    (C) but
    (D) nor

18. (A) If you are interested, please submit an application.
    (B) New hires will be given three weeks of paid training to prepare for the job.
    (C) Customers need to provide their contact information to receive help.
    (D) We are always looking for skilled individuals to work at our company.

19. (A) interest
    (B) opportunity
    (C) proficiency
    (D) certification

20. (A) qualify
    (B) qualifies
    (C) to qualify
    (D) for qualifying

지문을 읽고 정답을 고르세요.

Questions 21-24 refer to the following online chat discussion.

Larai Igbokwe [9:01 A.M.]

Thank you, everyone, for making time to get together online this morning. There are a few quick things I'd like to discuss for the new exhibition opening next month. I want to make sure that this event runs smoothly in order to maintain our hotel's reputation. Celine, have you made the catering arrangements for the opening day?

Celine DeVoe [9:01 A.M.]

Yes, Sutherland Caterers will arrive by noon to set up and prepare for the event.

Larai Igbokwe [9:02 A.M.]

Perfect. They can set up in the main hall. Nick, can you put together a team to help them set up? Maybe some of the part-timers can help.

Nick Keys [9:03 A.M.]

Sure. How many people do you think we'll need?

Larai Igbokwe [9:04 A.M.]

I think 5 or 6 should be enough. What do you think, Celine?

Celine DeVoe [9:04 A.M.]

That should do it.

Nick Keys [9:05 A.M.]

Okay, then I'll send out some e-mails after the meeting.

Larai Igbokwe [9:05 A.M.]

Good. Moving on, we need to figure out a solution for additional parking.

Celine DeVoe [9:06 A.M.]

Right. We don't want people to wait for spaces.

Send

---

21. What is the online chat discussion mainly about?

(A) Choosing a venue

(B) Organizing a company event

(C) Changing a supplier

(D) Hiring new part-timers

22. Where most likely do the writers work?

(A) At a law firm

(B) At a museum

(C) At an IT company

(D) At a hotel

23. At 9:04 A.M., what does Ms. DeVoe most likely mean when she writes, "That should do it"?

(A) She agrees with Ms. Igbokwe.

(B) The staff members should help out.

(C) They should hire more part-timers.

(D) The catering is a good idea.

24. What will Mr. Keys do next?

(A) Reschedule an arrangement

(B) Contact part-time workers

(C) Install a machine

(D) Extend a parking lot

Chapter 4

동명사

Gerunds

01 동명사의 역할과 특징

02 동명사를 목적어로 취하는 동사

03 동명사의 관용 표현

★ 토익 실전 어휘 – 동사 어구 Ⅱ

★ 실전 연습

01 동명사의 역할과 특징

기출 유형

Q ------- coupon books on a regular basis is a good way to encourage customers to spend more money in the store.

(A) Offer
(B) Offers
(C) Offering
(D) Offered

Q 정기적으로 쿠폰 북을 제공하는 것은 고객들이 상점에서 돈을 더 많이 소비하게 하는 좋은 방법이다.

(A) 제공
(B) 제공한다
(C) 제공하는 것
(D) 제공했다

정답 (C)

주어 역할을 하는 동명사를 고르는 유형이다. 이 문제와 같이 보기에 명사(offer)와 동명사(offering)가 함께 제시되어, 둘 중 적절한 것을 고르는 문제가 출제되기도 한다. 명사 뒤에 전치사 없이 다른 명사가 올 수 없지만, 동명사는 동사의 성질도 지니고 있으므로 뒤에 명사를 취할 수 있다.

1 동명사의 역할

1. 주어 역할	**Dealing** with customer complaints is not an easy job to do. 고객들의 불만을 다루는 것은 쉬운 일이 아니다. (dealing = 주어 역할)
2. 동사의 목적어 역할	Employees do not enjoy **working** extra hours, even with overtime pay. 초과 근무 수당에도 불구하고 직원들은 추가 근무를 즐거워하지 않는다. (working = 동사의 목적어 역할)
3. 주격/목적격/보어 역할	What the consultant suggested is gradually **introducing** a new system. 컨설턴트가 제안한 것은 점진적으로 새로운 시스템을 도입하는 것이다. (introducing = 주격 보어) The interviewer kept me **waiting** for 30 minutes without any notice. 인터뷰 진행자는 어떠한 공지도 없이 나를 30분 동안 기다리게 했다. (waiting = 목적격 보어)
4. 전치사의 목적어 역할	In spite of **feeling** sick, Mr. Evans has decided not to cancel his business trip. 몸이 아팠음에도 불구하고, Evans 씨는 출장을 취소하지 않기로 결정했다. (feeling = 전치사의 목적어)

2 동명사의 특징

(1) 목적어를 취할 수 있다.

Understanding students' needs will help you manage your class more effectively.
　　동명사　　　　목적어

학생들의 요구를 이해하는 것은 당신이 더 효율적으로 학급을 운영하는 데 도움이 될 것이다.

(2) 부사의 수식을 받을 수 있다.

The company is devoted to **promptly providing** all types of media technology.
　　　　　　　　부사　　　동명사

그 회사는 모든 종류의 미디어 기술을 신속하게 제공하는 데 헌신하고 있다.

문법 연습

A 주어진 우리말을 참고하여 다음 보기에서 알맞은 말을 골라 형태를 바꾸어 완성한 다음, 동명사의 역할이 무엇인지 쓰세요.

〈보기〉	use	maximize	make	keep	take

1 연구개발팀은 지불 방식에 점차 변화를 줄 것을 제안했다.

The R&D team suggested _____ gradual changes in the payment methods.

동명사의 역할 (   )

2 소비자의 만족을 최대화하는 것이 우리의 중요한 목표들 중 하나이다.

_____ customers' satisfaction is one of our important goals.

동명사의 역할 (   )

3 우리는 환경을 보호하기 위해 플라스틱 물질의 사용을 피해야 한다.

We should try to avoid _____ plastic materials in order to protect the environment.

동명사의 역할 (   )

4 월요일과 금요일에는 휴가 내는 것을 삼가 주시기 바랍니다.

Please refrain from _____ a day off on Mondays and Fridays.

동명사의 역할 (   )

B 빈칸에 들어갈 가장 적절한 표현을 고르세요.

1 Thank you for ------- to travel with City Pass, which we created 30 years ago to provide the best vacation experience.

(A) choose

(B) choosing

(C) to choose

(D) choice

2 ------- workers with appropriate rewards will help motivate them.

(A) Provide

(B) Providing

(C) Provision

(D) To be provided

3 We will discuss some effective ways of ------- clients' needs to the greatest possible extent.

(A) meet

(B) meets

(C) to meet

(D) meeting

4 By ------- this contract, we will be eligible for all the benefits we are offering.

(A) sign

(B) to sign

(C) signing

(D) signed

02 동명사를 목적어로 취하는 동사

기출 유형

| Q | The marketing team will consider ------- a new promotional campaign this coming month.

(A) start
(B) to start
(C) starting
(D) starts | Q | 마케팅 팀은 다음달에 새 광고 캠페인의 시작을 고려할 것이다.

(A) 시작
(B) 시작하는 것
(C) 시작하는 것
(D) 시작한다

정답 (C) |

출제 포인트! consider는 동명사를 목적어로 취하는 동사이므로 정답은 동명사인 starting이 된다. 이와 같은 문제가 출제되므로, 동명사를 목적어로 취하는 동사들을 암기해 두어야 한다.

1 동명사를 목적어로 취하는 동사

mind ~하는 것을 꺼리다	consider ~을 고려하다	quit ~을 그만 두다
avoid ~하는 것을 피하다	finish ~을 끝내다	admit ~을 인정하다
risk ~하는 위험을 무릅쓰다	deny ~을 부정하다	keep ~을 계속하다
miss ~을 놓치다 / ~을 그리워하다	imagine ~을 상상하다	delay ~을 미루다
include ~을 포함하다	suggest ~을 제안하다	give up ~을 포기하다

Passengers should **avoid** moving around when the vehicle is on the move.
차량이 이동 중일 때 승객들은 이동을 삼가해야 한다.

Visitors to this beach can now **enjoy** having snacks while they are swimming.
이 해변의 방문객들은 이제 수영하면서 간식을 즐길 수 있다.

2 동명사와 to부정사 둘 다 목적어로 취하는 동사

의미가 같은 경우	의미가 달라지는 경우
start to / -ing ~을 시작하다	forget to ~할 것을 잊다 (미래) / forget -ing ~했던 것을 잊다 (과거)
begin to / -ing ~을 시작하다	remember to ~할 것을 기억하다 / remember -ing ~했던 것을 기억하다
continue to / -ing ~을 계속하다	regret to ~하게 되어 유감이다 / regret -ing ~했던 것을 후회하다
bother to / -ing ~을 귀찮아 하다	try to ~하려고 노력하다 / try -ing (시험삼아) ~해보다

The computer manufacturer **began** to expand / expanding into electric appliance industry.
그 컴퓨터 제조 업체는 전자 제품 시장으로 확대를 시작하였다.

We **regret** to inform you that the service you requested is no longer available.
귀하께서 요청하신 서비스는 더 이상 이용할 수 없음을 알리게 되어 유감입니다.

문법 연습

A 주어진 우리말을 참고하여 보기에서 알맞은 동사 두 개를 골라 각 문장의 빈칸을 완성하세요.

〈보기〉	admit	include	make	hold
	postpone	submit	stop	complain

1 재무팀장의 업무에는 비용과 관련된 중요한 결정을 내리는 것이 포함되어 있다.

The finance manager's duties ＿＿＿＿＿＿＿＿＿＿＿＿＿＿ important decisions about expenditures.

2 당신이 삶을 덜 불행하게 만들고 싶다면 불평하는 것을 멈추어야 한다.

You should ＿＿＿＿＿＿＿＿＿＿＿＿＿＿ if you want to make your life less miserable.

3 그들은 여름에 연례 축제를 개최하는 것을 연기할 것이다.

They will ＿＿＿＿＿＿＿＿＿＿＿＿＿＿ the annual festival until summer.

4 그 지원자는 자신의 교육 배경과 관련하여 잘못된 정보를 제출한 것을 인정했다.

The applicant ＿＿＿＿＿＿＿＿＿＿＿＿＿＿ wrong information about his educational background.

B 빈칸에 들어갈 가장 적절한 표현을 고르세요.

1 The company is considering ------- a new logo to celebrate its 20th anniversary.

(A) make
(B) making
(C) makes
(D) made

2 The company regretted ------- a high-end watch when the economic situation was not so favorable.

(A) launch
(B) launching
(C) to launch
(D) to be launched

3 We recommend ------- public parking since our parking structure is currently being renovated.

(A) use
(B) usage
(C) using
(D) user

4 The store decided to quit ------- customers with free gifts when they make a purchase of over 200 dollars.

(A) provision
(B) provided
(C) provider
(D) providing

03 동명사의 관용 표현

기출 유형

Q We look forward to ------- with you in the near future.

(A) work
(B) working
(C) worked
(D) worker

Q 우리는 가까운 미래에 당신과 함께 일하기 되기를 고대합니다.

(A) 일
(B) 일하는
(C) 일했다
(D) 근로자

정답 (B)

 'look forward to' 다음에는 반드시 명사나 동명사가 와야 한다. 이와 같이 동명사를 취하는 관용 표현을 정리해 두어야 하는데, 특히 전치사 to를 동반하는 관용 표현을 잘 알아 두어야 한다.

1 동명사구 관용 표현

feel like -ing ~을 하고 싶다	cannot help -ing ~하지 않을 수 없다
be busy -ing ~하느라 바쁘다	go on -ing 계속 해서 ~하다
have trouble/difficulty -ing ~하는 데 어려움을 겪다	it is no use -ing ~해도 소용 없다
have a problem -ing ~하는 데 어려움을 겪다	be worth -ing ~할 만한 가치가 있다
have a hard time -ing ~하는 데 어려움을 겪다	spend 시간/돈 -ing ~하는 데 시간/돈을 쓰다

This year's employee workshop is definitely **worth** <u>signing</u> up for.
올해의 직원 워크샵은 신청할 만한 가치가 있다.

Everybody **is busy** <u>preparing</u> for the company banquet.
모든 사람들이 회사 연회를 준비하느라 바쁘다.

2 전치사 to를 동반한 동명사구 관용 표현

object to ~에 반대하다	be/get used to ~에 익숙하다
be committed to ~에 전념하다	contribute to ~에 공헌하다
be devoted to ~에 헌신하다	lead to ~로 이어지다, ~의 원인이 되다
be addicted to ~에 중독되다	prior to ~ 이전에
look forward to ~을 고대하다	be opposed to ~에 반대하다
be entitled to ~할 자격이 있다	be related to ~에 관련이 있다

I **am** not completely **opposed to** <u>shutting</u> down the branch in Europe.
나는 유럽에 있는 지사를 철수하는 것에 완전히 반대하지는 않는다.

Most of the staff members **are** not **used to** <u>punching</u> in and out.
대부분의 직원들은 출퇴근을 기록하는 것에 익숙하지 않다.

문법 연습

A 주어진 우리말을 참고하여 보기에서 알맞은 표현을 골라 문장을 완성하세요.

〈보기〉	object to	be used to	go on
	be committed to	be related to	have difficulty

1 우리는 지역 사회 구성원들을 위한 평생 교육 프로그램을 제공하는 데 전념하고 있다.

We _____ providing lifelong educational programs for community members.

2 최근 고객 수의 증가는 새 TV광고를 시작한 것과 관련이 있다.

The recent increase in the number of customers _____ launching a new TV commercial.

3 아무도 새로운 직원 평가 시스템을 도입하는 것에 반대하지 않는 것 같다.

No one seems to _____ introducing a new employee evaluation system.

4 그 박물관은 여름에 더 많은 방문객을 끄는 데 어려움을 겪고 있는 것 같다.

The museum appears to _____ attracting more visitors in the summer.

B 빈칸에 들어갈 가장 적절한 표현을 고르세요.

1 After completing this training course, Mr. Evans will be in charge of ------- the CS team.

(A) supervise

(B) supervising

(C) supervisor

(D) supervision

2 Startup companies often have difficulty ------- experienced and competent employees

(A) recruit

(B) recruiting

(C) recruitment

(D) to be recruited

3 We ask that everyone go through the security checkpoint prior ------- entering this building.

(A) of

(B) in

(C) from

(D) to

4 It would not be a good idea to spend too much time ------- private phone calls at work.

(A) made

(B) making

(C) to making

(D) will make

A 전치사를 동반한 다음 동사 어구들을 암기하세요.

benefit from ~로 이익을 얻다	account for ~을 설명하다, ~비율을 차지하다
result from ~로부터 기인하다	succeed in ~을 성공하다
result in ~라는 결과를 낳다	congratulate A on B B에 대해 A를 축하해 주다
dispose of ~을 처리하다	draw on ~을 이용하다
deal with ~을 다루다	take advantage of ~을 이용하다
contribute to ~에 공헌하다	go through ~을 겪다
pay for ~에 대한 대가를 지불하다	look over ~을 검토하다
compensate for ~에 대해 보상하다	back up ~을 지지하다; (차를) 후진하다; (파일을) 백업하다
interfere with ~을 방해하다	set aside 따로 떼어 두다
prevent A from B A가 B를 못하게 하다	make up for ~을 만회하다
engage in ~에 참여하다	do good 효과가 있다
register for ~에 등록하다	reach an agreement 합의에 이르다
apply for + 직위 ~에 지원하다	refer to ~을 참고하다
apply to + 장소 ~에 지원하다	reply to ~에 응답하다
participate in ~에 참여하다	subscribe to ~을 구독하다
take part in ~에 참여하다	comply with ~을 준수하다

B 우리 말에 맞게 알맞은 단어를 고르세요.

1 합의에 이르다 → (reach / come to) an agreement

2 실수를 만회하다 → (make up / make in) for a mistake

3 이전 연구를 이용하다 → (take / draw) on previous research

4 수강료를 지불하다 → (compensate for / pay for) school

5 발전에 공헌하다 → (attribute / contribute) to the development

6 토의에 참여하다 → (involve / engage) in a discussion

7 규칙을 따르다 → (deal / comply) with rules

8 매출의 증가로 이어지다 → result (in / from) an increase in sales

9 고객들의 요구에 응답하다 → reply (with / to) customers' needs

10 수업에 등록하다 → (apply / register) for a course

Part 5   빈칸에 들어갈 가장 적절한 표현을 고르세요.

1. We are so grateful for ------- time to participate in this survey.

   (A) take
   (B) took
   (C) taking
   (D) to take

2. With a 20% decrease in the workforce, the company is now ------- dramatic changes.

   (A) looking over
   (B) going through
   (C) doing good
   (D) replying to

3. If you would like to travel more frequently after retirement, you need to set ------- some funds for yourself.

   (A) for
   (B) from
   (C) in
   (D) aside

4. You should fill out this application form ------- to signing up for the workshop.

   (A) before
   (B) prior
   (C) advance
   (D) in front

5. If the item you have purchased does not work properly, you may want to ------- to the manual provided.

   (A) relate
   (B) refer
   (C) deal
   (D) engage

6. Paul's job as the leader of the R&D team includes ------- a great deal of research and practical testing.

   (A) do
   (B) doing
   (C) does
   (D) to do

7. I would like you to start by ------- the employee handbook thoroughly.

   (A) review
   (B) reviewing
   (C) reviewer
   (D) be reviewed

8 ------- for the overseas manager position must speak fluent English and have at least 3 years of experience.

   (A) Apply
   (B) Applying
   (C) Applicants
   (D) Applications

9. You cannot imagine ------- in a world where there are no Wi-Fi connections.

(A) live

(B) to live

(C) living

(D) to have lived

10. Anyone interested in subscribing ------- the *Daily Economic Journal* should leave their contact information on the Web site.

(A) with

(B) to

(C) from

(D) by

11. It is considered rude to keep your client ------- for more than 30 minutes.

(A) wait

(B) waiting

(C) be waited

(D) being waited

12. Mega Pharmaceuticals has succeeded in ------- a new medicine for people who suffer from insomnia.

(A) develop

(B) development

(C) developing

(D) developed

13. ------- for free online courses requires prompt action.

(A) Register

(B) Registrations

(C) Registering

(D) Registered

14. In order to avoid ------- too much money, you had better make a shopping list before going out.

(A) spending

(B) spent

(C) having spent

(D) being spent

15. Mr. Takahashi is ------- to a refund for last month's overcharges.

(A) entitled

(B) able

(C) capable

(D) likely

16. The doctor recommended ------- in group counseling so that the patient could get ideas and opinions from different perspectives.

(A) participating

(B) taking

(C) contributing

(D) restricting

Part 6   지문을 읽고 각각의 빈칸에 들어갈 가장 적절한 표현을 고르세요.

Questions 17-20 refer to the following article.

JOPLIN (November 12) — The Regional Transportation Services Department has finally received

------- to build a new bus terminal at the corner of Main Street and 15th Avenue. The terminal will
17.

expand service to the north side of Joplin, and it will act as a hub for intercity routes. Construction

should begin on the third of next month.

Many commuters are excited about the city ------- the new terminal, especially because it will
18.

bring 60 permanent jobs to the area. However, not everyone is excited about the expansion.

-------. Jim Hurtz, a local resident, says, "Commuting every morning is already bad enough
19.

without more buses to share the road with. I'm sure the terminal will make things even more

-------."
20.

17. (A) approve

(B) approving

(C) approval

(D) approved

18. (A) build

(B) builds

(C) builder

(D) building

19. (A) The new routes will be free of charge for local residents.

(B) Many people think the construction will be expensive.

(C) Funding for the project has been delayed for several months.

(D) Many residents are worried about the terminal causing more traffic problems.

20. (A) sophisticated

(B) congested

(C) exceptional

(D) affordable

Questions 21-22 refer to the following memo.

MEMO

To: Sherry's Department Store General Floor Staff
From: Dave Wilcox, Senior HR Specialist
Re: New General Floor Manager
Date: February 15

This Wednesday, February 17, our new general floor manager, Jasmine Garcia, will be joining our team. As you may have heard, she is transferring here from the Springfield store, where she has worked for over 12 years, so she is new to St. Louis. She will be taking a tour of the floor from 9:00-11:00 A.M., so please introduce yourself if you have the chance and show her around your storefront. We will have a more formal meeting with Mrs. Garcia on Thursday morning at 8:00 A.M., where she will tell you more about herself and her plans for expanding the store and improving sales. As such, don't worry about asking her too many work-related details. Instead, let's just focus on trying to make her feel welcome on her first day here.

---

21. What is NOT indicated about Mrs. Garcia?

(A) She used to work at another branch of the company.

(B) She is going to have a meeting on Wednesday.

(C) She has plans to improve sales.

(D) She has worked for the company for more than 12 years.

22. What are the employees asked to do on February 17?

(A) Clean up their storefronts

(B) Attend a meeting

(C) Find out about the new manager's business plans

(D) Make the new general floor manager feel welcome

Chapter **5**

분사

Participles

01 분사의 역할 / 주의해야 할 분사

02 분사의 관용 표현

03 분사구문

★ 토익 실전 어휘 – 동사 어구 III

★ 실전 연습

01 분사의 역할 / 주의해야 할 분사

기출 유형

Q The internship program that Angela participated in at the local station made her ------- in the broadcasting industry.

(A) interest
(B) interesting
(C) interested
(D) has interested

Q Angela가 한 지역 방송국에서 참여했던 인턴쉽 프로그램은 그녀가 방송국 산업에 관심을 가지게 했다.

(A) 관심을 갖게 하다
(B) 관심을 갖게 하는
(C) 관심 있어 하는
(D) 관심을 갖게 했다

정답 (C)

 출제 포인트! 현재 분사와 과거 분사를 구분하는 문제가 출제된다. 빈칸은 목적격 보어 자리인데, 목적어인 him이 사람이므로 목적 보어 자리에는 '관심을 갖게 하는'이라는 능동의 의미가 아닌, '관심을 갖게 된'이라는 수동의 의미인 과거 분사 'interested'가 와야 한다.

1 현재 분사(동사원형 + -ing)와 과거 분사(동사원형 + -ed)

수식을 받는 명사와 분사의 관계가 능동(~하는)이면 현재 분사, 수동(~되는)이면 과거 분사를 쓴다.

The Sam & Heger Group is a **leading company** in engineering. (선도하는 기업: 능동 관계)
Sam & Heger 그룹은 엔지니어링 분야에서 선도하는 기업이다.

The usher in the theater guided us to our **reserved seats**. (예약된 좌석: 수동 관계)
극장 안내원은 우리를 예약석으로 안내해 주었다.

2 형용사 역할을 하는 분사

분사는 형용사와 같이 명사를 수식하고 주어와 목적어를 보충 설명해주는 주격 보어, 목적격 보어의 역할을 할 수 있다.

The **presentation made** by Mr. Kim pointed out the **challenging tasks**. (명사의 앞과 뒤에서 수식)
Kim 씨가 만든 프레젠테이션은 우리의 어려운 과제를 지적했다.

The company was **pleased** with the outcome of the meeting. (주격 보어)
회사는 그 회의의 결과에 기뻐했다.

Critics found **the new play** very **amusing**. (목적격 보어)
관객들은 새 연극이 매우 재미있다고 생각했다.

3 감정을 나타내는 분사

interest, surprise와 같은 감정을 나타내는 타동사는 현재 분사와 과거 분사로 쓰이는데, 수식을 받는 대상이 감정을 유발하면 현재 분사, 감정을 느끼면 과거 분사를 쓴다.

interesting 흥미로운	interested 흥미 있는	encouraging 고무적인	encouraged 고무된
surprising 놀라운	surprised 놀란	pleasing 기쁨을 주는	pleased 기쁜
fascinating 매력적인	fascinated 매료된	satisfying 만족스러운	satisfied 만족한

The new line of jeans from H&N was **disappointing**. (감정을 유발함) H&N의 새 청바지 라인은 실망스럽다.

We were **disappointed** with the cancelation of our trip. (감정을 느낌) 우리는 여행이 취소되어서 실망했다.

문법 연습

A 주어진 우리말에 맞게 보기의 단어를 변형하여 문장을 완성하세요. 현재 분사 또는 과거 분사를 사용하세요.

| 〈보기〉 | fascinating | satisfied | written | disappoint | inspire |

1 우리는 새 휴대폰의 디자인이 매력적이라고 생각했다.

We found the new cell phone's design ....

2 그 사진전은 확실히 영감을 주었다.

The exhibition of photographs was really ....

3 직원들은 두 자릿수 임금 인상에 만족했다.

The employees were .... with the double-figure pay raise.

4 당신은 서면 합의를 쉽게 파기할 수 없다.

You cannot break a .... agreement easily.

5 신입 직원의 근무 실적은 실망스럽다.

The new staff member's work performance was ....

B 빈칸에 들어갈 가장 적절한 표현을 고르세요.

1 Steven Price hired someone who is ------- and intelligent to run the company with him.

(A) talent

(B) to talent

(C) talented

(D) talents

2 We are very -------- to tell you that your employment contract has been extended for another two years.

(A) please

(B) pleased

(C) pleasing

(D) pleasure

3 The Valley Hotel is offering a special discount to its premium members for a ------- time.

(A) limiting

(B) limited

(C) limit

(D) limitation

4 From the investor's perspective, the merger of the two companies is not -------.

(A) surprising

(B) surprised

(C) surprise

(D) to be surprised

02 분사의 관용 표현

기출 유형

Q The best way to deal with a ------- supervisor is to accept the requests first and to negotiate a solution later.

(A) demand
(B) demands
(C) demanding
(D) demanded

Q 까다로운 상사를 다루는 최고의 방법은 먼저 요구를 받아들이고 나중에 협상하는 것이다.

(A) 요구
(B) 요구들
(C) 요구가 많은
(D) 요구된

정답 (C)

출제 포인트! 'demanding supervisor'는 '요구 사항이 많은, 까다로운 상사'의 뜻으로 쓰인다. 이처럼 '분사 + 명사' 형태로서 자주 출제되는 관용적인 분사 표현들을 정리해서 암기해 두면 문제를 푸는 데 도움이 된다.

1 현재 분사(-ing) + 명사

promising future 유망한 미래	remaining seat 남아 있는 좌석
challenging work 도전적인 일	demanding supervisor 까다로운 상사
inviting offer 매력적인 제안	growing business 성장하는 사업
misleading advertisement 허위 광고	outstanding candidate 뛰어난 후보자
outstanding debt 미지불된 채무	existing account 기존 계정
surrounding area 주변 지역	increasing sales 증가하는 판매
overwhelming support 압도적인 지지	exciting opportunity 신나는 기회

Online language programs have a very **promising future**.
온라인 언어 프로그램은 매우 전망이 밝습니다.

There are some **outstanding candidates** applying for the position.
그 직책에 지원한 뛰어난 후보자들이 있다.

2 과거 분사(-ed) + 명사

detailed information 자세한 정보	limited time 제한된 시간
approved proposal 승인된 제안서	talented employee 재능 있는 직원
scheduled flight 정기 항공편	motivated staff 동기 부여된 직원
reserved seat 예약석	dedicated employee 헌신적인 직원
anticipated profit 예상된 이익	established company 인정받는 기업
complicated issue 복잡한 사안	qualified applicant 자격 있는 신청자
enclosed brochure 첨부된 소책자	revised budget 수정된 예산

JW International, Inc. is an **established company** with a sound reputation.
JW 인터내셔널 사는 평판이 믿을 만한 인정받는 기업이다.

문법 연습

A 주어진 우리말에 맞게 보기에서 알맞은 분사와 명사를 하나씩 골라 문장을 완성하세요.

〈보기〉	분사: outstanding	qualified	complicated	detailed	surrounding
	명사: areas	information	issue	applicant	debt

1 자세한 정보를 제공해 주셔서 감사합니다.

Thank you for providing all your _____ _____.

2 그것은 매우 복잡하고 민감한 사안이다.

It is a very _____ and sensitive _____.

3 Larkin 씨가 가장 적합한 지원자라고 들었다.

I heard that Mr. Larkin is the most _____.

4 당신의 계좌에는 5,000 달러의 미납된 채무가 있습니다.

Your account has an _____ of $5,000.

5 마을과 주변 지역이 홍수로 침수되었다.

The villages and _____ were flooded.

B 빈칸에 들어갈 가장 적절한 표현을 고르세요.

1 The finance career fair is an ------- opportunity for college graduates to meet with recruiters.

(A) excite

(B) exciting

(C) excited

(D) excitement

2 Please take a look at the ------- brochure for benefits that you can receive as a premium subscriber.

(A) enclosed

(B) enclosing

(C) encloses

(D) enclose

3 I would like to pay tribute to the ------- employees of Canadian Rail, who worked hard to provide better service.

(A) dedicate

(B) dedicating

(C) dedicated

(D) dedication

4 If you have an ------- e-mail account with us and want to open another one, please e-mail us for assistance.

(A) exist

(B) existed

(C) existing

(D) existence

03 분사구문

기출 유형

Q ------- $200 worth of groceries between now and December 10, shoppers will receive a free gift card.

(A) Purchase
(B) Purchases
(C) Purchased
(D) Purchasing

Q 지금부터 12월 10일까지 200달러 이상의 식료품을 구입하시면, 구매자들은 무료 상품권을 받으실 수 있습니다.

(A) 구매하다
(B) 구매한다
(C) 구매된
(D) 구매하는 것

정답 (D)

출제 포인트! 위 문제와 같이 빈칸이 포함된 구 뒤에 절이 제시되어 있는 경우가 전형적인 분사구문 문형이다. 문장을 해석해보면 '구매자들이 식료품을 구입하는 것'이라는 능동의 의미이므로 동사에 –ing가 붙은 형태인 현재 분사가 정답이 된다.

1 부사절이 축약된 분사구문

분사구문은 부사절에서 접속사와 주어를 생략한 다음 동사에 –ing를 붙여서 만든다. 생략된 접속사의 종류는 조건, 시간, 양보, 이유의 접속사 등 다양하다.

> 분사구문 만드는 방법
> ① 접속사를 생략 생략한다.
> ② 주어를 생략한다. (단, 주절의 주어와 같을 경우에만 생략)
> ③ 동사에 –ing를 붙인다. (단, being은 생략 가능하다)

(1) 현재 분사로 시작하는 분사구문 (능동의 의미)

If you sign up for a membership, you will get a 10% discount on all items.

→ **Signing** up for a membership, you will get a 10% discount on all items.
회원으로 가입한다면, 모든 제품에 대해 10퍼센트 할인을 받으실 수 있습니다.

(2) 과거 분사로 시작하는 분사구문 (수동의 의미)

Because he was unemployed, Mr. Choi could not afford to pay the rent.

→ **(Being) Unemployed** for a couple of years, Mr. Choi could not afford to pay the rent.
Choi 씨는 몇 년간 실업자였기 때문에, 월세를 내지 못했다.

2 한 시제 앞선 분사구문 (완료분사구문)

부사절의 시제가 주절의 시제보다 한 시제 앞설 경우 동사를 'having + p.p.'의 형태로 바꾼다.

Having written a letter of complaint, I received a reply from the company.

→ **After I wrote** a letter of complaint, I received a reply from the company.
항의 편지를 보낸 후에, 나는 회사로부터 답변을 받았다.

문법 연습

A 주어진 우리말에 맞게 보기에서 알맞은 분사를 골라 빈칸을 완성하세요.

〈보기〉	working	disappointed	conducting	having completed	turning

1 어려운 프로젝트를 완료한 후에, Freeman 씨는 하와이로 휴가를 떠났다.

.... a tough project, Mr. Freeman went on vacation to Hawaii.

2 경영진에 실망했기 때문에, Quan 씨는 다른 회사로 옮겼다.

.... by management, Mr. Quan moved to a different company.

3 많은 시장 조사를 수행하는 동안, Mills 씨는 고객에 대해 많이 배웠다.

.... market research, Mr. Mills learned a lot about customers.

4 은행원으로 일하면서, Hong 씨는 돈 계산을 정확하게 하려고 노력했다.

.... as a banker, Mr. Hong tried hard to be accurate with money.

5 코너에서 좌회전을 하면, 국립 역사 박물관을 쉽게 찾으실 수 있습니다.

.... left at the corner, you will easily find the museum of natural history.

B 빈칸에 들어갈 가장 적절한 표현을 고르세요.

1 ------- working abroad, Ms. Swan desired to emigrate to a foreign country.

(A) Having experienced
(B) To experience
(C) Being experienced
(D) Experience

2 ------- mathematics in college, Ms. Kim is now working as an analyst at a finance company.

(A) Studied
(B) Having studied
(C) Being studied
(D) To study

3 ------- in the center of the city, the Seoul Hotel is the best place to hold an awards ceremony.

(A) Located
(B) Locating
(C) Locate
(D) Location

4 ------- the best salesperson of the year, Ms. Rolling was rewarded with a cash bonus.

(A) Select
(B) Selecting
(C) Being selected
(D) Selection

A 아래의 빈출 동사 어구들을 암기하세요.

turn off ~을 끄다	depend on ~에 달려있다
break down (차, 기계가) 고장 나다	interact with ~와 교류하다, 상호작용하다
look around 둘러보다	agree on ~에 대해 동의하다
set up 설치하다	focus on ~에 집중하다
go through ~을 조사하다	vote for ~에 투표하다
touch down 착륙하다	succeed in ~에 성공하다
narrow down 좁히다	subscribe to ~을 구독하다
pick up 데리러 가다	account for ~을 차지하다, 설명하다
look into ~을 조사하다	merge with ~와 합병하다
let down 실망시키다	register for ~에 등록하다
let in 들어오게 하다	participate in ~에 참석하다
benefit from ~에서 이득을 얻다	report to ~에 보고하다
consist of ~로 구성되다	function as ~로서 역할을 하다
cooperate with ~와 협력하다	contribute to ~에 공헌하다
conflict with ~와 상충하다, 겹치다	belong to ~에 속하다
remark on ~을 언급하다	lead to ~을 이끌다
compete with ~와 경쟁하다	interfere with ~을 방해하다

B 우리 말에 맞게 알맞은 단어를 고르세요.

1. 경쟁으로부터 이득을 얻다 → (result from / benefit from) the competition
2. 세부분으로 구성되다 → (belong to / consist of) three parts
3. 내 일정과 겹치다 → (conflict with / cooperate with) my schedule
4. 사업에 성공하다 → (succeed in / lead to) business
5. 판매에 달려있다 → (depend on / comply with) sales
6. 우리 수입의 20퍼센트를 차지하다 → (account for / consist of) 20 percent of our income
7. 활발하게 사람들과 교류하다 → actively (interfere with / interact with) people
8. 그 제안에 동의하다 → (agree on / let in) the suggestion
9. 새 임원을 선출하다 → (vote for / search for) the new director
10. 워크샵에 등록하다 → (register for / look into) the workshop

Part 5 빈칸에 들어갈 가장 적절한 표현을 고르세요.

1. Employees ------- in retiring early should contact Ms. Yang in the HR Department.

    (A) interested

    (B) interesting

    (C) interest

    (D) interests

2. The 3D printer is an ------- new development, and experts predict it will be available in our homes shortly.

    (A) excite

    (B) exciting

    (C) excited

    (D) excitement

3. ------- by well-known architect James King, I decided to work in the field of architecture.

    (A) Inspiring

    (B) Inspired

    (C) Inspiration

    (D) Inspire

4. Dr. Wang will give a presentation to attendees who are ------- about what to eat to stay healthy

    (A) confuse

    (B) confused

    (C) confusing

    (D) confusion

5. Ms. Sherman ------- her supervisor down by not coming to work on time.

    (A) pay

    (B) see

    (C) let

    (D) vote

6. Mr. Mille is working with highly ------- colleagues on a project to build a local sports complex.

    (A) motivate

    (B) motivation

    (C) motivated

    (D) motivating

7. Mr. Cho has been trying hard not to let work ------- his personal life.

    (A) cooperate with

    (B) interfere with

    (C) succeed in

    (D) deal with

8. ------- all the specifications, the quality inspectors gave their approval for the product to be released.

    (A) To check

    (B) Checked

    (C) Having checking

    (D) Having been checked

9. Local businesses such as clothing and furniture stores ------- big chain shops.

(A) comply with
(B) compete with
(C) belong to
(D) account for

10. ------- a financial crisis, management decided to close down the factory in L.A.

(A) Experience
(B) Experiencing
(C) Having experienced
(D) Experienced

11. Mr. Ozaki won the World Design Award because he had ------- support in an online poll.

(A) overwhelms
(B) overwhelmed
(C) overwhelming
(D) to overwhelm

12. As of August 1, all employees on the marketing team have to ------- Mr. Powell.

(A) function as
(B) vote for
(C) report to
(D) lead to

13. Quick Fix Repairs succeeded at ------- its sales by 40 percent in the first quarter.

(A) increase
(B) increasing
(C) increased
(D) being increased

14. The audience in the concert hall was ------- by the band's exceptional performance.

(A) fascinated
(B) fascinating
(C) to fascinate
(D) being fascinated

15. The high unemployment rate and rising interest rates ------- the economic crisis.

(A) specialized in
(B) contributed to
(C) qualified for
(D) relied on

16. The director of overseas marketing wrote a recommendation letter for Mr. Chen because he was a ------- and loyal employee.

(A) dedicate
(B) dedicated
(C) dedicating
(D) dedication

Part 6 지문을 읽고 각각의 빈칸에 들어갈 가장 적절한 표현을 고르세요.

Questions 17-20 refer to the following announcement.

Announcing: The Pumpkin Festival

This year's festival ------- in the Wilson family's pumpkin patch this Saturday and Sunday,
17.
October 10-11. Guests at the festival will find a variety of family games to play and other activities,

------- face painting and live music. The festival will also feature a crafts market where members
18.
of the community will sell handmade products. As usual, all guests will be able to pick their own

pumpkin from the pumpkin patch on both days of the festival. -------. Each pumpkin will be sold
19.
according to its weight. Are you ready to enjoy organically ------- pumpkins? Admission is free,
20.
so come early to get the best choice of pumpkins!

---

17. (A) held

(B) holds

(C) will hold

(D) will be held

18. (A) including

(B) included

(C) being included

(D) to include

19. (A) Pumpkins will not be sold to the general public.

(B) There a limit of one pumpkin per guest.

(C) Pumpkin pie will only be sold from 12:00 P.M. to 2:00 P.M.

(D) Do not forget to bring a pumpkin from home to decorate.

20. (A) grow

(B) grows

(C) grown

(D) growing

Questions 21-23 refer to the following advertisement.

First National Bank
Newly Built South Hampton Location
Grand Opening: Monday, June 12

First National Bank has been a part of the community for over 20 years, and we are now expanding our service to the South Hampton area. Our newly built banking location will offer a wide variety of services, including:

- *Personal checking / savings*
- *Investment consultation & financial profile management*
- *Personalized business account management*
- *Drive-thru tellers & a 24-hour drive-thru ATM*

To celebrate our new location, any customer who opens a savings account and deposits at least $300 will receive a $50 bonus as a gift from us. In addition, we will be giving away free calendars to our first 250 guests on our opening day.

21. What is mentioned about First National Bank?

(A) It will be opening a new branch.

(B) It only handles personal banking.

(C) It has been relocated to South Hampton.

(D) It has not been in the area for very long.

22. What will be provided to customers who open new savings accounts?

(A) Cash

(B) Free counseling

(C) A higher interest rate

(D) A special investment opportunity

23. What service will NOT be provided at the new location?

(A) Customized account management.

(B) A drive-thru ATM available any time of the day

(C) Financial profile management

(D) Free online banking

Chapter **6**

명사

Nouns

01 명사의 역할과 자리

02 가산 명사 / 불가산 명사

03 주의해야 할 복합명사

★ 토익 실전 어휘 – 사람/사물명사 vs. 추상명사

★ 실전 연습

01 명사의 역할과 자리

기출 유형

| Q | An ------- to the new system will be given right after the presentation.

(A) introduce
(B) introducing
(C) introduction
(D) introductory | Q | 발표 직후에 새로운 시스템에 대한 소개가 이루어질 것이다.

(A) 소개하다
(B) 소개하는 것
(C) 소개
(D) 소개의

정답 (C) |

 출제 포인트! 정관사 the 바로 뒤의 명사 자리를 묻는 출제 유형이다. 명사는 문장에서 주어의 역할을 할 수 있고, 보통 '관사/소유격 + (형용사)'의 뒤에 위치한다.

1 명사의 역할

주어 역할		Your **request** has been received, and it will be processed promptly. 당신의 요청이 접수되었고 곧 처리될 것이다.
목적어 역할	동사의 목적어	You should <u>make</u> a smart and quick **decision**. 당신은 현명 하면서 빠른 결정을 내려야 한다.
	전치사의 목적어	You can visit the website <u>for</u> additional **information**. 추가 정보를 원하시면 웹사이트를 방문하십시오.
	to부정사의 목적어	<u>To replace</u> some **parts**, refer to the manual provided. 부품을 교체하기 위해서, 제공된 매뉴얼을 참고하세요.
	동명사의 목적어	One of her duties include <u>supervising</u> an **accounting team**. 그녀의 업무 중 하나는 회계팀을 관리하는 것이다.
보어 역할	주격 보어	Thomas Gibson is our new **chairman**. 토마스 깁슨 씨가 우리의 새로운 회장이다.
	목적격 보어	The company appointed him a **floor manager**. 회사는 그를 매장 매니저로 임명했다.

2 명사의 자리

관사 + 명사	They are going to hire **an accountant**. 그들은 회계사를 고용할 것이다.
소유격 + 명사	**My concern** is that we cannot afford to hire any new staffers. 나의 걱정은 우리가 새로운 직원을 고용할 여유가 없다는 것이다.
관사/소유격 + 형용사 + 명사	We decided to film **a new commercial**. 우리는 새로운 광고를 시작하기로 결정했다.

문법 연습

A 다음의 문장을 해석하고 밑줄 친 명사의 역할이 무엇인지 쓰세요.

1 They usually have a lot of <u>information</u> about <u>employee welfare</u>.

→ (해석) ....

→ (역할) information .... / employee welfare ....

2 His <u>suggestion</u> about the recent <u>crisis</u> is considered appropriate.

→ (해석) ....

→ (역할) suggestion .... / crisis ....

3 The <u>lawyer</u> doesn't think the <u>candidate</u> is qualified for the position.

→ (해석) ....

→ (역할) lawyer .... / candidate ....

4 It was a great <u>shock</u> that we didn't get the <u>deal</u> signed.

→ (해석) ....

→ (역할) shock .... / deal ....

B 빈칸에 들어갈 가장 적절한 표현을 고르세요.

1 The order will be completed once your
------- is received.

(A) pay
(B) paying
(C) payment
(D) payer

2 The ------- of the working environment is a
key to promoting productivity.

(A) improve
(B) improvement
(C) improving
(D) improved

3 The number of people who come to the
city for ------- is rapidly going up.

(A) vacation
(B) vacate
(C) vacating
(D) vacancy

4 ------- for a scholarship often takes a lot of
time and preparation.

(A) Apply
(B) Applying
(C) Applications
(D) Applicants

Chapter 6

02 가산 명사/불가산 명사

기출 유형

Q If you would like to get a work -------, you must have a bachelor's degree in a related field.

(A) permit
(B) permission
(C) permits
(D) permitting

Q 취업 허가서를 받고 싶다면, 관련 분야에서 학사 학위를 가지고 있어야 한다.

(A) 허가서
(B) 허가
(C) 허가한다
(D) 허가하는 것

정답 (A)

 출제 포인트! 빈칸에 들어갈 명사가 가산 명사인지 불가산 명사인지를 구분하는 문제가 출제된다. 이 문제의 경우 빈칸 앞에는 관사가 있으므로 가산 명사가 들어가야 한다는 것을 알 수 있다. '허가서' 라는 의미의 permit이 가산 명사이다.

1 가산 명사와 불가산 명사의 특징

가산 명사	불가산 명사
단수형은 단독으로 쓰일 수 없다. You need to place **order**. (X) You need to place an **order**. (O) 단수형은 관사나 소유격 등과 함께 쓰인다. I am looking for **key**. (X) I am looking for my **key**. (O) 복수형의 경우 단독으로 쓰일 수 있다. We are thinking of hiring **consultants**. (O)	관사나 소유격 없이 단독으로 쓰일 수 있다. 단, 필요할 경우에는 관사나 소유격과 함께 쓰인다. We will provide you with **information**. The **information** you provided is wrong. 복수형으로 만들 수 없으며 항상 단수로 취급한다. 따라서 단수 동사와 함께 쓰인다. Some **research** is necessary to find out more about it.

2 주의해야 할 가산 명사 / 불가산 명사

의미나 형태는 비슷하지만, 가산 명사 / 불가산 명사로 구분되는 명사들을 잘 암기해 두자

가산 명사	불가산 명사	가산 명사	불가산 명사
a job 일	work 일	a bag 가방	baggage 수하물
clothes 옷	clothing 의류	a tool 도구	equipment 장비
a view 경관	a scenery 경치, 풍경	a certificate 자격증	certification 인증
an accountant 회계사	accounting 회계업무	a machine 기계	machinery 기계류
an account 계좌		a permit 허가증	permission 허가
a suggestion 제안	advice 충고	a survey 조사	research 연구
a product/goods 제품	merchandise 상품	a ticket 티켓, 표	ticketing 발권
a chair/sofa 의자/소파	furniture 가구	a product 제품	productivity 생산성

문법 연습

A 주어진 우리말을 참고하여 밑줄 친 명사 앞에 관사가 필요할 경우 괄호 안에 써 넣으세요.

1 우리 사장은 그것에 대해 모든 직원들이 제안하기를 원했다.

My (　　) **boss** wanted all of the staff (　　) **members** to make (　　) **suggestion** about it.

2 그 대행사는 잠재 고객들이 필요로 하는 것을 알아내기 위해 조사를 실시 할 것이다.

The (　　) **agency** will perform (　　) **survey** in order to find out what potential (　　) **customers** need.

3 그 상점은 당신이 사업을 운영하는 데 필요한 다양한 종류의 제품들을 보유하고 있다.

(　　) **Store** has a wide variety of (　　) **products** that you need to run your (　　) **business**.

4 당신은 25층에 위치한 당신의 방에서 아름다운 경치를 즐길 수 있다.

You can enjoy (　　) beautiful **view** from your (　　) **room** on the 25^(th) floor.

5 당신이 수하물을 찾을 수 없다면, 이 양식을 먼저 작성해야 한다.

If you can't find your (　　) **baggage**, you have to fill out (　　) **form** first.

6 당신의 본국으로 돈을 송금하기 위해서는 계좌를 개설해야 한다.

You should open (　　) **account** to transfer some (　　) **money** to your home country.

B 빈칸에 들어갈 가장 적절한 표현을 고르세요.

1 Although she was very interested in the job, she didn't have much experience in the field of -------.

(A) account

(B) accounts

(C) accountants

(D) accounting

2 At the upcoming workshop, we are supposed to discuss several ways to boost -------.

(A) product

(B) produce

(C) productivity

(D) producing

3 In order to park your car, you should obtain a parking -------.

(A) permit

(B) permitted

(C) permission

(D) to permit

4 A local consultant visited our office with some ------- to advertise our products to more people in the community.

(A) suggest

(B) suggested

(C) suggestion

(D) suggestions

03 주의해야 할 복합명사

기출 유형

Q The national park is one of the major tourist ------- you shouldn't miss during your stay here.

(A) attract
(B) attracted
(C) attraction
(D) attractions

Q 그 국립 공원은 당신이 여기에 머무는 동안 놓치지 말아야 할 주요 관광지들 중 하나이다.

(A) 관심을 끌다
(B) 매료된
(C) 명소
(D) 명소들

정답 (D)

 출제 포인트! 'tourist attraction'은 '관광지'라는 의미의 복합명사인데, 문맥상 '주요 관광지들 중 하나'라는 의미가 되어야 자연스러우므로 attraction 을 복수형으로 골라야 한다. 이와 같이 복합명사를 묻는 유형이 출제되므로, 자주 출제되는 복합명사를 정리하여 암기해 두어야 한다.

1 주의해야 할 복합명사

safety regulations 안전 규제	a board meeting 이사회
a performance review 인사 고과	an expiration date 만기일
a job interview 취업 인터뷰	office supplies 사무 용품
a job applicant 지원자	a protective helmet 안전모
sales figures 영업 수치	a tourist attraction 관광지
job openings 공석	an application deadline 지원 마감일
application forms 지원서	a construction worker 건설 노동자
bank accounts 은행 계좌	a construction site 공사 현장
a work permit 취업 허가증	a visitor's pass 방문증
a job fair 취업 박람회	a product review 제품 리뷰
an account number 계좌 번호	interest rates 이자율
a return policy 환불 정책	a safety inspection 안전 검사

You can renew your membership at no extra charge if you call us before the **expiration date**.
만기일 전에 우리에게 전화해 주시면, 추가 비용 없이 멤버십을 갱신할 수 있습니다.

2 복합명사의 특징

(1) 복합명사(명사 + 명사)는 한 단어처럼 취급한다. 앞에 있는 명사가 형용사와 같은 역할을 한다.

a **performance review** 인사 평가 (인사와 관련한 평가) / a **product review** 제품 리뷰 (제품과 관련된 평가)

(2) 복합명사의 경우 뒤에 있는 명사에 따라 동사의 형태가 결정된다.

Safety **regulations are** presented in the handbook. 안전 규정은 안내서에 제시되어 있다.
　　　　복수 명사　복수 동사

The construction **site is** located on 7th Avenue. 건설 현장은 7번가에 위치해 있다.
　　　　　단수 명사 단수 동사

문법 연습

A 주어진 우리말에 맞게 보기에서 알맞은 명사를 골라 문장을 완성하세요.

〈보기〉	supplies	openings	policy	deadline	visitor's	fair	program

1 제품의 반품을 결정하기 전에 우리의 환불 정책을 자세히 읽어 보십시오.

Please read our return _____ carefully before you decide to return your items.

2 혹시 공석이 생기면, 귀하께 최대한 빨리 알려 드리겠습니다.

If there are any job _____ , we will let you know as soon as possible.

3 제공된 패킷에서 지원 마감일을 확인 할 수 있습니다.

You can find the application _____ in the packet provided.

4 우리의 시설물 중 한 곳에 입장하기 위해서는 방문증을 받아야 합니다.

You should obtain a _____ pass in order to access one of our facilities.

5 나는 취업 박람회에 참석 했는데, 몇몇 회사들이 나에게 관심을 보였다.

I attended a job _____ , and some of the firms were interested in me.

6 우리는 더 싸게 구매하기 위해 몇몇 사무 용품들을 온라인으로 주문할 것이다.

We will order some office _____ online to get a better deal.

B 빈칸에 들어갈 가장 적절한 표현을 고르세요.

1 A protective helmet should be worn at the ------- site at all times.

(A) construct

(B) constructing

(C) constructive

(D) construction

2 The gym in the building will be shut down due to the safety ------- taking place on Monday and Tuesday.

(A) inspect

(B) inspector

(C) inspection

(D) inspecting

3 The government agreed to increase ------- rates by 0.8 percent starting next year.

(A) interest

(B) interests

(C) interesting

(D) interested

4 Reading ------- reviews on other Web sites can help you make a better decision when making a purchase.

(A) produce

(B) production

(C) product

(D) producing

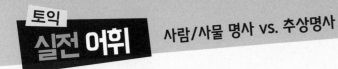
A 가산명사인 사람/사물 명사와 유사한 형태의 추상명사를 잘 구분하여 암기하세요.

accountant 회계사	accounting 회계
participant 참가자	participation 참가, 참석
consumer 소비자	consumption 소비
performer 공연자	performance 공연
translator 번역가	translation 번역
employee 피고용인 / employer 고용인	employment 고용
founder 설립자	foundation 설립
assistant 조수	assistance 도움, 보조
supplier 공급업자, 공급업체	supply 공급
resident 거주자	residence 거주
tenant 세입자	tenancy 임대 (기간)
producer 생산자	production 생산
investigator 조사자	investigation 조사
rival 경쟁자	rivalry 경쟁
manager 매니저	management 경영
contributor 공헌자	contribution 공헌
supervisor 감독자	supervision 관리, 감독
notice 공고문, 안내문	notification 알림

B 우리 말에 맞게 알맞은 단어를 고르세요.

1 고용 기회 → (employment / employee) opportunities

2 관리직 → (manager / management) position

3 누군가의 관리 하에 → under the (supervision / supervisor) of someone

4 공식 공급업체 → official (supplies / supplier)

5 설립 연도 → the year of (founder / foundation)

6 임대 기간 → the term of (tenancy / tenant)

7 장기 거주자 → long-term (residents / residency)

8 철저한 조사 → thorough (investigator / investigation)

9 수업에 활발한 참여 → active (participants / participation) in class

10 재정적 원조 → financial (assistance / assistant)

실전 연습

Part 5 빈칸에 들어갈 가장 적절한 표현을 고르세요.

1. All the visitors to the plant must be aware of the safety ------- at all times.

   (A) wearing
   (B) regulations
   (C) purposes
   (D) indication

2. If you would like to strongly express your ------- about the recent changes to the budget, you should be at the meeting.

   (A) opinion
   (B) distribution
   (C) estimate
   (D) operation

3. Meat ------- has steadily been increasing since the year 2007.

   (A) consume
   (B) consumer
   (C) consuming
   (D) consumption

4. Ms. Kwan's extensive ------- as a manager enabled her to find a better job at an overseas branch.

   (A) experience
   (B) experienced
   (C) experiencing
   (D) experiential

5. After years of ------- to her job, Ms. Norman was finally promoted to assistant manager.

   (A) experiences
   (B) efforts
   (C) dedication
   (D) experiment

6. Mr. Crooks has been under a lot of ------- since the company is losing money this year.

   (A) interests
   (B) impression
   (C) condition
   (D) pressure

7. There are lots of ------- opportunities for educators throughout the country.

   (A) employ
   (B) employee
   (C) employer
   (D) employment

8. The company is looking for a competent ------- who can do lots of translation work involving three different languages.

   (A) translate
   (B) translated
   (C) translator
   (D) translation

9. The ------- of a local science center is expected to attract more families from cities around the world.

(A) founder
(B) found
(C) founding
(D) foundation

10. If you are looking for a long-term -------, Hilo Gardens Residence is a perfect choice for you.

(A) tenancy
(B) job
(C) landlord
(D) opening

11. I would like to delay the ------- of the copy machine until we can find some space for it.

(A) deliver
(B) delivering
(C) delivery
(D) delivered

12. It came as a great ------- when the agreement was unexpectedly broken.

(A) shock
(B) shocked
(C) shocking
(D) to shock

13. Due to the ------- of shopping malls, more people choose to go to them than to spend time at traditional markets.

(A) convenient
(B) convene
(C) convening
(D) convenience

14. The mobile phone manufacturer is expecting a dramatic increase in sales thanks to the ------- added to the new phone.

(A) featuring
(B) features
(C) featured
(D) to feature

15. The factory ------- is supposed to visit us in order to find out what the problem is.

(A) inspector
(B) inspection
(C) inspect
(D) inspecting

16. Thank you for choosing to spend your holiday with us, and we do hope you have a wonderful time during your -------.

(A) vacate
(B) vacating
(C) vacation
(D) to be vacated

Part 6 지문을 읽고 각각의 빈칸에 들어갈 가장 적절한 표현을 고르세요.

Questions 17-20 refer to the following memo.

To: All Customer Service Representatives

From: IT Department

Subject: Temporary System Unavailability

This is a ------- that the IT Department will be replacing some hardware this Friday, January 12,
    17.
at 12:00 P.M. As such, the main database for our customer information system will be -------
                           18.
for approximately 2 hours. However, the Internet will be unaffected, and you will still be able

to access your e-mail. Please prepare any data you will need during the temporary shutdown.

-------. We will be sending a ------- to customers informing them that our services will be limited
 19.   **20.**
during this time. If you have any questions, please let us know.

---

17. (A) remind

    (B) reminded

    (C) reminding

    (D) reminder

18. (A) indicated

    (B) unavailable

    (C) inconvenient

    (D) affordable

19. (A) Don't forget to make copies of any
          e-mails you might need.

    (B) Do not edit the database.

    (C) Please send us the customer information
          you have on record.

    (D) You can download any necessary
          customer information in advance.

20. (A) notice

    (B) notification

    (C) notifying

    (D) notices

지문을 읽고 정답을 고르세요.

Questions 21-22 refer to the following text messages.

Ramesh Adani	[11:04 A.M.]

Hi, Alex. Sorry to bother you, but I can't access my e-mail account. It says my password is incorrect. Can you help?

Alex Sokolov	[11:06 A.M.]

Sorry to hear that you're having trouble. I'll reset the password now. Just give me one moment, please.

Ramesh Adani	[11:06 A.M.]

Sure, take your time.

Alex Sokolov	[11:10 A.M.]

All right, I've reset your password. You can log in using your employee ID number as the temporary password. Is there anything else I can help with?

Ramesh Adani	[11:11 A.M.]

Wow, that was fast! Thank you so much. I think that's all I need right now.

Alex Sokolov	[11:12 A.M.]

I'm glad I could help. Don't forget to change your password after you log in with your temporary password and have a nice day.

21. Why does Mr. Adani message Mr. Sokolov?

(A) To check his employee ID number

(B) To ask for help getting into his e-mail account

(C) To change his login ID

(D) To request a new email address

22. What is probably true about Mr. Sokolov?

(A) He is Mr. Adani's boss.

(B) He is not very familiar with computers.

(C) He works in technical support.

(D) He has a meeting with Mr. Adani later.

Chapter

7

대명사
Pronouns

01 인칭대명사

02 재귀대명사 / 지시대명사

03 부정대명사

★ 토익 실전 어휘 – 명사 어구

★ 실전 연습

01 인칭대명사

기출 유형

Q Although Ms. Yi has little knowledge of marketing, ------- experience in technical support is extensive.

(A) she
(B) her
(C) hers
(D) herself

Q Yi 씨는 마케팅 지식이 거의 없지만, 그녀의 기술 지원 분야의 경험은 폭넓다.

(A) 그녀는
(B) 그녀의
(C) 그녀의 것
(D) 그녀 자신

정답 (B)

 출제 포인트! 적절한 인칭대명사를 고르는 문제가 출제되는데, 문장의 구조를 파악하여 적절한 인칭대명사의 격을 선택해야 한다. 이 문제의 경우 빈칸 뒤에 명사가 있으므로 '~의'를 뜻하는 소유격 인칭대명사인 her가 정답이 된다.

1 수, 인칭, 격에 맞춰 쓰는 인칭대명사

수	인칭	주격 (~은, ~는)	목적격 (~을, ~를)	소유격 (~의)	소유대명사 (~의 것)
단수	1인칭 (나)	I	me	my	mine
	2인칭 (당신)	you	you	your	yours
	3인칭(그 / 그녀 / 그것)	he / she / it	him / her / it	his / her / its	his / hers / -
복수	1인칭 (우리)	we	us	our	ours
	2인칭 (당신들)	you	you	your	yours
	3인칭 (그들)	they	them	their	theirs

2 주격과 목적격 인칭대명사

주격은 명사 대신 주어 자리에 쓰이고, 목적격은 동사와 전치사의 목적어 자리에 쓰인다.

Mr. Cole will visit the London office, and **he** is scheduled to meet with the president. (주어 자리)
Cole 씨는 런던 사무실을 방문했고, 사장님과 만나기로 예정되어 있다.

We interviewed **Jim and Jane** and decided to offer **them** the positions. (동사의 목적어 자리)
우리는 Jim과 Jane을 인터뷰했고 그들에게 직책을 제안하기로 결정했다.

Please contact **Ms. Park** when you are available to speak to **her**. (전치사의 목적어 자리)
그녀와 이야기할 시간이 되실 때 Park 씨에게 연락해 주세요.

3 소유격과 소유대명사

소유격은 명사와 함께 쓰이며, 소유대명사는 명사 자리에 단독으로 쓰인다.

Staff members must use **their** new employee identification cards starting on Monday. (소유격 + 명사)
직원들은 월요일부터 새 사원증을 사용해야 한다.

Kelly's office is located on the second floor, but **mine** (= my office) is on the third floor. (소유대명사)
Kelly의 사무실은 2층에 있지만, 나의 사무실은 3층에 있다.

문법 연습

A 주어진 우리말에 맞게 보기에서 적절한 인칭대명사를 골라 문장을 완성하고, 그 인칭대명사의 종류를 고르세요.

〈보기〉	she	mine	your	me	it

1 Choi 씨는 사직서를 제출하기 전에, 관리자와 상담했다.

Before Ms. Choi submitted her resignation letter, _____ consulted with her manager.

(주격 | 목적격 | 소유격 | 소유대명사)

2 Campion 씨의 직원이 나의 직원보다 더 경험이 많다.

Mr. Campion's staff is more experienced than _____.

(주격 | 목적격 | 소유격 | 소유대명사)

3 보고서에 회의 정보가 포함되어 있으니 참고해 주세요.

Please refer to the report because _____ has all the information for the meeting.

(주격 | 목적격 | 소유격 | 소유대명사)

4 주말에는, 담당 의사와 만날 수 없을지도 모릅니다.

On the weekend, you might not be scheduled to see _____ usual doctor.

(주격 | 목적격 | 소유격 | 소유대명사)

5 오늘 아침에 나의 직속 상사는 내가 늦었기 때문에 전화했다.

My immediate supervisor called _____ this morning because I was late to work.

(주격 | 목적격 | 소유격 | 소유대명사)

B 빈칸에 들어갈 가장 적절한 표현을 고르세요.

1 Employees who get an A on ------- performance review will be likely to get promotions.

(A) they

(B) them

(C) their

(D) theirs

2 City officials have announced that ------- will close 11th Avenue for repairs until April 4.

(A) they

(B) them

(C) their

(D) theirs

3 Ms. Smith's promotion means that ------- has to transfer to headquarters.

(A) she

(B) her

(C) hers

(D) herself

4 When picking up a passport, you need to show ------- another form of identification

(A) we

(B) us

(C) our

(D) ourselves

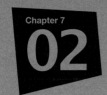

기출 유형

| Q | The participants discussed the issues among ------- after the seminar ended.

(A) they
(B) them
(C) their
(D) themselves | Q | 참석자들은 세미나가 끝난 후에 본인들끼리 그 사안에 대하여 논의했다.

(A) 그들은
(B) 그들을
(C) 그들의
(D) 그들 자신이

정답 (D) |

 인칭대명사 문제에서 전치사 뒤에 빈칸이 있으면 목적격 인칭대명사나 재귀대명사를 정답으로 생각해야 한다. 이 문제의 경우 문맥상 주어와 같은 사람들이 논의를 한 것이므로 재귀대명사가 정답이 된다.

1 목적어 자리에 오는 재귀대명사

'스스로'의 뜻을 갖는 재귀대명사는 주어와 목적어가 같을 때 사용된다. 이 경우 목적어 자리에는 목적격 인칭대명사가 아닌 재귀대명사를 써야 한다.

	1인칭	2인칭	3인칭
단수	myself	yourself	himself / herself / itself
복수	ourselves	yourselves	themselves

Mr. Taylor blamed **himself** for the accident. (Mr. Taylor = himself)
Taylor 씨는 그 사고에 대해서 자신을 탓하였다.

Mr. Taylor blamed **him** for the accident. (Mr. Taylor ≠ him)
Taylor 씨는 그 사고에 대해 그를 탓하였다.

2 주어를 강조할 때 쓰이는 재귀대명사

강조의 재귀대명사는 '스스로, 직접'이라고 해석되며, 생략되더라도 문장이 성립한다.

The sales manager emphasized that he **himself** wrote the report.
판매팀장은 그 보고서를 자신이 직접 작성했다고 강조했다.

대표적 재귀대명사 표현		
by oneself 혼자서	of itself 저절로	for oneself 혼자 힘으로

3 지시대명사 this / these / that / those

The figures in the report are better than **those** of the previous one. (those = figures)
그 보고서의 수치는 지난번 것 보다 낫다.

Those who cannot attend the meeting should let me know in advance. (those = 사람들)
회의에 참석할 수 없는 사람들은 나에게 미리 알려야 합니다.

문법 연습

A 주어진 우리말에 맞게 보기에서 알맞은 분사와 명사를 골라 문장을 완성하세요.

〈보기〉	those	himself	herself	that	yourself

1 4년간의 경력이 있는 사람들은 이 직책에 지원할 수 있다.

_____ with 4 years of job experience can apply for this position.

2 신형 스마트폰의 가격은 이전 것 보다 더 비싸다.

The price of the new smartphone is more expensive than _____ of the old one.

3 당신은 혼자 대규모 개업 행사를 준비해야 할 것이다.

You have to organize the grand opening events by _____ .

4 Lu 씨는 야근하지 않고 휴식을 취했다.

Ms. Lu gave _____ a break from working overtime.

5 Paterson 씨는 최종 결정에 직접 책임을 지겠다고 강조했다.

Mr. Paterson emphasized he _____ would be responsible for the final decision.

B 빈칸에 들어갈 가장 적절한 표현을 고르세요.

1 ------- who are interested in the IT training course should talk to Ms. Kelly in Human Resources.

(A) That

(B) Those

(C) Anyone

(D) Them

2 Please prepare ------- for inclement weather conditions when you get to your final destination.

(A) you

(B) your

(C) yours

(D) yourself

3 Ms. Munroe is scheduled to visit London and will finalize the agreement with the client on ------ own.

(A) she

(B) her

(C) its

(D) herself

4 According to market research, Dyco's latest vacuum cleaner is quite similar to ------- of LK Electronics.

(A) that

(B) those

(C) this

(D) it

03 부정대명사

기출 유형

Q Ms. Gupta announced that she will replace the seats and sound systems in ------- of her theaters.

(A) all
(B) any
(C) little
(D) much

Q Gupta 씨는 그녀의 모든 극장에 있는 좌석과 음향 시스템을 교체할 것이라고 발표했다.

(A) 모든 것
(B) 아무 것
(C) 약간
(D) 많음

정답 (A)

 출제 포인트! '부정대명사 + of the + 가산 복수명사'의 표현을 알아 두어야 한다. 보기에서 any는 부정문에 쓰이고, little과 much는 불가산 명사와 함께 사용되므로 모두 정답이 될 수 없다. 그러므로 가산 복수명사와 함께 쓸 수 있는 all이 정답이 된다.

1 전체 중 일부를 나타내는 부정대명사

부정대명사 + of the/소유격 + 불가산 단수명사 + 복수동사

some of the information **is** 정보 중의 일부   **any** of the information **is** 정보 중의 아무것도

all of the information **is** 정보 중의 모두   **most** of the information **is** 정보 중의 대부분

much of the information **is** 정보 중의 많은 것   **(a) little** of the information **is** 정보 중의 조금

부정대명사 + of the/소유격 + 가산 복수명사 + 복수동사

some of the products **are** 제품 중의 일부   **any** of the products **are** 제품 중의 아무것도

all of the products **are** 제품 중의 모두   **most** of the products **are** 제품 중의 대부분

many of the products **are** 제품 중의 많이   **(a) few** of the products **are** 제품 중의 몇 개

each of the products **is** 제품 중의 각각 (단수동사 예외)

2 one / another / the other(s) / others / each other / one another

one 하나   **another** 또 다른 하나   **the other** 나머지 하나

others 다른 것들 / 다른 사람들   **the others** 나머지 것들 / 나머지 사람들

each other 서로서로 (두 명일 때 사용)   **one another** 서로서로 (두 명 이상일 때 사용)

3 두 개일 때 사용하는 부정대명사

either of the products **is** 제품 둘 중 하나   **both** of the products **are** 제품 두 개 모두

neither of the products **is / are** 제품 둘 다 아닌

문법 연습

A 주어진 우리말에 맞게 보기에서 알맞은 분사를 골라 빈칸을 완성하세요.

〈보기〉	another	most	each other	some	all

1 Kim 씨와 Choi 씨는 회의에서 서로 이야기했다.

Mr. Kim and Ms. Choi talked to _____ during the meeting.

2 직원들 중 몇몇은 좋은 평가를 받았지만 몇몇은 그렇지 못했다.

_____ of the employees got great reviews, but some did not.

3 Munroe 씨는 상하이에 첫 공장을 얼었고, 다른 공장을 열기로 결정했다.

Mr. Munroe opened his first factory in Shanghai, and he has decided to open _____.

4 참석자 대부분은 컨퍼런스 후에 있는 파티에 참석할 수 없다.

_____ of the participants cannot attend the party after the conference.

5 Lannister 씨는 문서에 있는 모든 정보를 검토하자고 제안했다.

Ms. Lannister suggested reviewing _____ of the information in the documents.

B 빈칸에 들어갈 가장 적절한 표현을 고르세요.

1 Mr. Garcia stated in the letter of recommendation that Ms. Ling works very well with --------.

(A) other
(B) another
(C) others
(D) both

2 Mr. Patel is not here today, but she has not missed ------- of the board meetings this year.

(A) any
(B) some
(C) a little
(D) either

3 Concord Electronics' Gala smartphone is currently the lightest ------- on the market.

(A) another
(B) one
(C) any
(D) either

4 Ms. Rufus could not answer ------- of the two questions she received at the technology seminar.

(A) a little
(B) either
(C) neither
(D) every

A 아래의 빈출 명사 어구를 암기하세요.

quality control 품질 관리	job performance 업무 성과
reliable service 믿을 만한 서비스	performance review 성과 평가
company policy 회사 정책	night shift 야간 근무조
safety procedures 안전 수칙	feasible plan 실현 가능한 계획
seating capacity 좌석 수	customized service 맞춤형 서비스
advance registration 사전 등록	bulky item 부피가 큰 품목
competitive market 경쟁적 시장	valid ticket 유효한 티켓
competitive edge 경쟁적 우위	sales quota 판매 할당량
competent candidate 유능한 후보자	preliminary survey 예비 설문 조사
competent leader 유능한 지도자	slight flaw 경미한 결함
further notice 추후 공지	defective items 결함 있는 제품
incentive plans 장려금 제도	proof of purchase 구매 증거
tax incentives 세제 혜택	expiration date 만료일
sales figures 판매 수치	customs official 관세, 세관
leading figure 거물	baggage allowance 수하물 허용치
overhead expenses 총 경비, 간접비	method of payment 지불 방식
outstanding expenses 미지급 비용	luxury commodity 사치품
economic stability 경제 안정	home appliance 가전제품

B 우리 말에 맞게 알맞은 단어를 고르세요.

1 성과 평가를 수행하다 → conduct performance (reviews / restore)

2 예비 설문 조사의 결과 → the results of the preliminary (survey / installation)

3 판매 수치를 검토하다 → review sales (features / figures)

4 안전 수칙을 따르다 → follow safety (processes / procedures)

5 사치품에 높은 세금을 부과하다 → mpose high taxes on luxury (commodities / equipment)

6 실현 가능한 계획을 생각해 내다 → come up with a feasible (plan / consent)

7 가장 유능한 후보자 → the most competent (candidate / applicant)

8 더 나은 품질 관리가 필요하다 → need better (quantity / quality) control

9 경제 안정성을 추구하다 → pursue economic (capacity / stability)

10 사전 등록을 요구하다 → require advance (registration / revision)

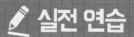

Part 5 빈칸에 들어갈 가장 적절한 표현을 고르세요.

1. The vice president of KTS Finance rides ------- bike to work every morning to avoid traffic.

   (A) he
   (B) him
   (C) his
   (D) himself

2. Mr. Carpenter kept 100 dollars for ------- and gave away most of his money to charity.

   (A) he
   (B) him
   (C) his
   (D) himself

3. Since the entire staff was busy, Ms. Garcia had to work overtime to complete the project by -------.

   (A) she
   (B) her
   (C) hers
   (D) herself

4. Employees at Stanley Bank will receive additional pay when ------- work on Saturday or Sunday.

   (A) they
   (B) them
   (C) their
   (D) themselves

5. No one expected Mr. Oliver to handle the difficulties ------- without asking for any assistance.

   (A) he
   (B) him
   (C) his
   (D) himself

6. Many employees at the meeting have industrial experience, but only some of ------- can understand the presentation.

   (A) we
   (B) us
   (C) our
   (D) ourselves

7. Ms. Liu and Ms. Wang started working for the Ecolin Corporation at the same time, and ------- of them got promoted this month.

   (A) both
   (B) every
   (C) many
   (D) much

8. High-rise buildings cannot be built in areas where they can block the views of -------.

   (A) ones
   (B) others
   (C) another
   (D) themselves

9. The new bookstore is crowded with customers, but ------- will not make any purchases.

(A) every
(B) little
(C) some
(D) one

10. Pease take a look at ------- Web site for further information regarding our latest equipment.

(A) we
(B) us
(C) our
(D) ours

11. Most of the employees have been working overtime to meet their sales ------- for the first quarter.

(A) proximity
(B) quota
(C) basis
(D) reputation

12. The companies in the shipping industry need to develop a competitive ------- to win contracts.

(A) edge
(B) shift
(C) claim
(D) demand

13. Mr. Chun wanted to know when the first draft of the contract would be ready for ------- to review.

(A) she
(B) her
(C) hers
(D) herself

14. All of the baggage at the airport in New York will be thoroughly checked by ------- officials.

(A) customs
(B) customers
(C) competence
(D) comparable

15. ------- of the proposals to build cultural and sports facilities in the city are likely to be approved this week.

(A) Little
(B) All
(C) Every
(D) Any

16. The city government is trying to adopt a new ------- of payment for small businesses.

(A) capacity
(B) material
(C) role
(D) method

Part 6

지문을 읽고 각각의 빈칸에 들어갈 가장 적절한 표현을 고르세요.

Questions 17-20 refer to the following e-mail.

To: mia.a@ymail.com

From: m_issa@zod.com

Date: January 19

Subject: Update about recent order

Dear Mrs. Alexopoulos,

Thank you for your recent order from ------- Web site. We hope that you were able to find
17.
everything you needed.

I regret to inform you, however, that the solid oak work desk (part #33454) ------- ordered is
18.
currently sold out. The rest of your order will be shipped immediately, but this item will be delayed
until we receive more items from our factory. -------. I'm very sorry for any inconvenience this
19.
causes you.

Thank you for understanding, and I apologize again for the trouble. If you have any questions,

don't ------- to contact us.
20.

Sincerely,

Mohamed Issa

Zenith Office Direct

---

17. (A) we

    (B) us

    (C) our

    (D) ours

18. (A) you

    (B) your

    (C) yours

    (D) yourself

19. (A) I will let you know as soon as it ships.

    (B) There should be no problem completing
      your refund.

    (C) Our Web site will be unavailable until
      Sunday.

    (D) You will receive an invoice by the end of
      the day.

20. (A) hesitate

    (B) hesitant

    (C) hesitating

    (D) hesitation

지문을 읽고 정답을 고르세요.

Questions 21-23 refer to the following invoice.

Prime Depot
44 Brown Street
London
W1T 1JY

Date	June 22	Invoice Number	901AK
Bill to	JR Law Firm, 83 Mare Street, London, SW1A		

Item	Price/Unit	Total
6 x A4 Paper Crate	$80.00	$480.00
12 x Red Ballpoint Pen (Box)	$6.50	$78.00
4 x Copy Toner RefillItalian Sampler Platter (Medium)	$25.00	$100.00
6 x Standard Envelope (Box)	$8.00	$48.00
6 x Document Envelope (Box)Assorted Beverages (Large)	$12.00	$72.00
	Subtotal	$778.00
	Tax	$69.24
	Total	$847.24

Payment may be made in cash or by check on delivery or by credit card in advance.

---

21. What most likely is Prime Depot?

(A) A finance office

(B) A law firm

(C) An office supply company

(D) A printing company

22. How many boxes of A4 paper did the JR Law Firm order?

(A) 4

(B) 6

(C) 8

(D) 12

23. What is mentioned as a possible payment option?

(A) Card prepayment

(B) Bank transfer

(C) Cash in advance

(D) Gift cards in person

Chapter **8**

형용사
Adjectives

01 형용사의 역할

02 수량 형용사

03 주의해야 할 형용사 구문

★ 토익 실전 어휘 – 혼동하기 쉬운 형용사

★ 실전 연습

01 형용사의 역할

기출 유형

Q The number of people with ------- income is increasing more and more.

(A) dispose
(B) disposable
(C) disposability
(D) disposition

Q 가처분 소득이 있는 사람들의 숫자가 점점 증가하고 있다.

(A) 처리하다
(B) 이용 가능한
(C) 처분 가능성
(D) 성격

정답 (B)

 빈칸이 명사 앞에 있으므로 형용사를 정답으로 골라야 한다는 것을 알 수 있다. 이때 형용사 disposable은 명사 앞에서 명사를 수식하고 있다.

1 명사 앞에서 명사를 수식

형용사는 명사 앞에 위치하여 명사를 수식하는 역할을 한다.

A thorough investigation will be done wherever necessary. (관사 + 형용사 + 명사)
충분한 조사가 필요한 곳에 시행될 것이다.

You are required to make **a very careful decision** this time. (관사 + 부사 + 형용사 + 명사)
항상 매우 주의 깊은 결정이 요구 된다.

2 주어의 상태를 설명 (주격 보어의 역할)

형용사가 be, become 등의 동사 뒤에 쓰여 주어의 상태를 보충 설명해 주는 역할을 한다.

주격 보어를 형용사로 취하는 동사		
remain ~한 상태로 있다	seem ~인 것 같다	turn ~로 변하다
appear ~인 것 같다	stay ~한 상태로 있다	appear ~처럼 보이다

The company **is** not **ready** for the launch of the new product. (동사 be + 형용사)
회사는 신제품을 출시할 준비가 되어 있지 않다.

3 목적어의 상태를 설명 (목적격 보어의 역할)

형용사가 목적어 뒤에 쓰여 목적어의 상태를 보충 설명해 주는 역할을 한다.

목적격 보어를 형용사로 취하는 동사		
keep ~하게 유지하다	leave ~한 상태로 두다	consider ~라고 여기다
make ~하게 만들다	find ~라고 생각하다	

This new software will **keep** your office computers **safe**. (동사 keep + 목적어 + 형용사)
이 새로운 소프트웨어는 당신의 사무용 컴퓨터를 안전하게 지켜줄 것이다.

문법 연습

A 주어진 우리말을 참고하여 보기에서 적절한 형용사를 골라 문장을 완성한 다음, 형용사의 역할이 무엇인지 고르세요.

〈보기〉	informed	silent	healthy	calm	open

1 응급상황이 있을 경우에는 침착함을 유지하도록 노력하세요.

Please try to stay _____ when there is an emergency. (명사 수식 | 주격 보어 | 목적격 보어)

2 나가실 때 창문을 열어 두시겠어요?

Would you please leave the windows _____ when you go out? (명사 수식 | 주격 보어 | 목적격 보어)

3 사장은 발표가 진행되는 동안 침묵으로 일관했다.

The president remained _____ during the presentation. (명사 수식 | 주격 보어 | 목적격 보어)

4 종합비타민제를 매일 섭취하는 것은 당신을 건강하게 해 줄 것이다.

Taking multivitamins every day will keep you _____ . (명사 수식 | 주격 보어 | 목적격 보어)

5 우리는 이 제품의 최신 업데이트 사항에 대해 계속 정보를 줄 것이다.

We will keep you _____ on the latest updates on this product. (명사 수식 | 주격 보어 | 목적격 보어)

B 빈칸에 들어갈 가장 적절한 표현을 고르세요.

1 Mr. Wilson is always welcome to accept ------- ideas from his team members.

(A) create
(B) creative
(C) creation
(D) creatively

2 You will find the attached manual ------- when you are trying to assemble the device.

(A) use
(B) using
(C) useful
(D) usefully

3 Please be ------- of others when you are staying in the library.

(A) consider
(B) considerate
(C) consideration
(D) considering

4 We are willing to take every ------- action in order to avoid the kinds of problems that we had last year.

(A) possible
(B) possibly
(C) possibility
(D) be possible

02 수량 형용사

기출 유형

Q ------- participant is going to have to present a valid I.D. in order to enter the venue.

(A) All
(B) Some
(C) Every
(D) A majority of

Q 모든 참가자는 장소에 출입하기 위해 유효한 신분증을 제시해야 할 것이다.

(A) 모든
(B) 몇몇의
(C) 모든
(D) 대다수의

정답 (C)

 주어진 명사에 어울리는 수량 형용사를 고르는 문제 유형이다. 빈칸 뒤의 participant가 단수 명사이므로, 이와 함께 쓰일 수 있는 수량 형용사인 every가 정답이 된다.

수량 형용사의 종류

명사의 수나 양을 한정해주는 수량 형용사는 뒤따르는 명사의 형태에 유의하여 선택하여야 한다.

수량 형용사	함께 쓰이는 명사
some 몇몇의, 약간의 any 몇몇의, 약간의 most 대부분의 no ~도 아닌 lots of / a lot of / plenty of 많은	+ 셀 수 있는 명사 혹은 셀 수 없는 명사 예 some trainees, some advice, 　　most problems, most of the time 　　lots of people, lots of time
every 모든 each 각각의 another 또 다른	+ 셀 수 있는 단수 명사 예 each participant, every effort, another issue
many 많은 a number of 많은 a majority of 대다수의 a variety of 다양한 several 몇몇의 a couple of 두 세 개의 (a) few 몇몇의	+ 셀 수 있는 복수 명사 예 a number of complaints 　　a majority of applicants 　　a couple of questions
a great deal of / much 많은 (a) little 약간의	+ 셀 수 없는 명사 예 a great deal of research 　　a little time left

Every sales representative should attend the seminar without **any** exceptions.
모든 영업부 직원들은 어떤 예외도 없이 세미나에 참석해야 한다.

문법 연습

A 주어진 우리말에 맞게 보기에서 알맞은 수량 형용사를 골라 빈칸을 완성하세요.

〈보기〉	some	much	all	no	each	every

1 우리는 준비 시간이 많이 없을 것이라고 예상한다.

We expect there won't be _____ time left for the preparation.

2 모든 참가자들은 이름표를 착용해야 한다.

_____ participants are required to wear a name tag.

3 여기에 있는 대부분의 노동자들은 안전에 대한 의식이 전혀 없다.

Most of the workers here have _____ concern for safety.

4 당신은 각각의 지시 사항을 자세히 읽어 보아야 한다.

You should read _____ of the directions very carefully.

5 우리가 보고서를 검토하는 동안, 몇 가지 이상한 점을 발견했다.

While we were going over the report, we found _____ irregularities.

B 빈칸에 들어갈 가장 적절한 표현을 고르세요.

1 Office Works offers a ------- of office supplies and furniture.

(A) varying

(B) varied

(C) variable

(D) variety

2 ------- employee is required to obtain permission from a manager before taking a day-off.

(A) Both

(B) Either

(C) Every

(D) Some

3 We had consulted ------- focus groups before we finished this report.

(A) a couple of

(B) a little

(C) any

(D) a great deal of

4 A recent survey revealed that some customers don't have ------- trust in our products.

(A) many

(B) much

(C) a couple of

(D) few

03 주의해야 할 형용사 구문

기출 유형

Q Nobody is capable ------- doing the job so successfully.

(A) with
(B) to
(C) of
(D) from

Q 그 일을 그렇게 성공적으로 수행할 능력이 있는 사람은 아무도 없었다.

(A) ~와 함께
(B) ~에게
(C) ~의
(D) ~로부터

정답 (C)

 출제 포인트! 특정 형용사와 함께 쓰이는 전치사를 묻거나, 주어진 전치사와 어울릴 수 있는 형용사를 문제가 출제된다. 'be capable of'는 '~할 능력이 되다'라는 의미인데, 이와 같이 자주 사용되는 형용사 구문은 통으로 외워 두어야 한다.

1 be + 형용사 + to부정사 구문

be able to ~할 수 있다	be willing to 기꺼이 ~하다
be likely to ~일 것 같다	be ready to ~할 준비가 되다
be sure/bound/certain to 확실히 ~하다	be hesitant to ~을 망설이다
be eligible to ~할 자격이 있다	be happy/pleased/delighted to ~해서 기쁘다
be eager to ~하고 싶어하다, 열망하다	be/feel free to ~자유로이 ~하다

Customers will **be willing to** pay more money as long as better quality is guaranteed.
더 나은 품질이 보장되기만 한다면 고객들은 더 많은 돈을 기꺼이 지불할 것이다.

2 be + 형용사 + 전치사 구문

be capable of ~할 능력이 있다	be responsible for ~에 대한 책임이 있다
be aware of ~을 인식하고 있다	be suitable for ~에 적합하다
be critical of ~을 비판하다	be similar to ~와 유사하다
be familiar with ~에 익숙하다	be relevant to ~와 관련이 있다
be consistent with ~와 일관되다	be subject to ~하기 쉽다, ~할 수도 있다
be compatible with ~와 호환이 되다	be equivalent to ~와 동일하다
be happy with ~에 만족하다	be accessible to ~에 접근 가능하다, 이용이 가능하다
be eligible for ~할 자격이 있다	be absent from ~에 결석하다
be famous for ~으로 유명하다	be different from ~와 다르다

This training schedule **is subject to** change.
이 교육 일정은 변경될 수 있습니다.

Childcare specialists suggest that parents **be consistent with** their discipline methods.
아동 보육 전문가들은 부모들이 훈육에 있어 일관성을 유지해야 한다고 주장한다.

문법 연습

A 주어진 우리말에 맞게 보기에서 알맞은 형용사 구문을 골라 빈칸을 완성하세요.

| 〈보기〉 | be capable of | be eligible to | be available for |
| | be able to | be aware of | be accessible to |

1 모든 참가자들은 제비뽑기 행사에 참여할 자격이 된다.

All participants are _____ enter the lucky draw.

2 우리는 문제의 원인이 무엇인지 알아낼 수 없었다.

We were not _____ identify what the cause of the problem was.

3 이 제품의 잠재적 위험성에 대해 알고 계시기 바랍니다.

Please be _____ the potential dangers of this product.

4 사내 도서관은 이 건물에서 일하는 누구에게나 이용이 가능합니다.

The in-house library is _____ to anybody working in this building.

5 안타깝게도 새 매니저는 그 재무 프로그램에 익숙하지 않았다.

Unfortunately, the new manager was not _____ the financial program.

B 빈칸에 들어갈 가장 적절한 표현을 고르세요.

1 Please note that this program schedule is ------- to change without notice.

(A) able

(B) subject

(C) equivalent

(D) consistent

2 The company is not ------- for any goods or services you obtain.

(A) ready

(B) responsible

(C) aware

(D) comparable

3 The Atlantic Steakhouse is planning to invite all the reviewers who were ------- of its new menu.

(A) critical

(B) critic

(C) critics

(D) criticism

4 A team of marketing specialists will determine whether the new strategy is ------- for the promotion of our products.

(A) famous

(B) applicable

(C) suitable

(D) likely

A 형태가 비슷하지만 의미가 서로 다른 아래의 형용사들을 비교한 다음 암기하세요.

apprehensive 염려하는	apprehensible 이해할 수 있는
beneficial 이로운, 유익한	beneficent 선을 베푸는
comparable ~에 필적하는, 비슷한	compatible 호환 가능한
considerate 사려 깊은	considerable 상당한
complimentary 무료의	complementary 보완적인
confident 자신감이 있는	confidential 기밀의
dependent 의존적인	dependable 믿을 수 있는
favorable 호의적인	favorite 좋아하는
last 지난	lasting 지속하는
manageable 관리할 수 있는	managerial 관리자의
prospective 전도유망한, 장래의, 다가오는	prosperous 번영하는
personal 개인적인	personnel 인사의
preventive 예방을 위한	preventable 예방할 수 있는
reliant 의존적인	reliable 신뢰할 만한
responsible 책임감 있는	responsive 즉각 반응하는
successful 성공적인	successive 연속적인
understanding 이해심이 있는	understandable 이해할 만한

B 우리 말에 맞게 알맞은 단어를 고르세요.

1 예방 조치 → (preventive / preventable) measures

2 기밀 문서 → (confidential / confident) documents

3 관리직 → (manageable / managerial) position

4 입학 지망자 → (prosperous / prospective) students

5 연이은 실패 → (successful / successive) failure

6 고객 요구에 반응하는 → (responsive / responsible) to customer needs

7 오래 지속되는 결과 → (long-lasting / long-last) results

8 새로운 장비와 호환 가능한 → (compatible / comparable) with new devices

9 상호 간에 이익이 되는 → (beneficent / beneficial) to mutual parties

10 믿을 만한 공급 업체 → (dependent / dependable) suppliers

실전 연습

Part 5 빈칸에 들어갈 가장 적절한 표현을 고르세요.

1. Feel free to contact any of our representatives if you have ------- inquires.

   (A) either
   (B) any
   (C) none
   (D) few

2. It is important that all the documents that we deal with here be kept -------.

   (A) confidential
   (B) confidence
   (C) confidentially
   (D) confident

3. The Labor Review Board recently published a ------- research study on the effects of a 20-minute break on the efficiency of factory workers.

   (A) comprehend
   (B) comprehensive
   (C) comprehensively
   (D) comprehending

4. If you want to purchase modern furniture items at ------- prices, please visit one of our offline stores.

   (A) afford
   (B) afforded
   (C) affordable
   (D) affording

5. They created a company 20 years ago to provide a ------- vacation experience.

   (A) special
   (B) specially
   (C) specialty
   (D) specific

6. The only ------- conference room is on the ground floor of the building.

   (A) available
   (B) previous
   (C) advanced
   (D) personal

7. A new government policy will be implemented to make health insurance ------- to more people.

   (A) accessible
   (B) considerable
   (C) apprehensible
   (D) diverse

8. After the Web site is upgraded, customers will be able to enjoy a(n) ------- advantage while they shop online.

   (A) applicable
   (B) experienced
   (C) distinct
   (D) different

9. As a ------- measure, you should back up your files when you work on the computer.

(A) successive
(B) preventive
(C) projective
(D) complementary

10. It usually takes more than 10 years to get in a ------- position after graduation.

(A) manageable
(B) prosperous
(C) versatile
(D) managerial

11. Please do not keep your ------- belongings unattended when you leave your seat.

(A) personal
(B) promising
(C) personnel
(D) prospective

12. Although two candidates have different academic backgrounds, they are ------- in terms of their work experience.

(A) reasonable
(B) comparable
(C) available
(D) responsive

13. We are pleased to provide you with a ------- salad bar with lots of vegetables and fruits.

(A) compatible
(B) subsequent
(C) complimentary
(D) indifferent

14. If your customers' responses are not -------, you may want to change your way of doing business.

(A) favorite
(B) favorable
(C) considerate
(D) comparable

15. Please be ------- of other visitors when you talk on the phone in public.

(A) considerable
(B) considerate
(C) considering
(D) conclusive

16. If you have any questions about benefits for employees, you should contact the ------- department.

(A) dependent
(B) competitive
(C) countable
(D) personnel

Part 6 지문을 읽고 각각의 빈칸에 들어갈 가장 적절한 표현을 고르세요.

Questions 17-20 refer to the following letter.

Dear Ms. Taylor,

Thank you for your letter dated June 22. I am so sorry to hear that you were not ------- with the
service we provided during your trip to the city last week. First of all, I ------- apologize that your

17.   18.

room was not properly cleaned when you arrived. I understand how unpleasant that felt. -------
                                                                                                          19.
With regard to the room service, I am sorry that your breakfast arrived so late that you had to

leave without eating. This is totally -------, and I will make sure something like this doesn't happen
                                       20.
again.

Sincerely,

Albert Williams

17. (A) consistent

(B) happy

(C) suitable

(D) valuable

18. (A) carefully

(B) sincerely

(C) skillfully

(D) unexpectedly

19. (A) I hope you have a pleasant stay.

(B) We are not responsible for any of the
damage.

(C) I will speak to the cleaning services
manager right away.

(D) We don't provide complimentary
breakfast service anymore.

20. (A) famous

(B) applicable

(C) unsuitable

(D) likely

Questions 21-22 refer to the following e-mail.

From:	hr@globaltech.com
To:	lmartinez@jmail.com
Subject:	RE: Application Questions

Dear Ms. Martinez,

Thank you for your inquiry about the senior marketing coordinator position here at Global Tech. I apologize for the late reply. To answer your questions about the application process, all applicants must first submit an online application no later than September 17. You can find the online form on our company's Career page. Please note that you will need the following information in order to complete the application:

- a résumé & description of your work history
- a cover letter
- copies of all relevant certifications and licenses
- copies of any diplomas you have

Your completed application packet will be received by the hiring committee, who will then make the final decision about who will move on to the interview stage. If selected for an interview, we will contact you by e-mail to schedule a time. If you have any other questions or would like additional information, please don't hesitate to contact us. I look forward to speaking with you soon.

Sincerely,
Dorothy Hamill
HR Representative
Global Tech, Inc.

21. What did Ms. Martinez most likely inquire about in her e-mail?

(A) A position's responsibilities
(B) The qualifications required for a position
(C) The process of applying for a position
(D) Some contact information

22. Which of the following is NOT required to submit an application?

(A) Contact information for references
(B) A résumé and a cover letter
(C) A certificate of graduation
(D) An online application

Chapter **9**

부사

Adverbs

01 부사의 역할과 위치

02 빈도/시간/접속부사

03 주의해야 할 부사

★ 토익 실전 어휘 – 부사 어휘와 동의어

★ 실전 연습

01 부사의 역할과 위치

기출 유형

Q Ms. Watson has been recognized as an ------- talented singer and composer. (A) exceptional (B) exception (C) exceptionally (D) excepted	Q Watson 씨는 특별히 재능 있는 가수이자 작곡가로서 인정 받아 왔다. (A) 예외적인 (B) 예외 (C) 특별히 (D) 예외인 정답 (C)

 출제 포인트! 문장의 구조를 파악하여 빈칸에 들어갈 품사의 종류를 판단할 수 있다. 이 문제에서 보는 것처럼 '관사 + (빈칸) + 형용사 + 명사' 구조에서, 빈칸에는 형용사를 수식하는 품사인 부사가 와야 한다. 따라서 '특별히'라는 의미의 부사 exceptionally이 정답이 된다.

문장 전체, 동사, 형용사, 부사를 수식하는 부사

부사는 문장의 의미를 보다 자세히 설명하는 역할을 하기 때문에 생략되어도 문장이 성립한다. 부사는 종류와 뜻이 다양하고, 문장 내 다양한 곳에 위치할 수 있다.

(1) 문장 전체 수식 / 동사 수식 (주어와 동사 사이)

	문장 전체 수식	He hasn't seen her **lately**. (문장 맨 뒤) 그는 최근에 그녀를 보지 못했다. **Recently**, she was promoted. (문장 맨 앞) 최근에, 그녀는 승진했다.
동사 수식	부사 + 동사	Ms. Yang **suddenly** quit her job. Yang 씨는 갑자기 퇴사했다. *타동사와 목적어 사이에는 부사가 올 수 없다 (quit suddenly her job [x])
	조동사 + 부사 + 본동사	It can **seriously** affect the company. 그것은 회사에 심각하게 영향을 끼칠 수 있다.
	have + 부사 + p.p.	Mr. Lim has **positively** influenced him. Lim 씨는 그에게 긍정적으로 영향을 주었다.
	be + 부사 + p.p.	The man was **badly** injured. 그 남자는 심하게 다쳤다.
	be + 부사 + –ing	We are **seriously** considering it. 우리는 그것을 심각하게 고려 중이다.

(2) 형용사, 부사 수식 / to부정사, 동명사 수식

형용사 수식	That is a **surprisingly** good result. (관사 + 부사 + 형용사 + 명사) 그것은 놀랄 만큼 좋은 결과이다.
부사 수식	Ms. Song performed **very** well. (부사 + 부사) Song 씨는 공연을 매우 잘했다.
to부정사 수식	I am glad to **finally** meet you, Mr. Kang. Kang 선생님, 마침내 만나 뵙게 되어서 반갑습니다.
동명사 수식	By **carefully** reviewing the survey results, they improved its design. 설문 결과를 신중히 검토해서, 그들은 디자인을 개선했다.

문법 연습

A 주어진 우리말에 맞게 보기에서 적절한 부사를 골라 문장을 완성하고, 그 역할을 고르세요.

〈보기〉 very   finally   relatively   surprisingly   patiently

1 발언 순서를 참을성 있게 기다리는 것은 중요하다.

It is important to _____ wait for your turn to speak.
(부사 수식 | 동명사 수식 | to부정사 수식)

2 놀랍게도, 고객 설문 결과는 긍정적이었다.

_____ , the results of the customer survey were positive.
(형용사 수식 | 동사 수식 | 문장 전체 수식)

3 Arlington 씨는 20명의 직원을 잘 관리했다.

Mr. Arlington supervised a staff of twenty people _____ well.
(동명사 수식 | 형용사 수식 | 부사 수식)

4 신규 스포츠 센터는 다음주 수요일에 마침내 개장한다.

The new sports complex is _____ opening next Tuesday.
(동사 수식 | to부정사 수식 | 부사 수식)

5 그들은 상대적으로 단순한 문제의 해결책을 개발했다.

They developed a _____ simple solution to the problem.
(문장 전체 수식 | 부사 수식 | 형용사 수식)

B 빈칸에 들어갈 가장 적절한 표현을 고르세요.

1 The head of Marketing believes that Mr. Casey can ------- manage the new advertising campaign.

(A) success

(B) succession

(C) successful

(D) successfully

2 The engineers can restore and display a list of ------- opened files and folders if necessary.

(A) recent

(B) recency

(C) recently

(D) recentness

3 Mr. Smith, who has been with the company for 30 years, is ------- considering resigning at the end of the year.

(A) serious

(B) seriously

(C) seriousness

(D) being serious

4 -------, the board of directors has decided to close down the factories located in East Asian countries.

(A) Unfortunate

(B) Unfortunately

(C) Unfortunates

(D) Unfortunateness

02 빈도/시간/접속부사

기출 유형

| Q | It is only the first quarter, and the KI Corporation has ------- had to close the factory twice because of strikes.

(A) already
(B) further
(C) most
(D) carefully | Q | 1분기 밖에 되지 않았는데, KI 사는 파업 때문에 벌써 공장을 두 차례나 닫아야 했다.

(A) 벌써
(B) 더
(C) 가장
(D) 신중하게

정답 (A) |

 출제 포인트! 문장을 해석해 보면 '1분기 밖에 되지 않았는데 파업으로 인해 두 차례나 문을 닫았다'는 내용이므로 '벌써, 이미'의 뜻을 가진 부사 already 가 정답이 된다.

1 빈도부사

발생 횟수를 나타내는 빈도 부사는 be동사의 뒤, 일반동사의 앞에 위치한다.

100% ----------------------------	50%	--	0%
always　　　usually/normally	sometimes	occasionally	seldom / hardly / rarely	never
항상　　　　　　보통	때때로	경우에 따라	거의 ~하지 않다	결코 ~하지 않다

The shop is **normally** crowded between 2 P.M. and 4 P.M. (be동사 뒤에 위치)
상점은 보통 2시에서 4시 사이에 붐빈다.

Some of the employees **always** go for a walk after lunch. (일반동사 앞에 위치)
직원들 일부는 점심 후에 항상 산책을 간다.

2 시간 부사

already 벌써, 이미	soon 곧, 조만간	still 여전히	just 방금, 막	yet 아직

She has **already** completed the budget report. 그녀는 벌써 그 예산안을 마무리했다.

Mr. Lee hasn't applied for a job **yet***. Lee 씨는 아직 입사 지원을 해 본 적이 없다. (*yet은 긍정문에서도 사용될 수 있다.)

3 접속부사

역접	however 그러나	nevertheless / nonetheless 그럼에도 불구하고	
인과	therefore 그러므로	consequently 결과적으로	
부가	moreover 더욱이	besides 게다가	furthermore 더욱이

Jim resigned last month. **However**, no one has been hired to fill his position. (접속부사 자리)
Jim 은 지난 달에 퇴사했다. 하지만 아무도 그의 자리를 대체하지 않았다.

Jim resigned last month, **but** no one has been hired to fill his position. (접속사 자리이므로 but을 써야 함)
　　　　　　　　　　　→ **however [x]**

문법 연습

A 주어진 우리말에 맞게, 보기에서 알맞은 표현을 고른 다음 적절하게 변형하여 빈칸을 완성하세요.

〈보기〉	rarely	sometimes	moreover	still	already

1 회사에서는 때때로 퇴근 후 회식을 한다.

The company _____ holds staff dinners after work.

2 직원들은 회사 건물에서 거의 흡연하지 않는다.

Employees _____ smoke in the company building.

3 팀원들은 아직도 해야 할 일이 많다.

The team members _____ have a lot of work to finish.

4 Kim 씨는 벌써 다른 프로젝트를 하기 시작했다.

Mr. Kim has _____ started working on the other project.

5 게다가, *True Gift* 잡지사는 회원제를 광고하기 시작했다.

_____, *True Gift Magazine started* advertising to its membership.

B 빈칸에 들어갈 가장 적절한 표현을 고르세요.

1 Mr. Tran has not ------- moved to a new residential area near Brookline because of construction delays.

(A) never
(B) yet
(C) ever
(D) already

2 Ms. Jones has ------- proofread the article and is ready to send it to the publisher.

(A) but
(B) already
(C) still
(D) always

3 The employees who were recently hired have ------- visited the headquarters in New York.

(A) yet
(B) none
(C) never
(D) no

4 The consultants discovered that 20 percent of the employees ------- did anything productive last year.

(A) hard
(B) harder
(C) hardly
(D) hardest

03 주의해야 할 부사

기출 유형

Q The newly built conference room in the Codex Center can accommodate ------- a hundred and fifty people.

(A) close by
(B) approximately
(C) near
(D) lately

Q Codex 센터에 새로 지어진 회의실은 대략 150명을 수용할 수 있다.

(A) ~의 가까이에
(B) 대략
(C) 가까이에
(D) 최근에

정답 (B)

 출제 포인트! 'a hundred and fifty people'이 동사의 목적어로 쓰였는데, 이는 사람의 수를 의미하므로 빈칸에는 숫자를 수식하는 부사가 오는 것이 가장 적절하다. 따라서 '대략'을 뜻하는 부사 approximately가 정답이 된다.

1 형용사와 형태가 같은 부사

hard 딱딱한 (형) — 열심히 (부)	long (형) 긴 — 오랫동안 (부)
fast 빠른 (형) — 빠르게 (부)	near (형) 가까운 —가까이 (부)
early 빠른 (형) — 일찍 (부)	yearly (형) 매년의 — 매년 (부)
high 높은 (형) — 높이 (부)	enough (형) 충분한 — 충분히 (부)

The mattress from Helen Living is too **hard** for my back. (형용사)
Helen Living에서 나온 매트리스가 내 허리에는 너무 딱딱하다.

The entire staff worked **hard** to meet the deadline. 모든 직원들이 기한을 맞추기 위해 열심히 일했다. (부사)

2 형용사에 -ly가 붙은 부사

hard 열심히 — hardly 거의 ~하지 않다	close 가까운 — closely 면밀하게
late 늦게 — lately 최근에	most 가장 — mostly 대게
high 높이 — highly 매우	near 가까이에 — nearly 거의
great 훌륭하게 — greatly 몹시	just 이제 막 — justly 공정하게

Mr. Garcia sometimes comes to work **late**. Garcia 씨는 때때로 늦게 출근한다.

I haven't talked to Mr. Pan **lately**. 나는 Pan 씨와 최근에 얘기한 적이 없다.

3 시간 / 수량 / 정도 / 거리 앞에 쓰는 부사

approximately 20 workers 대략 20명의 직원	around 5:30 5시 30분 경
nearly 4 o'clock 거의 4시	almost 12 items 거의 12배
about 3 hours 약 3시간	roughly 2 kilometers 대략 2킬로미터

Nearly three thousand people attended the job fair at Georgia University.
거의 3천명의 사람이 Georgia 대학에서 열린 일자리 박람회에 참석했다.

문법 연습

A 주어진 우리말에 맞게 보기에서 적절한 표현을 골라 문장을 완성한 다음 그 품사를 고르세요.

〈보기〉	enough	close	fast	closely	highly

1 비평가들은 Ann Taylor의 신간 *바로 지금*을 강력히 추천했다.

Critics _____ recommended Ann Taylor's latest book, *Now or Never*.

(형용사 | 부사)

2 매니저는 보고서의 수치를 면밀히 검토했다.

The manager _____ reviewed the figures in the report.

(형용사 | 부사)

3 방문자 센터는 공원 입구에서 매우 가깝다.

The visitor's center is very _____ to the entrance of the park.

(형용사 | 부사)

4 몇몇 동남 아시아 국가들의 경제는 빠르게 성장하고 있다.

The economy in some Southeast Asian countries is increasing _____.

(형용사 | 부사)

5 워크샵에 대한 제안서는 충분히 자세하다.

The proposal concerning the workshop includes _____ details.

(형용사 | 부사)

B 빈칸에 들어갈 가장 적절한 표현을 고르세요.

1 Now that we have new regulations about the maximum working hours, we ------- ever work overtime.

(A) hard
(B) harder
(C) hardly
(D) hardest

2 The various cuisines that the restaurant recently introduced are good ------- to attract customers of different nationalities.

(A) enough
(B) nearly
(C) closely
(D) mostly

3 Experts say that the construction of the sports facilities in the city will take ------- a year to complete.

(A) closely
(B) around
(C) ever
(D) hardly

4 It is ------- to believe that some executives at the DK Corporation got involved in a bribery scandal.

(A) hard
(B) harder
(C) hardly
(D) hardest

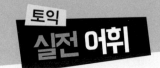
A 다음의 부사 어휘와 동의어를 학습하세요.

부사 어휘	동의어
approximately 거의	nearly, around, about
frequently 자주	often, repeatedly
carefully 신중하게, 주의를 기울여	attentively, cautiously
periodically 주기적으로	regularly
rarely 거의 ~하지 않다	seldom, hardly
typically 보통, 일반적으로	generally, usually
shortly 곧	soon
fairly 꽤	quite, pretty, extremely
especially 특히	particularly
initially 처음으로	first
enthusiastically 열정적으로, 정열적으로	passionately, eagerly
swiftly 즉시, 재빨리	quickly, rapidly, speedily, fast
officially 공식적으로, 정식으로	formally
clearly 분명히, 명백히	obviously
sufficiently 충분한	enough, abundantly, plentifully

B 주어진 우리 말과 일치하는 단어를 모두 고르세요.

1 그가 떠난 직후 → (shortly / soon / early) after his client left

2 Park 씨를 규칙적으로 만나다 → meet Mr. Park (particularly / regularly / periodically)

3 일반적으로 10일이 걸리다 → (typically / usually / generally) takes 10 days

4 자주 뉴욕을 방문하다 → (nearly / frequently / often) visit New York

5 업무로 상당히 바쁜 → (fairly / quite / extremely) busy with work

6 서로 거의 보지 않다 → (obviously / hardly / rarely) see each other

7 공식적으로/정식으로 뉴스를 발표하다 → (formally / swiftly / officially) announce the news

8 처음에는 은행으로 사용되다 → (initially / often / first) used as a bank

9 주의를 기울여 화자의 말을 듣다 → (carefully / attentively / generally) listen to the speaker

10 빠르게 장소에 도착하다 → (swiftly / quickly / fairly) arrived on the scene

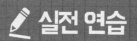

Part 5 빈칸에 들어갈 가장 적절한 표현을 고르세요.

1. The president and the vice president of the Medico Corporation ------- visit the offices in Eastern Europe.

   (A) nearly
   (B) occasionally
   (C) approximately
   (D) yet

2. Audience members must arrive on time because the theater doors will be closed ------- at 5 o'clock.

   (A) prompting
   (B) prompted
   (C) prompt
   (D) promptly

3. As the assembly line is not working -------, the management team is trying to determine the cause of the problem.

   (A) proper
   (B) properly
   (C) properness
   (D) propriety

4. Mr. Wong, who is ------- responsible for the Research Department, will take over as the chief executive.

   (A) soon
   (B) currently
   (C) still
   (D) nearly

5. All the members of the sales team were told that they must achieve ------- 80% of their monthly goals by the end of the week.

   (A) about
   (B) least
   (C) close
   (D) near

6. Online sales have ------- increased during the last twenty years because of the increasing numbers of Internet users.

   (A) dramatically
   (B) dramatic
   (C) dramas
   (D) drama

7. The company's new Web site has been functioning ------- since it underwent regular maintenance in December.

   (A) reliable
   (B) relies
   (C) relying
   (D) reliably

8. Ms. Lim has never been ------- for any company meetings, but she did not show up for the meeting this morning.

   (A) lately
   (B) late
   (C) lateness
   (D) being late

9. You are advised to read the instructions ------- before you press any of the buttons on the machine.

   (A) careful
   (B) carefully
   (C) care
   (D) cares

10. The new biscuits are slightly less sweet, ------- customers might not easily notice the difference.

    (A) therefore
    (B) so
    (C) because of
    (D) in spite of

11. The items in the warehouse are ------- wrapped for shipping to countries in the Middle East.

    (A) individually
    (B) accidentally
    (C) critically
    (D) relevantly

12. The winner of the Chicago Music Festival Award will be ------- announced at 5 P.M. local time.

    (A) especially
    (B) promptly
    (C) periodically
    (D) typically

13. We are ----- pleased to announce that Ms. Chen will be promoted to senior financial analyst at our headquarters.

    (A) very
    (B) still
    (C) already
    (D) yet

14. The engineering team advises staff members to back up all of their computer files -------.

    (A) attentively
    (B) periodically
    (C) individually
    (D) exclusively

15. Demand for the new line of smartphones increased ------- after intensive advertising.

    (A) shortly
    (B) generally
    (C) specifically
    (D) relatively

16. The labor union officially announced that ------- 30 percent of the employees are currently working overtime.

    (A) fairly
    (B) quickly
    (C) nearly
    (D) sufficiently

Part 6 지문을 읽고 각각의 빈칸에 들어갈 가장 적절한 표현을 고르세요.

Questions 17-20 refer to the following advertisement.

The Best Night's Sleep in Town

For the month of October, Country Breeze Bed & Breakfast will be offering huge discounts on our rooms to celebrate the coming of fall. We want to share our beautiful neighborhood with you, so let us help you with everything you need to observe the autumn leaves this year. We have a number of rooms that will be available for 45% off the normal room rate, which includes a free homemade meal each morning. -------, all of our rooms have great views of the surrounding
17.
forest, and we provide free walking tours of the areas nearby. -------. These rooms are going to fill
18.
-------, so make your reservation today! You can visit us online at countrybreezebnb.com or call
19.
us at (345) 555-5517. We look forward to ------- you soon!
20.

---

17. (A) Additionally

(B) Addition

(C) For adding

(D) Additional

19. (A) fast

(B) close

(C) near

(D) already

18. (A) Guests should bring their own bicycles to participate.

(B) Guests must book spots in advance because space is limited.

(C) Guests must pay an additional fee for this.

(D) Guests may park here

20. (A) meet

(B) meeting

(C) being met

(D) having been met

지문을 읽고 정답을 고르세요.

Questions 21-24 refer to the following flyer.

Richter Business School Community Speaker Series

Mr. Troy Baker

Senior Tax Advisor, Williams Accounting

The ABCs of Taxes for Individuals and Small Businesses
February 2, 7:00 P.M.
Cameron Hall

Nobody enjoys tax season. It seems like an impossible task to calculate everything each year. — [1] —. Some people don't even know where to start. Fortunately, our community speaker this month is a tax expert who knows everything about filing personal and small business taxes. — [2] —. Mr. Troy Barker, a tax accountant with over 20 years of experience, will show you how to easily file your taxes and introduce some online resources you can use to make the job easier. — [3] —. Audience members can ask more specific questions. Snacks and refreshments will be provided. — [4] —.

** *All presentations in the Community Speaker Series are open to students, faculty, and staff at the school as well as all other members of the community.*

---

21. What is Mr. Barker's presentation about?

(A) How to hire a tax accountant

(B) The services provided by Williams Accounting

(C) How to report one's annual taxes

(D) The new tax law that affects business school students

22. What is NOT mentioned about Mr. Barker?

(A) His work experience

(B) His current employer

(C) His field of expertise

(D) His contact information

23. In which of the position marked [1], [2], [3], and [4] does the following sentence best belong?

"The presentation will be followed by a Q&A."

(A) [1]

(B) [2]

(C) [3]

(D) [4]

24. What will be provided at the event?

(A) Free tax software

(B) Individual tax consultations

(C) Food and drinks

(D) A commemorative gift

Chapter **10**

원급 / 비교급 / 최상급

Comparatives & Superlatives

01 원급

02 비교급

03 최상급

★ 토익 실전 어휘 – 비교급/최상급 관용 어구

★ 실전 연습

기출 유형

Q	Sales clerks are required to answer customers' questions as ------- as possible.	Q	상점 직원들은 고객들의 질문에 가능한 신속하게 응답해야 한다.
	(A) prompt		(A) 신속한
	(B) promptly		(B) 신속하게
	(C) prompting		(C) 촉진
	(D) promptness		(D) 신속함
			정답 (B)

 출제 포인트! as와 as 사이에는 원급이 와야 한다. 이때 수식하는 말에 따라서 적절한 형용사나 부사를 선택해야 하는데, 빈칸에는 동사인 'are required'를 수식하는 부사가 와야 하므로 (B)가 정답이다.

1 원급의 구조

as와 as 사이에 형용사나 부사를 넣거나, 'few / little / many / much'와 같은 한정사와 함께 명사를 넣어서 원급 비교 구문을 만들 수 있다.

as 형용사/부사 as ~	~만큼 …한
as many/much + 명사 as ~	~만큼 많은
as few/little + 명사 as ~	~만큼 적은

At my current job, I have to travel **as much as** I used to.
현재의 직장에서, 나는 예전만큼 많이 출장을 다녀야 한다.

This product has **as many defects** as the previous model.
이 제품은 이전 모델만큼이나 많은 결함을 갖고 있다.

The good news is that we have received **as few complaints as** last year.
좋은 소식은 우리가 지난해만큼 컴플레인을 거의 받지 않았다는 것이다.

2 원급 관련 어구

the same (명사) as ~	~와 같은
twice as 형용사/부사 as ~	~보다 두 배 더 …한
three times as 형용사/부사 as ~	~보다 세 배 더 …한

Unfortunately, we do not produce **the same** model **as** the one you have for the past few years.
안타깝게도 우리는 귀하께서 지난 몇 년 동안 좋아했던 것과 같은 모델을 생산하지 않습니다.

This week's maintenance is scheduled to take **twice as** long **as** last month's.
이번 주 보수 작업은 지난 달보다 두 배 더 걸릴 예정이다.

문법 연습

A 주어진 우리말에 맞게 보기에서 알맞은 단어를 이용하여 각각의 문장을 완성하세요. 필요한 경우 부사형으로 수정하세요.

〈보기〉	various	precise	urgent	much	concerned

1 제니스 꽃집은 백화점에 위치한 꽃집만큼이나 다양한 꽃을 판매하고 있다.
   Jenny's Flower Shop sells ＿＿＿＿＿＿ flowers ＿＿＿＿＿＿ the one situated in the department store.

2 저는 항상 당신만큼 환경에 대해 걱정하고 있어요.
   I am always ＿＿＿＿＿＿ you about the environment.

3 그들은 이 문제가 작년에 우리가 갖고 있던 문제만큼 긴급하지 않다고 생각했다.
   They assumed that this problem is not ＿＿＿＿＿＿ the one we had last year.

4 지원자들은 가능한 한 정확하게 모든 정보를 기재해야 한다.
   Candidates should answer the questions ＿＿＿＿＿＿ they can.

5 올해 우리는 지난해 보다 두 배 더 많은 예산을 사용하고 있다.
   This year, we have been spending twice ＿＿＿＿＿＿ money ＿＿＿＿＿＿ last year.

B 빈칸에 들어갈 가장 적절한 표현을 고르세요.

1 You are advised to provide as ------- information as possible.
   (A) detail
   (B) details
   (C) detailed
   (D) more detailed

2 The research team has collected as ------- evidence as you requested.
   (A) a lot
   (B) much
   (C) many
   (D) little

3 We are so sorry for the inconvenience, and we promise your room will be cleaned as ------- as we can.
   (A) quick
   (B) quickly
   (C) be quick
   (D) quicker

4 Applicants' occupational backgrounds are as important ------- their educational achievements.
   (A) as
   (B) than
   (C) more
   (D) less

02 비교급

기출 유형

Q The new system was far ------- complicated than everybody had anticipated.

(A) more
(B) as
(C) much
(D) far

Q 새로운 시스템은 모든 사람이 예상했던 것 보다 더 복잡했다.

(A) 더 많이
(B) ~만큼 ~한
(C) 많이
(D) 훨씬

정답 (A)

 출제 포인트! 비교급을 완성하는 문제 유형으로서, 3음절 이상 형용사의 비교급은 단어 앞에 **more**를 붙여서 만든다. 비교급이 정답이라는 것은 형용사인 complicated 뒤에 than이 쓰인 것을 보고 알 수 있다.

1 비교급의 구조

비교급은 형용사/부사 뒤에 'er'을 붙이거나 앞에 'more'를 붙여서 만든다.

Using public transportation is much **faster than** driving cars, especially during rush hour.
특히 혼잡 시간대에는, 대중 교통을 이용하는 것이 차를 운전하는 것보다 훨씬 빠르다.

You should follow the directions **more carefully than** before. (less + 형용사/부사 than ~: ~보다 덜… 한)
당신은 예전 보다 더 주의 깊게 지시 사항을 따라야 한다.

The participants seemed to be **less interested** in the topic **than** before.
참가자들이 예전보다 그 주제에 관심이 덜한 것처럼 보였다.

2 비교급 관련 구문

the + 비교급, the + 비교급	더 ~할수록 더 ~한
much, even, still, a lot, far + 비교급	훨씬 더 ~한
the + 비교급 of the two	둘 중에 더 ~한

The more profit we make, **the more** taxes we are likely to pay.
우리가 더 많은 이익을 낼수록, 더 많은 세금을 낼 것 같다.

The situation at the company was **much worse than** we had expected.
그 회사의 상황은 우리가 예상했던 것 보다 훨씬 더 나빴다.

What is **the more** convenient way **of** the two?
둘 중에서 어느 것이 더 편리한 방법인가요?

문법 연습

A 다음 보기에서 알맞은 단어를 골라 비교급으로 바꾸어 문장을 완성하세요.

〈보기〉	experienced	seriously	high	much	expensive	complicated

1 나는 예전보다 더 내 직업을 진지하게 받아들이기로 결심했다.

I decided to take my job _____ ever before.

2 직원 평가 절차는 우리가 생각했던 것보다 더 복잡했다.

The employee evaluation procedures were _____ we had thought.

3 전기차에 관심이 있는 사람들의 숫자가 5년 전보다 더 높다.

The number of people interested in electric cars is _____ it was 5 years ago.

4 새로운 TV 광고가 우리에게 더 많은 수입을 가져다 줄 것으로 예상된다.

The new TV commercial is expected to bring us _____ revenue.

5 우리는 우리의 제품을 홍보할 수 있는 비교적 돈이 많이 들지 않는 방법을 찾고 있다.

We are looking for _____ ways to promote our products.

6 그 여행사는 더 경험이 많은 직원들을 모집할 계획을 갖고 있다.

The agency is planning to recruit _____ travel agents.

B 빈칸에 들어갈 가장 적절한 표현을 고르세요.

1 Productivity at our factory is expected to increase as we are beginning to hire more workers ------- last year.

(A) as

(B) than

(C) that

(D) what

2 Home Furniture Co. will offer a ------- variety of items than before after its upcoming reopening.

(A) wide

(B) wider

(C) widest

(D) as wide

3 The new system will be able to predict the results ------- than the previous one.

(A) more accurate

(B) more accurately

(C) accurately

(D) accurate

4 The ------- you reply to our e-mail, the more promptly we can take care of your problems.

(A) fast

(B) faster

(C) fastest

(D) be fast

03 최상급

기출 유형

Q The bakery has a reputation for providing local residents with bread and cookies of the ------- quality. (A) good (B) better (C) best (D) well	Q 그 제과점은 지역 사람들에게 최상의 품질의 빵과 쿠키를 제공하는 것으로 명성이 나 있다 (A) 좋은 (B) 더 좋은 (C) 최고의 (D) 잘 정답 (C)

출제 포인트! 최상급을 묻는 문제의 경우 빈칸 앞에 정관사 the가 있는지를 잘 살펴보아야 한다. 위 문제의 경우에도 빈칸 앞에 정관사 the가 있으므로 정답은 형용사 good의 최상급인 best이다.

1 최상급의 구조

최상급은 형용사/부사 뒤에 'est'를 붙이거나 앞에 'most'를 붙여서 만든다. 최상급 앞에는 항상 정관사 the를 쓴다.

the + 최상급 + of/among + 집단	
the + 최상급 + in + 장소	~에서 가장 ~한
the + 최상급 + of + 시간	

Going to a local market is **the cheapest** way to enjoy the town.
지역의 시장에 가는 것이 그 동네를 즐기는 가장 돈이 적게 드는 방법이다.

This is **the most luxurious** restaurant <u>in</u> this area.
이곳은 이 지역에서 가장 고급스러운 식당이다.

August is **the hottest** month <u>of</u> the year.
8월이 연중 가장 더운 달이다.

2 최상급 관련 표현

the + 최상급 + 주어 + have ever 과거 분사	~한 중에 가장 …한
one of the 최상급 + 복수 명사	가장 ~한 … 중 하나
the + 최상급 + possible the + 최상급 + available	가능한 한 가장 ~한 이용할 수 있는 가장 ~한

This is **the most creative** question **I have ever gotten**.
이것이 내가 받은 것들 중 가장 창의적인 질문이다.

Sports agents help athletes to sign **the best contracts possible**.
스포츠 에이전트는 선수들이 가능한 한 가장 좋은 계약을 체결할 수 있도록 돕는다.

문법 연습

A 다음 보기에서 알맞은 단어를 골라 최상급으로 바꾸어 문장을 완성하세요.

| 〈보기〉 | practical | popular | good | old | demanding | experienced |

1 5명의 지원자들 중에서, 우리는 가장 경험이 많은 사람을 고용할 것이다.

Among the 5 candidates, we will hire _____ one.

2 그녀는 내가 함께 일한 사람들 중에서 가장 요구가 많은 관리자이다.

She is _____ manager I've ever worked with.

3 우리는 당신에게 가능한 한 최상의 서비스를 제공하기 위해 최선을 다할 것입니다.

We will do our best to provide you with _____ service _____.

4 그린빌 아트센터는 이 나라에서 가장 오래된 콘서트홀 중 하나이다.

The Greenville Center for the Arts is _____ concert halls in the country.

5 이 하이킹 코스는 가장 인기 있는 관광 명소들 중 하나이다.

This hiking trail is _____ tourist attractions in the area.

6 이것은 내가 참석했던 것들 중 가장 실용적인 세미나였다.

It was _____ seminar I've ever been to.

B 빈칸에 들어갈 가장 적절한 표현을 고르세요.

1 It was ------- informative presentation I have ever seen.

(A) most
(B) more
(C) the most
(D) the very

2 Of all the proposals we have received, we will choose the ------- cost-effective one.

(A) much
(B) more
(C) most
(D) best

3 Mountain Explorer, ever since it opened its first store in 1980, has been offering ------- variety of camping gear.

(A) wide
(B) wider
(C) widest
(D) the widest

4 I am convinced that Mr. Chin is by far the -------- lawyer in the field.

(A) competent
(B) more competent
(C) most competent
(D) competence

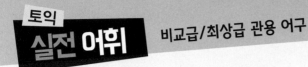
A 비교급이나 최상급을 사용한 빈출 관용 어구들을 암기해 두세요.

later today 오늘 나중에	at most 기껏해야
later this week 이번 주 후반에	as soon as possible 가능한 한 빨리
earlier today 오늘 아침 일찍	as quickly as you can 가능한 한 빨리
earlier this week 이번 주 초반에	as promptly as possible 가능한 신속하게
sooner or later 조만간	as often as needed 필요한 만큼 자주
more than ~ 이상	the longest ever (어느 때보다) 가장 긴
less than ~보다 적게	비교급 than expected/anticipated 예상보다 더 ~한
rather than 오히려 ~보다는	superior to ~보다 우월한
no longer 더이상 ~않다	inferior to ~보다 열등한
not any more 더이상 ~않다	senior to ~보다 상급자인
no sooner than 조만간	prior to ~ 이전에
no later than 늦어도 ~까지	prefer A to B A보다 B를 더 좋아하다
at least 적어도	the most likely 가장 가능성이 큰
at the latest 늦어도	would rather A than B B하느니 차라리 A하겠다

B 주어진 우리 말과 일치하는 단어를 모두 고르세요.

1 200만 달러 이상 → (more than / less than) 2 million dollars

2 비행보다 운전을 좋아하다 → prefer driving (to / than) flying

3 예상보다 더 빨리 → faster (than / to) anticipated

4 가능한 한 신속하게 → as (prompt / promptly) as possible

5 많아봐야 → at (most / last)

6 아무리 늦어도 → at the (latest / last)

7 회의 전에 → (prior to / in advance) the meeting

8 조만간 → (sooner or later / rather than)

9 이번 주 후반에 → (earlier / later) this week

10 늦어도 이번 금요일까지 → no (later than / faster than) this Friday

Part 5 빈칸에 들어갈 가장 적절한 표현을 고르세요.

1. The more features a cell phone has, the
------- customers are willing to pay.

(A) many
(B) much
(C) most
(D) more

2. You should finish your part of the work by
Thursday at the ------- in order to meet the
deadline.

(A) late
(B) later
(C) latest
(D) last

3. The blender you ordered is ------- available
on the market as well as at our stores.

(A) any more
(B) no longer
(C) more than
(D) at least

4. Delta Electronics, one of the nation's -------
electric goods manufacturers, has decided
to lay off more than 20% of its workforce.

(A) large
(B) larger
(C) largest
(D) largely

5. In order to get an additional discount,
you are advised to place an order -------
Sunday, September 24.

(A) no later than
(B) at most
(C) prior
(D) in advance

6. A final decision about the merger will be
made ------- this week.

(A) late
(B) later
(C) latest
(D) the latest

7. Since there have been major changes to
the sales report, it will be completed -------
than planned.

(A) late
(B) later
(C) latest
(D) the latest

8. Ms. Shin is ------- dedicated teacher I've
ever encountered in my whole life.

(A) most
(B) best
(C) the most
(D) the better

9. Repairing the old printer in the office would cost as ------- as getting a new one.

(A) even
(B) still
(C) very
(D) much

10. Mr. Rashid would rather spend more money ------- stay at a cheap hotel whose service he cannot be satisfied with.

(A) to
(B) before
(C) than
(D) more than

11. Researchers at World Cosmetics are trying to develop cosmetic products that are ------- harmful to the skin.

(A) little
(B) far
(C) less
(D) worse

12. The recently-developed ATD energy generator is reported to emit ------- more toxic materials than the previous one.

(A) many
(B) much
(C) a lot of
(D) very

13. Most of the respondents who participated in the survey seemed to prefer our older model ------- the new one.

(A) to
(B) than
(C) as well as
(D) more

14. A recent survey shows that the D2R dryer saves ------- much as the old model.

(A) two
(B) twice as
(C) twice
(D) second

15. In order for your order to be completed, your payment should be received by next Saturday at -------.

(A) late
(B) later
(C) latest
(D) the latest

16. Most people prefer to take express buses or trains even though they are more expensive ------- regular ones.

(A) as
(B) like
(C) than
(D) so

Part 6 지문을 읽고 각각의 빈칸에 들어갈 가장 적절한 표현을 고르세요.

Questions 17-20 refer to the following memo.

Date: May 8

To: All Full-time Faculty

From: Administrative Office

Subject: Change in Printing Policy

Due to the increase in the prices of paper and ink, we will be implementing a new printing policy
------- this month. Currently, all full-time faculty members have ------- printing privileges.
  17.   **18.**
-------. This includes both color and black and white prints.
  19.

We apologize for any inconvenience. If you need ------- prints than your quota, you can add
                                          20.
money to your printing account by asking Ms. Molly Baker, the administrative assistant. Funds
can be added by cash only.

---

17. (A) late

    (B) later

    (C) latest

    (D) the later

18. (A) unlimited

    (B) anticipated

    (C) prominent

    (D) considerate

19. (A) This is too many pages to print for one person.

    (B) However, starting next month, you will be limited to printing 250 pages per month.

    (C) Additionally, part-time lecturers will be asked to only print in black and white.

    (D) Therefore, most faculty members are wasting paper and ink.

20. (A) more

    (B) most

    (C) the most

    (D) many

Questions 21-22 refer to the following article.

Farewell to a Piece of Wentzville

The Lakeford Diner will close its doors for good this Saturday after more than 60 years in business. First opened in 1955 by German immigrants Wilhelm and Ada Lamberts, the diner has become a local icon for its good food and classic interior. A special meal service will be held on the final day of business. It will feature a variety of dishes from across the diner's six decades of business. The current owner, who is a grandson of Wilhelm Lamberts, says that a steady decrease in business and the recent increase in rent were the primary reasons for having to shut down.

21. What is the purpose of the article?

(A) To announce a new restaurant opening

(B) To introduce the owners of a classic diner

(C) To inform the city that a local diner is going out of business

(D) To advertise a special meal service starting at the diner

22. Who is the current owner of the Lakeford Diner?

(A) The grandson of Wilhelm Lamberts

(B) Wilhelm Lamberts

(C) Ada Lamberts

(D) The city of Wentzville

Chapter **11**

접속사
Conjunctions

01 명사절 접속사

02 등위/상관 접속사

03 부사절 접속사

★ 토익 실전 어휘 – 부사

★ 실전 연습

01 명사절 접속사

기출 유형

Q If the technical problem happens again, I recommend ------- you contact Mr. Sanders on the engineering team.

(A) that
(B) whether
(C) if
(D) since

Q 기술적인 문제가 다시 발생할 경우, 기술팀의 Sanders 씨에게 연락할 것을 추천한다.

(A) ~이라는 것
(B) ~인지 아닌지를
(C) 만약 ~라면
(D) ~한 이래로

정답 (A)

 적절한 명사절 접속사를 고르는 문제로서, 빈칸 뒤의 절은 동사 recommend의 목적어 역할을 하므로 명사절임을 알 수 있다. 따라서 '~하는 것'을 의미하는 명사절을 이끄는 접속사인 that이 정답이 된다.

1 that(~하는 것)이 이끄는 명사절 (주어, 목적어, 보어 역할)

주어	**That** Mr. Han was late to work this morning is unusual. Han 씨가 오늘 아침에 지각한 것은 이상하다.
목적어	The report says **that** sales have increased for the last 2 years. (that 생략가능) 보고서에 따르면 판매 실적이 지난 2년간 증가했다.
보어	The trouble is **that** we do not have enough time to finish it. 문제는 우리가 그 일을 끝낼 시간이 충분하지 않다는 것이다.

2 whether/if(~인지 아닌지)가 이끄는 명사절

주어	**Whether** you will get a promotion hasn't been decided. 당신이 승진을 할지 여부는 아직 결정되지 않았다.
목적어	He asked me **whether/if** the new employee was adjusting well. (if는 목적어만 가능) 그는 내게 새 직원이 잘 적응하고 있는지 여부를 물었다.
보어	The important thing is **whether** we are prepared to expand our business. 중요한 것은 우리가 사업을 확장할 준비가 되었는지 여부이다.

3 의문사가 이끄는 명사절

주어	**What** you did is not acceptable. 당신이 한 일은 용인될 수 없다.
목적어	I don't know **who** will make a presentation tomorrow. 나는 내일 누가 프레젠테이션을 하는지 모른다.
보어	That's **where** Mr. Williams started his first business. 여기는 Williams 씨가 처음 사업을 시작한 곳이다.

★ 의문사 what / where / how / when / why / whether + to부정사

My supervisor showed me how to access the intranet. (= how I should access the internet)
상사는 내부 전산망에 접속하는 법을 알려주었다.

문법 연습

A 주어진 우리말에 맞게 보기에서 적절한 접속사를 골라 문장을 완성한 후 그 역할을 고르세요. (중복 사용 가능)

〈보기〉	that	whether	how	what

1 Garcia 씨는 워크숍을 위해 무엇이 필요한지 우리에게 물었다.

Mr. Garcia asked us _____ he needed to do for the workshop.

(주어 | 목적어 | 보어)

2 신입 직원은 그의 이메일 계정에 어떻게 접속하는지를 내게 물었다.

The new employee asked me _____ to access his e-mail account.

(주어 | 목적어 | 보어)

3 시장은 새 커뮤니티 센터를 건설할지 여부를 결정해야 한다.

The mayor has to decide _____ we will build a new community center.

(주어 | 목적어 | 보어)

4 이번 주에 공사가 시작할 것인지는 확실하지 않다.

_____ the construction will start this week is not certain yet.

(주어 | 목적어 | 보어)

5 문제는 우리가 더 많은 직원을 정리 해고할 수 없다는 것이다.

The problem is _____ we cannot lay off any more employees.

(주어 | 목적어 | 보어)

B 빈칸에 들어갈 가장 적절한 표현을 고르세요.

1 The president is seriously considering ------- to expand to the Asian-Pacific market.

(A) what

(B) whether

(C) that

(D) either

2 The user's manual tells you ------- the dishwasher should be loaded and cleaned in detail.

(A) what

(B) that

(C) how

(D) if

3 The customer survey indicates ------- consumers are very happy with our products' quality.

(A) ever

(B) that

(C) where

(D) regarding

4 Public relations specialists teach you ------- to talk appropriately and politely in formal and informal settings.

(A) if

(B) whether

(C) how

(D) that

02 등위/상관접속사

기출 유형

Q To sign up for the training courses, you must ------- fill in the online registration form or visit the office on the second floor.

(A) either
(B) neither
(C) both
(D) not only

Q 교육 프로그램에 등록하기 위해서는, 온라인 등록 양식을 작성하거나 2층에 있는 사무실로 와야 한다.

(A) ~거나 …거나
(B) ~도 …도 아니다
(C) 둘 다
(D) 뿐만 아니라

정답 (A)

 출제 포인트! 상관접속사 표현인 'either A or B'는 'A나 B 둘 중 하나'라는 의미이다. 보기와 예문을 살펴보며 어울리는 상관접속사를 찾아야 하는데, 빈칸 뒤의 구조가 접속사 or로 연결된 형태이므로 or와 짝을 이루는 either가 정답이 된다.

1 등위접속사

등위접속사는 단어, 구, 절을 대등하게 연결하는 접속사로 문장 중간에 위치한다.

등위 접속사의 종류와 예시	
and 그리고	pilots **and** flight attendants 조종사와 승무원
or 또는	left it on the table **or** in the cabinet 탁자 위 또는 캐비닛에 두었다
but 그러나	specious **but** noisy 넓지만 시끄러운
so 그래서	I worked overtime, **so** I felt tired. 나는 야근을 해서 피곤했다.

The conference was very useful, **but** there was not a Q&A session. (절과 절을 연결)
컨퍼런스는 유익했지만 질의 응답 시간은 없었다.

2 상관접속사

상관접속사는 both, either 등과 어울려 짝을 이루어 쓰인다.

상관접속사의 종류와 예시	
both A and B A와 B 둘 다	**both** Kim **and** Jung Kim과 Jung 모두
either A or B A와 B 둘 중 하나	**either** tomorrow **or** Friday 내일 아니면 금요일
neither A nor B A와 B 둘 다 아닌	**neither** close **nor** comfortable 가깝지도 편하지도 않은
not only A but (also) B A 뿐만 아니라 B도	**not only** smart **but also** beautiful
= B as well as A	= beautiful **as well as** smart 똑똑할 뿐만 아니라 아름다운

★ 상관접속사가 주어일 경우에는 B에 수 일치를 시킨다. 단, both A and B는 항상 복수 동사를 취한다.

Either the CEO **or** the executives **interview** the candidates. (the executives에 일치)
최고경영자나 임원들이 후보자들의 면접을 본다.

Both managers **and** staff members **are** advised to attend the meeting. (항상 복수 동사)
매니저와 직원들 모두 미팅에 참석하는 것이 좋다.

문법 연습

A 주어진 우리말에 맞게 보기에서 알맞은 표현을 고르세요.

〈보기〉 neither   and   or   either   both

1 조립라인과 창고 모두 공사로 폐쇄되었다.

.... the assembly line and the warehouse are closed for construction.

2 Cooper 씨나 Hill 씨 모두 그 지역에 수영장을 건설하는 것에 동의하지 않았다.

.... Mr. Cooper nor Mr. Hill agreed to build a swimming pool in the area.

3 공장을 방문하는 사람들은 보안경과 안전모를 착용해야 한다.

Those who visit the factory must wear protective goggles .... a safety helmet.

4 Lorentz 씨는 3월 1일이나 2일 둘 중 하루에 프레젠테이션을 할 것이다.

Ms. Lorentz will give a presentation on either March 1 .... 2.

5 할인 쿠폰을 얻으려면, 저희 웹사이트를 방문하거나 직원에게 문의하세요.

To get a discount coupon, you can .... visit our Web site or ask someone on our staff.

B 빈칸에 들어갈 가장 적절한 표현을 고르세요.

1 The National Modern Museum will close during April ------- May because it will refurbish its exhibition rooms.

(A) and
(B) but
(C) on
(D) or

2 ------- the market research report or the budget report will be discussed in the meeting.

(A) Either
(B) Neither
(C) Both
(D) Not only

3 Neither Mr. Simpson ------- Ms. Kelly volunteered to work on Saturday to prepare for the visit of the regional manager.

(A) but
(B) nor
(C) or
(D) and

4 Consumers were impressed ------- with the quality of the new cosmetics but also with the reasonable prices.

(A) both
(B) either
(C) not only
(D) neither

03 부사절 접속사

기출 유형

Q ------- you want to access your online billing statement, you have to create an online account first.

(A) Even of
(B) If
(C) That
(D) Unless

Q 온라인 대금 청구서에 접속하기를 원한다면, 먼저 온라인 계좌를 만들어야 한다.

(A) ~라고 해도
(B) 만약 ~라면
(C) ~이라는 것
(D) 만약 ~가 아니라면

정답 (B)

출제포인트! 절과 절이 연결된 문장이므로 접속사가 필요하다는 것을 알 수 있는데, 이 경우 문장의 해석을 통해서 적절한 접속사를 고를 수 있다. 빈칸이 포함된 절은 '~한다면'이라는 의미가 되어야 자연스러우므로, 정답은 '만약 ~라면'이라는 의미의 접속사인 if이다.

1 시간 / 이유 / 양보의 부사절 접속사

시간	when ~할 때 while ~하는 동안 until ~할 때까지 once 일단 ~하면 since ~ 이후로 as soon as ~하자 마자 before ~ 전에 after ~ 후에
이유	because / as / since ~ 때문에 now that ~이므로
양보	although / though / even though / even if 비록 ~일지라도 while ~인 반면에

2 조건 / 목적 / 결과의 부사절 접속사

조건	if / provided / providing / as long as 만약 ~라면 unless (= if not) 만약 ~이 아니라면
목적	so that + 주어 + can ~할 수 있도록
결과	so + 형용사/부사 + that 매우 ~해서 …하다

If I get help from my colleagues, I can complete this report. (= **Provided** / **Providing** / **As long as**)
동료의 도움을 받는다면, 이 보고서를 완성할 수 있다.

3 부사절 접속사와 전치사

	접속사	전치사
시간	while ~하는 동안 before ~ 전에	during / for ~하는 동안 prior to ~ 전에
이유	because ~ 때문에	because of ~ 때문에
조건	unless ~이 아니라면	without / but for ~이 없다면
양보	although ~에도 불구하고	in spite of (= despite) ~에도 불구하고

Because the weather was terrible, the company picnic was canceled. (접속사 + 주어 + 동사)
→ **Because of** the terrible weather, the company picnic was canceled. (전치사 + 명사)
굳은 날씨 때문에, 야유회가 취소되었다.

문법 연습

A 주어진 우리말에 맞게 보기에서 접속사를 골라 빈칸을 완성하세요.

〈보기〉	since	that	although	unless	because

1 도로가 혼잡해 보여서 우리는 대중교통을 이용하기로 결정했다.

The road looked so crowded _____ we decided to use public transportation.

2 Moore 씨는 열심히 했지만, 마감일을 맞추지 못했다.

_____ Ms. Moore tried hard, she couldn't meet the deadline.

3 매장을 확장하지 않는다면, 우리는 더 이상 제품을 전시할 수 없다.

_____ we expand the store, we cannot display any more products.

4 Kim 씨는 20살 때부터 이 회사에서 일했다.

Mr. Kim has been working for this company _____ he was 20 years old.

5 Williams 씨가 내일 참석할 수 없기 때문에, 회의는 연기되었다.

_____ Mr. Williams is not available tomorrow, the meeting has been postponed.

B 빈칸에 들어갈 가장 적절한 표현을 고르세요.

1 Mr. Hunt, the president of Weber Retail, has decided to lay off a few employees ------- he has to reduce labor cost.

(A) what
(B) whether
(C) that
(D) since

2 ------- you need any technical assistance with software issues, please feel free to contact us at any time.

(A) If
(B) That
(C) After
(D) Whether

3 ------- Wilson Industries needs Mr. Wong for the New York office, they will transfer him to the Asian branches next year.

(A) That
(B) Who
(C) Although
(D) Even

4 ------- the company enhanced the new Web site, Uptown Design customers will be able to view their history of recent orders.

(A) Although
(B) Because
(C) If
(D) Even if

A 다음의 빈출 부사들을 암기하세요.

thoroughly 철저하게	extensively 광범위하게
frequently 자주	attentively 주의 깊게
previously 이전에	promptly 정확히 제시간에
relatively 상대적으로	consistently 일관되게
gradually 점차	efficiently 효율적으로
finally 마침내	accurately 정확하게
primarily 주로	punctually 제시간에
immediately 즉시	temporarily 일시적으로
mutually 공통으로	sparingly 절약하여; 드물게
closely 긴밀하게	fairly 꽤; 공정하게
specifically 세부적으로	cordially 다정하게
conveniently 편리하게	typically 전형적으로
dramatically 극적으로	completely 완전하게
exclusively 독점적으로	equally 동등하게
extremely 매우	properly 적절하게
adversely 불리하게	accordingly ~에 맞춰서
readily 손쉽게	reasonably 합리적으로

B 우리 말에 맞게 알맞은 단어를 고르세요.

1 3시에 정확히 떠나다 → leave (primarily / promptly) at 3:00 P.M.

2 그림을 철저하게 살피다 → examine the painting (fairly / thoroughly)

3 일관되게 그 계획을 비판하다 → (closely / consistently) criticize the plan

4 점차적으로 생산성을 향상시키다 → (gradually / equally) increase productivity

5 그 행사에 주된 책임이 있는 → (primarily / mutually) responsible for the event

6 합리적으로 가격이 책정된 호텔 → a (exclusively / reasonably) priced hotel

7 편리하게 위치한 빌딩 → a (conveniently / completely) located building

8 주의 깊게 그것을 듣다 → listen to it (cordially / attentively)

9 회원들에게 독점적으로 → available (adversely / exclusively) to members

10 제시간에 업무를 완료하다 → complete the job (properly / punctually)

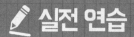

Part 5 빈칸에 들어갈 가장 적절한 표현을 고르세요.

1. ------- registration is quite low, the technology workshop scheduled for November 1 will be canceled.

(A) As
(B) Until
(C) Though
(D) That

2. Mr. Parker offers clients ------- personal loans and business loans at low interest rates.

(A) either
(B) both
(C) neither
(D) even

3. Mr. James Hamilton, the president of KBest Technology, is seriously considering ------- to renew the contract with Muhammad Patel.

(A) because
(B) that
(C) what
(D) whether

4. TK Max Clothing guarantees delivery within 4 business days, ------- my order arrived even more quickly.

(A) but
(B) so
(C) because
(D) despite

5. Ms. Sapp is ------- sure that some of the employees will be transferred to the new branch office in Manchester.

(A) typically
(B) exclusively
(C) fairly
(D) mutually

6. Eric's Dining has requested ------- we inform them of the number of guests no later than Tuesday.

(A) so
(B) if
(C) and
(D) that

7. If you want deals available ------- to Gold members of the Ocean Fitness Club, sign up now.

(A) relatively
(B) exclusively
(C) efficiently
(D) accordingly

8. The clients from Fred & Frank Co. arrived ------- at the office to sign the contract with us.

(A) punctually
(B) thoroughly
(C) gradually
(D) primarily

9. Sales of the new products increased ------- due to the improved designs and reasonable prices.

(A) drama
(B) dramatically
(C) dramatic
(D) being dramatic

10. ------- the company executives interviewed Mr. Freeman, they all agreed to hire him as the chief financial officer.

(A) After
(B) Provided
(C) Although
(D) Unless

11. Not only the coordinator ------- also the instructors attended the workshop on classroom management.

(A) but
(B) and
(C) so
(D) or

12. We make sure that the air pollution levels in the city are ------- monitored.

(A) closely
(B) nearly
(C) dramatically
(D) adversely

13. Solar energy is becoming a key factor in Europe ------- investment in nuclear power plants is declining.

(A) when
(B) while
(C) for
(D) but

14. When we receive instructions from headquarters, we will act -------.

(A) readily
(B) accordingly
(C) equally
(D) frequently

15. *Black Dog* won the critics' award for best documentary at the Paris Movie Festival ------- it was chosen as the audiences' least favorite movie.

(A) therefore
(B) nevertheless
(C) since
(D) although

16. DHO employees have to inform their immediate supervisor by 9:30 ------- they expect to miss a day of work.

(A) only
(B) if
(C) even
(D) so

Part 6   지문을 읽고 각각의 빈칸에 들어갈 가장 적절한 표현을 고르세요.

Questions 17-20 refer to the following article.

The 14th. annual IT and New Enterprises Conference took ------- last weekend at the Sierras Hotel
                                                                    17.
in Madrid. The conference brought together over 9,000 IT professionals and entrepreneurs from
around the world to participate in workshops and to network with one another. -------. In addition,
                                                                               18.
IT startup expert Travis Goldman was scheduled to give a presentation, ------- it was canceled
                                                                        19.
because his flight was delayed due to the weather. Overall, most professionals considered the
event to be another -------.
                     20.

---

17. (A) place

   (B) placed

   (C) placing

   (D) places

18. (A) Admission to the event was included in
         a membership to the monthly newsletter.

   (B) New technology was showcased all
         throughout the conference.

   (C) The keynote speech was given by the
         president of NextBit Technology, Sarah
         Tran.

   (D) The local government helped to host the
         event this year.

19. (A) but

   (B) so

   (C) therefore

   (D) nonetheless

20. (A) success

   (B) factor

   (C) composition

   (D) result

Questions 21-22 refer to the following Web page.

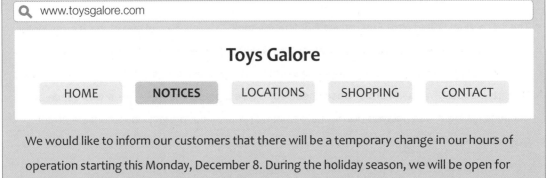

We would like to inform our customers that there will be a temporary change in our hours of operation starting this Monday, December 8. During the holiday season, we will be open for extended hours to facilitate all of your shopping needs. Our new temporary hours will be 7:00 AM to 11:30 PM daily. This change is only for the 7th Street location of Toys Galore. All other locations will maintain their normal business hours. The 7th Street store will resume its normal business hours in January. We hope that this change will help make the holiday season a bit easier for you all. If you would like more information, please call (777) 765-7654.

21. For whom is this notice most likely intended?

(A) Customers

(B) Business partners

(C) Employees

(D) Maintenance workers

22. The word "facilitate" in line 3 is closest in meaning to

(A) install

(B) process

(C) support

(D) appoint

23. What will happen in January?

(A) A store location will be changed.

(B) A store's hours will return to normal.

(C) A special holiday event will begin.

(D) A new store will be opened.

Chapter **12**

관계사
Relatives

01 관계대명사

02 관계대명사의 생략 / 전치사 + 관계대명사

03 관계부사 / 복합관계사

★ 토익 실전 어휘 – 형용사 어구

★ 실전 연습

Chapter 12

01 관계대명사

기출 유형

Q The technician, ------- started working a few weeks ago, informed us that he would like to quit the job.

    (A) which
    (B) what
    (C) who
    (D) whom

Q 몇 주 전에 근무를 시작한 기술자가 일을 그만 두고 싶다고 우리에게 알려 왔다.

    (A) ~한
    (B) ~한 것
    (C) ~한
    (D) ~를

정답 (C)

> **출제 포인트!** 관계대명사를 묻는 문제의 구조는 빈칸 앞에 선행사가 있고, 빈칸 뒤에 불완전한 절이 이어진다. 이 문제의 경우 선행사는 'the technician'인데, 선행사가 사람이고 빈칸 바로 뒤에 동사가 있으므로 정답은 주격 관계대명사인 who이다.

1 관계대명사란?

관계대명사는 두 문장에서 의미가 같은 명사를 생략하여 두 문장을 연결해 주는 역할을 한다. 관계대명사절에서는 관계대명사 뒤에 불완전한 문장이 이어진다.

The employee will be able to enjoy a day off. (**+ The employee** won first prize in the competition.)

→ The employee **who** won first prize in the competition will be able to enjoy a day off.

대회에서 1등상을 받은 직원은 하루 휴가를 받을 수 있다.

*관계대명사가 주어인 the employee를 대신하기 때문에 주격 관계대명사인 who를 쓴다.

2 관계대명사의 종류

생략된 명사가 주격, 목적격, 소유격 중 어느 것인지에 따라 관계대명사의 종류가 결정된다. 또한 선행사가 사람인지 사물인지도 구분해야 한다.

선행사	주격	목적격 *	소유격
사람	who	who(m)	whose
사물	which	which	whose / of which
사람, 사물, 동물	that	that	–

*목적격 관계대명사는 생략할 수 있다.

We often go to the seafood restaurant **that/which** is located in Chinatown.
        (선행사 + 주격 관계대명사 + 동사)
우리는 종종 차이나 타운에 위치한 해산물 식당에 간다.

The people **whom/that** I work with are all reliable.
    (선행사 + 목적격 관계대명사 + 주어 + 동사)
나와 함께 일하는 사람들은 모두 믿을 만하다.

Mr. Lee, **whose** house is currently being renovated, is staying with us temporarily.
(선행사 + 소유격 관계대명사 + 명사)
Lee 씨는, 자신의 집이 현재 수리되고 있는데, 현재 우리와 함께 임시로 머물고 있다.

문법 연습

A 적절한 관계대명사를 이용하여 다음의 두 문장을 한 문장으로 바꿔 쓰세요.

1 Down-to-Earth 상점은 그 지역에서 재배되는 과일과 채소를 판매한다.

① Down-to-Earth stores sell organic fruits and vegetables.
② The fruits and vegetables are grown in local areas.

➜ ....

2 이 공장에서 생산되는 대부분의 제품들은 다른 나라로 수출된다.

① Most of the products are exported to other countries.
② Most of the products are produced in this factory.

➜ ....

3 업무 평가가 좋지 않았던 직원들은 연간 보너스를 받을 자격이 되지 않는다.

① Employees will not be eligible for an annual bonus.
② The employees' performance reviews were not very good.

➜ ....

4 너무 늦게 도착한 지원서들은 그 직책에 고려되지 않을 것이다.

① The applications will not be considered for the position.
② The applications were received too late.

➜ ....

B 빈칸에 들어갈 가장 적절한 표현을 고르세요.

1 There were more than a hundred of people ------- were interested in the job fair.

(A) who
(B) which
(C) whose
(D) of which

2 Masco's is an organization ------- mission is to help those who are less privileged.

(A) who
(B) whose
(C) that
(D) what

3 Any contracts ------- are not signed by the president will not have any legal standing.

(A) that
(B) whose
(C) what
(D) whom

4 Candidates ------- job experience is extensive will be likely to get a job at the company.

(A) who
(B) whom
(C) whose
(D) of which

02 관계대명사의 생략 / 전치사 + 관계대명사

기출 유형

Q Mr. Evans participated in the company workshop, -------
which he learned about how to deal with financial programs.

(A) of
(B) from
(C) with
(D) during

Q Evans 씨는 회사 워크샵에 참석했는데, 그 동안 재무 프로그램을 다루는 법에 대해 많이 배웠다.

(A) ~의
(B) ~로부터
(C) ~와 함께
(D) ~ 동안

정답 (D)

 관계대명사 앞에 오기에 적절한 전치사를 고르는 문제 유형이다. 문맥상 '워크샵에서 참석을 했고, 워크샵 기간 동안 많이 배웠다'라는 의미가 되어야 하므로 workshop앞에는 during이 오는 것이 가장 적절하다.

1 관계대명사의 생략

(1) 목적격 관계대명사는 생략할 수 있다.

Christina is an employee **(that/whom)** I can always rely on when I have computer problems.
Christina는 내가 컴퓨터에 문제가 있을 때 늘 의지할 수 있는 직원이다.

(2) 주격 관계대명사 (who / which / that)와 be동사는 함께 생략할 수 있다.

The person **(who is)** **working** on the construction project is my coworker Sam.
건설 프로젝트 관련 업무를 하고 있는 사람은 내 동료인 Sam이다.

Decisions **(that/which were)** **made** at the meeting are supposed to be kept confidential.
회의에서 이루어진 결정들은 비밀로 유지되어야 한다.

2 전치사 + 관계대명사

선행사가 관계대명사절에 나오는 전치사의 목적어 역할을 하는 경우, 전치사를 관계대명사 앞으로 이동시킬 수 있다.

There will be a board meeting.

+ The directors will discuss some ways to promote products **during** the board meeting.

→ There will be a board meeting, **during which** the directors will discuss some ways to promote products. 이사회가 열릴 예정인데, 거기에서 이사들은 제품을 홍보할 몇 가지 방안들을 논의할 것이다.

문법 연습

A 적절한 관계대명사를 이용하여 다음의 두 문장을 한 문장으로 바꿔 쓰세요.

1 우리가 집중할 제품은 새로운 식기 세척기이다.

① We are going to focus on the product.

② The product is our new dishwasher.

→ ....

2 당신이 어려움에 처해 있을 때 이야기할 사람은 Norris 씨이다.

① You need to talk to the person when you are in trouble.

② The person is Mr. Norris.

→ ....

3 당신이 편지를 보내야 하는 지원자들의 이름이 마지막 페이지에 쓰여 있다.

① The names of the applicants are written on the last page.

② You have to send a letter to the applicants.

→ ....

4 이 지역에서 생산된 전자 제품들은 보통 수입된 것들보다 더 싸다.

① The electric products are usually cheaper than the imported ones.

② The electric products are produced in local areas.

→ ....

B 빈칸에 들어갈 가장 적절한 표현을 고르세요.

1 The 4-digit product code ------- in the box is necessary when you try to get your product repaired.

(A) show

(B) shown

(C) showing

(D) to show

2 The highway ------- two major cities is always crowded with cars and trucks.

(A) connect

(B) connecting

(C) connected

(D) to be connected

3 The lawyer ------- you recommended the other day failed to get the job at the firm.

(A) that

(B) what

(C) whose

(D) which

4 A high turnover rate at the company has always been an issue ------- everybody is concerned.

(A) which

(B) about which

(C) about that

(D) that

03 관계부사 / 복합관계사

기출 유형

Q The convention center, ------- the annual sales meeting will be held, is located on Birmingham Street.

(A) which

(B) who

(C) where

(D) wherever

Q 그 컨벤션 센터는, 연례 영업 회의가 그곳에서 열릴 예정인데, Birmingham 가에 위치해 있다.

(A) ~한

(B) ~한

(C) 그리고 거기에서

(D) 어디에나

정답 (C)

출제 포인트! 관계대명사와 관계부사를 구분해야 하는 유형으로, 관계사절에서 명사가 생략되어 있을 때에는 관계대명사를, 부사가 생략되어 있을 때에는 관계부사를 써야 한다. 위 문장에서는 관계사절 안에 '그 컨벤션 센터에서'라는 부사가 생략 되었으므로, 빈칸에는 장소의 관계부사 where가 들어가야 한다.

1 관계부사

관계부사는 의미가 같은 부사 역할 어구를 생략하고, 두 문장을 연결하고자 할 때 사용된다. 관계대명사절과 다르게 관계부사절은 관계부사 뒤에 완전한 형태의 문장이 이어진다.

This is **the office**. + You can get your passport issued **in the office**.

→ This is the office **where** you can get your passport issued.

이 사무실은 당신이 여권을 발급받을 수 있는 곳입니다.

이때 where가 이끄는 관계부사절은 선행사 the office를 수식하는 역할을 한다.

	선행사	관계부사		선행사	관계부사
장소	the place, the city 등	where	이유	the reason	why
시간	the time, the year 등	when	방법	the way	how

2 복합관계사

관계대명사나 관계부사에 '-ever'가 붙어서 복합관계대명사 혹은 복합관계부사가 된다.

복합관계대명사		복합관계부사	
whoever	~하는 사람은 누구든지	whenever	언제 ~든지
whatever	~하는 것은 무엇이든지	wherever	어디에 ~든지
whichever	~하는 것은 어떤 것이든지	however	아무리 ~해도

Whoever is interested in overseas training should submit an application.

해외 연수에 관심이 있는 누구든지 지원서를 제출해야 합니다.

Whenever you need help, you can come to the manager's office.

도움이 필요하면 언제든지, 매니저의 사무실로 오시면 됩니다.

문법 연습

A 주어진 우리말을 참고하여 빈칸에 적절한 관계사를 넣어 문장을 완성하세요.

1 당신이 비자를 발급 받은 사무실로 다시 가 보시기를 권합니다.

I recommend you visit the office _____ you can get your visa issued again.

2 늦은 봄은 우리 고객들이 여름 아이템을 구매하려고 하는 시기이다.

Late spring is the season _____ our customers try to purchase our summer items.

3 당신은 사무 용품을 온라인이나 오프라인, 무엇이든 편한 방법으로 주문할 수 있습니다.

You can order office supplies online or offline, _____ is more convenient for you.

4 다행히도, 배달이 그렇게 늦어진 이유에 대해 그들이 설명해 줄 수 있을 것입니다.

Hopefully, they will be able to explain the reason _____ the delivery was so delayed.

5 설문 조사에 참여하는 사람은 누구든지 무료 디저트 쿠폰을 받을 수 있습니다.

_____ participates in the survey will be able to get a free dessert coupon.

6 아무리 비싸더라도, 사치품들은 20대에서 40대 여성들에게 인기가 많습니다.

_____ expensive they may be, luxury goods are very popular women aged from 20 to 40.

B 빈칸에 들어갈 가장 적절한 표현을 고르세요.

1 The sales report indicates that we sold much more during the month ------- prices were lowered.

(A) when

(B) whenever

(C) what

(D) how

2 Anyone ------- makes an online purchase this month will be able to get a 20% discount.

(A) who

(B) whom

(C) whenever

(D) whoever

3 There will be a Q&A session ------- we will address some of your concerns.

(A) where

(B) which

(C) whom

(D) that

4 Among the candidates, ------- has the most experience will get the job.

(A) wherever

(B) however

(C) whichever

(D) whoever

A 다음의 빈출 형용사 어구들을 암기하세요.

be comparable to ~에 필적하다	be appreciative of ~에 감사하다
be exempt from ~에서 면제되다	be popular with/among ~ 사이에서 인기가 많다
be central to ~에 중심을 이루다	be proficient in ~에 능숙하다
be considerate of ~를 배려하다	be representative of ~을 대표하다
be entitled to ~할 자격이 되다	be anxious about ~을 염려하다
be qualified for ~할 자격을 갖추다	be skilled at ~에 능숙하다
be comparable to ~에 필적하다	be hopeless at ~을 잘하지 못하다
be responsive to ~에 대응하다	be different from/than ~와 다르다
be beneficial to ~에 도움이 되다	be similar to ~와 비슷하다
be rude to ~에게 무례하다	be the same as ~와 같다
be nice to ~에게 친절하다	a wide range of 광범위한, 다양한
be grateful for ~에 감사하다	a significant number of 상당한 수의
be thankful for ~에 감사하다	a considerable amount of 상당한 양의
be ready for ~할 준비가 되다	a wide variety of 다양한
be necessary for ~에 필요하다	be apt to ~하기 쉽다
be open to ~에 개방되어 있다	be uncertain about ~에 대해 확신하지 못하다
be certain about ~에 대해 확신하다	be concerned about ~에 대해 걱정하다

B 우리 말에 맞게 알맞은 단어를 고르세요.

1   타인을 배려하다 → be (considerate / considerable) of others

2   다양한 전자 제품 → a (very / wide) variety of electric goods

3   노인들에게 무례하다 → be rude (to / of) the elderly

4   고객들의 요구에 즉각 반응하는 → very (responsible / responsive) to customers' needs

5   세금이 면제되다 → be (exempt / except) from taxes

6   십대들에게서 인기가 많다 → be (comparable / popular) with teenagers

7   상당한 수의 응답자들 → a (significant / comparable) number of respondents

8   개선을 위해 필요하다 → be necessary (for / about) the improvements

9   영어에 능통하다 → be (beneficial / proficient) in English

10 누구에게나 24시간 열려 있다 → be (open / apt) to anyone 24 hours a day

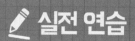

Part 5 빈칸에 들어갈 가장 적절한 표현을 고르세요.

1. You will be assigned to a mentor ------- will give you more training on how to use the software.

   (A) whom

   (B) who

   (C) whoever

   (D) whose

2. Office Yard has a ------- variety of office furniture and supplies that you need when you start a new business.

   (A) wide

   (B) significant

   (C) indifferent

   (D) representative

3. Safety clothes should be worn by anyone ------- duties involve working in the plant.

   (A) who

   (B) whose

   (C) of which

   (D) how

4. Ms. Han, who has been with the company for more than a decade, is ------- for the position of regional manager.

   (A) qualify

   (B) qualifying

   (C) qualified

   (D) qualifications

5. Many of the food critics described the restaurant as a place ------- you can feel the homiest atmosphere.

   (A) whom

   (B) which

   (C) what

   (D) where

6. The size of this parking structure is ------- to that of the country's largest one, which was recently built.

   (A) compared

   (B) comparable

   (C) comparison

   (D) comparing

7. The software ------- was installed on our computers seem to be working fine.

   (A) that

   (B) where

   (C) what

   (D) of which

8. Mega Health Club, which recently opened in the downtown area, is ------- to its members' requests.

   (A) responsive

   (B) respective

   (C) interested

   (D) concerned

9. Some of the executives said that they were
------- about the effects of the new TV
commercial.

(A) available
(B) capable
(C) uncertain
(D) unwilling

10. It's Mr. Yang's responsibility to handle
technical problems ------- we have a
problem with the computers.

(A) which
(B) however
(C) whenever
(D) that

11. A recent survey shows ------- customers
are willing to spend more money if good
quality and services are guaranteed.

(A) that
(B) which
(C) what
(D) whatever

12. Ms. Davis, ------- was seriously injured in
the accident, was sent to the hospital.

(A) who
(B) that
(C) whoever
(D) which

13. It is important to be ------- of the assistance
you get from your coworkers.

(A) grateful
(B) subject
(C) comprehensive
(D) appreciative

14. We are supposed to hold some training
sessions ------- you can get more
information about the procedure.

(A) where
(B) which
(C) what
(D) that

15. The company is looking for someone who is
------- for the rapidly changing environment.

(A) reliable
(B) ready
(C) accustomed
(D) independent

16. Anyone ------- would like to take part in the
workshop should sign up in advance.

(A) who
(B) whoever
(C) whatever
(D) whom

Part 6   지문을 읽고 각각의 빈칸에 들어갈 가장 적절한 표현을 고르세요.

Questions 17-20 refer to the following letter.

Kitchen Works USA

456 Port Smith Lane

Dear Sir or Madam,

I am writing to request a full refund on a blender ------- I recently bought from your company.
17.
I bought this blender on a recommendation, but after using it for the first time, I found several

unacceptable problems.

First, the blender ------- to hold 2.0 liters, but it can only hold 1.5 liters when blending. Next, when
18.
I opened the package, I noticed ------- the lid was cracked before I even used it. -------. I am
19.   **20.**
honestly very disappointed with the product and would not recommend it to anyone. Please let

me know how to continue with the refund process.

Sincerely,

Thomas Fraser

---

17. (A) whichever

   (B) which

   (C) of which

   (D) what

18. (A) advertised

   (B) was advertising

   (C) was advertised

   (D) advertisement

19. (A) that

   (B) which

   (C) whatever

   (D) how

20. (A) Furthermore, it is extremely loud when
       being used.

   (B) However, my friend suggested I buy this
       blender.

   (C) On top of that, I no longer have the
       receipt.

   (D) This is the only issue I have with the
       product.

Questions 21-22 refer to the following job advertisement.

The Sky Is the Limit at LBG Pharmaceuticals

Are you looking for a career that has unlimited potential for growth? Do you have experience in competitive sales? If so, then Florida-based LBG Pharmaceuticals is looking for you!

We are looking for a full-time senior sales coordinator for our Washington, D.C. branch. The position involves setting and achieving monthly sales goals, working directly with high profile B2B clients, and leading projects to increase sales efficiency. The senior sales coordinator will also collaborate with the sales team to achieve these goals.

We offer a competitive salary with extra pay based on individual and team sales. We will consider experience in the salary offer, and applicants with a background in the pharmaceutical or medical fields are greatly preferred. Medical insurance and a severance package are provided to all full-time employees.

To apply, visit our Web site at LBGpharm.com/jobs. Applicants need to provide an e-mail address and three professional references. If you have any questions regarding the application process, feel free to contact us as 809-555-1234.

21. What duty of a senior sales coordinator is mentioned in the ad?

(A) Achieving sales goals on a monthly basis

(B) Competing with other salespeople

(C) Studying medicine and pharmaceuticals

(D) Driving between Florida and Washington, D.C.

22. What benefit is NOT provided to full-time employees?

(A) Health insurance

(B) A retirement plan

(C) A company car

(D) A bonus based on sales

Chapter **13**

전치사

Prepositions

01 시간/장소의 전치사

02 기타 전치사 / 혼동하기 쉬운 전치사

03 전치사의 관용 표현

★ 토익 실전 어휘 – 전치사 어구 I

★ 실전 연습

01 시간/장소의 전치사

기출 유형

Q The technology career fair, where more than 30 companies in the field are expected to participate, will be held ------- Tuesday, March 15.

(A) at
(B) on
(C) in
(D) by

Q 30여개 이상의 회사가 참여하는 과학 기술 취업 박람회가 3월 15일 화요일에 열린다.

(A) ~에
(B) ~에
(C) ~에
(D) ~까지

정답 (B)

출제 포인트! 적절한 전치사를 고르는 문제인데, 빈칸 뒤에 '날짜'가 있으므로 전치사 'on'이 정답이 된다. 시간 및 장소와 관련된 전치사를 정리하여 암기해 두어야 한다.

1 시간을 나타내는 전치사

at + 시각/정확한 때	on + 요일 / 날짜 / 주중 / 주말	in + 월 / 계절 / 연도 / 오전 / 오후 / 저녁
at 3 P.M. 3시에	**on** Friday 금요일에	**in** October 10월에
at midnight 자정에	**on** March 1 3월1일에	**in** the summer 여름에
at lunchtime 점심에	**on** weekdays 주중에	**in** 1945 1945년에

2 시점과 기간을 나타내는 전치사

시점	기간
since March 3월부터	**for** 3 hours 3시간 동안 / **during** the meeting 회의 동안에
by Monday 월요일까지 / **until** 7 A.M. 오전 7시까지	**throughout** the year 그 해 내내
before/prior to the departure 출발 전에	**within** 3 days 3일 이내에

3 장소를 나타내는 전치사

at + 지점 (공항 / 역)	on + 표면 (도로 / 층 / 사물 / 명단)	in + 공간 내 (도시 / 국가 / 대륙)
at the airport 공항에서	**on** Pine Street Pine 가에	**in** the meeting room 회의실에서
at the bus stop 버스 정류장에서	**on** the first floor 1층에	**in** Seoul 서울에서
at the intersection 교차로에서	**on** the top shelf 젤 위선반에	**in** Asia 아시아에서

4 방향, 위치 전치사

방향	위치
to / from ~로 / ~부터	**between A and B** A와 B사이
into / out of ~안으로 / 밖으로	**above / below** ~ 위에 / ~ 아래
across from / opposite 맞은편에	**over / under** 맞은편에
along ~을 따라 / **past** ~을 지나서	**in front of** ~ 앞에 / **behind** ~ 뒤에 / **next to** ~ 옆에

문법 연습

A 주어진 우리말에 맞게 보기에서 적절한 동사를 골라 변형하여 문장을 완성하고, 그 역할을 고르세요.

〈보기〉	on	during	at	prior to	in

1 Munroe 씨는 공항에서 영국에서 온 고객을 데려 올 것이다.

Mr. Munroe will pick up the clients from England .... the airport.

2 설문 문항들은 당신의 책상 위에 놓여 있어요.

The questionnaires for the survey are .... your desk.

3 컨퍼런스 도중에 잘못된 소방 경보가 울렸다.

A false fire alarm went off .... the conference.

4 Hollis 씨는 내년에 뉴욕에 신규 지점을 개점할 계획이다.

Ms. Hollis plans to open a new branch office .... Los Angeles next year.

5 Larensky 씨는 휴가 전에 비용 예측을 완료해야 한다.

Ms. Larensky must complete the cost estimate .... her vacation.

B 빈칸에 들어갈 가장 적절한 표현을 고르세요.

1 The appointment of a new chief financial officer will be announced ------- the conference room.

(A) for
(B) on
(C) in
(D) to

2 The opening ceremony for the children's health clinic will begin ------- 10 o'clock tomorrow morning.

(A) at
(B) on
(C) in
(D) into

3 The London National Museum will be closed for renovations beginning ------- September 2.

(A) at
(B) on
(C) in
(D) for

4 The office furniture for the new staff members is scheduled to be delivered ------- Thursday.

(A) at
(B) on
(C) in
(D) out of

02 기타 전치사 / 혼동하기 쉬운 전치사

기출 유형

Q Parking on Edison Street will be banned for the next few weeks ------- road repairs. (A) regarding (B) because of (C) in spite of (D) so that	Q Edison 가에 주차하는 것은 도로 공사 때문에 몇 주간 금지된다. (A) ~에 관하여 (B) ~ 때문에 (C) ~에도 불구하고 (D) ~하기 위해서 정답 (B)

출제 포인트! 명사인 'road repairs' 앞에 빈칸이 있으므로 빈칸은 전치사 자리이다. 문장을 해석해보면 주차가 불가능한 '이유'를 설명하는 'because of'가 오는 것이 가장 적절하다. 자주 출제되는 전치사를 정리해 두자.

1 이유 / 양보 / 주제 전치사

이유 (~ 때문에 / 덕분에)	양보 (~에도 불구하고)	주제 (~에 관하여)
because of / due to / owing to / thanks to / on account of 예) due to increased costs 　　증가된 비용 때문에	**in spite of / despite / notwithstanding** 예) despite the conflicts 　　충돌에도 불구하고	**about / on / regarding / in [with] regard to / concerning** 예) regarding the policy 　　정책에 관하여

2 수단 / 방법 / 도구 / 목적 / 비교 / 자격 전치사

수단 / 방법 / 도구	목적	비교 / 자격
by bus / **by** e-mail 버스로 / 이메일로 **with** the key 열쇠로	**for** the project 프로젝트를 위해	**like** last year 작년과 같이 **unlike** last month 지난달과 다르게 **as** president 사장으로서

3 혼동하기 쉬운 전치사

by vs. until (~까지)	for vs. during (~ 동안)	between vs. among (~ 사이에)
submit **by** Monday 월요일까지 제출하다 wait **until** 7 P.M. 7시까지 기다리다 **by**: 완료적 의미 **until**: 계속적 의미	**for** 3 years 3년 동안 **during** the winter 겨울 동안 **for** + 숫자 표현 **during** + 기간 명사	**between** Kelly and Tom Kelly와 Tom 사이에 **among** the colleagues 동료들 사이에 **between**: 둘 사이 **among**: 셋 이상

문법 연습

A 주어진 우리말에 맞게 보기에서 적절한 전치사를 골라 빈칸을 완성하세요.

〈보기〉 for	notwithstanding	during	due to	by

1 모두 월간 회의를 위해 201호로 와야 한다.

Everybody is required to come to Room 201 _____ the monthly meeting.

2 회의 동안, Kim 씨의 전화가 세 번 이상 울렸다.

_____ the meeting, Mr. Kim's phone rang more than three times.

3 우리는 7월 1일까지 행정 직원 한 명을 더 고용할 것이다.

We need to hire another administrative worker _____ July 1.

4 저조한 등록으로 인해, 워크샵은 취소될 것이다.

_____ low registration, the workshop will be canceled.

5 몇몇 심각한 문제에도 불구하고, 회사는 성공적인 해를 보냈다.

_____ some serious problems, the company had a successful year.

B 빈칸에 들어갈 가장 적절한 표현을 고르세요.

1 The meeting ------- the museum's operations will be postponed and rescheduled for Wednesday afternoon.

(A) despite

(B) regarding

(C) owing to

(D) in order to

2 ------- the reception, the CEO introduced the newly appointed director of marketing to the employees.

(A) So

(B) During

(C) For

(D) To

3 Naomi Apparel is well known in the fashion industry ------- a trendsetter for women's clothing.

(A) by

(B) as

(C) to

(D) with

4 Applicants must submit a résumé and a cover letter ------- e-mail.

(A) by

(B) until

(C) for

(D) on

Chapter 13

03 전치사의 관용 표현

기출 유형

Q To prevent any technical problems, all employees are required to update their system ------- a regular basis.

(A) at
(B) on
(C) in
(D) to

Q 기술적 문제를 예방하기 위하여, 모든 직원은 규칙적으로 시스템을 업데이트해야 한다.

(A) ~에
(B) ~에
(C) ~ 안에
(D) ~로

정답 (B)

출제 포인트! 'on a regular basis (규칙적으로)'라는 전치사 관용 표현을 알고 있으면 전치사 on을 쉽게 정답으로 고를 수 있다. 이처럼 자주 출제되는 전치사 관용 표현을 정리하여 암기해 두면 실제 시험에서 많은 도움이 된다.

관용적 전치사 표현

at	on	in
at a low cost 낮은 비용으로	**on** the list 명단에	**in** advance 미리
at the beginning 초반에	**on** sale 할인 중인	**in** public 공공장소에서
at the end 끝에	**on** foot 도보로	**in** general 일반적으로
at the speed of ~의 속도로	**on** duty 근무 중인	**in** a timely manner 시기 적절하게
at no extra charge 추가 비용 없이	**on** arrival 도착하자마자	**in** yellow 노란색으로
	on a regular basis 규칙적으로	**in** time 시간에 맞춰
	on time 정각에	**in** the end (= finally) 결국에
	upon receipt of ~을 받자마자	

under	within	from / to
under construction 공사 중인	**within** walking distance 도보 거리에 있는	**from** a distance 멀리서
under warranty 보증 기간 내에	**within** the limit 범위 내에	**from** one's point of view ~의 관점에서는
under the contract 계약 하에	**within** the organization 조직 내에	**key/solution to** ~의 비결/해결책
under the agreement 협의 하에		

for	above / below	by
for free 무료로	**above** one's expectations ~의 기대를 뛰어넘는	**by** three dollars 3달러 만큼
for safety reasons 안전상의 이유로	**above** average 평균 이하인	**by** the manager 매니저에 의해서
for sale 판매용		**by** fax 팩스로

문법 연습

A 주어진 우리말에 맞게 보기에서 적절한 전치사를 골라 빈칸을 완성하세요.

〈보기〉	within	under	at	on	in

1 Ling 씨는 시기 적절하게 그 제안서를 끝마칠 자신이 있다.

Ms. Ling is confident that she will complete the proposal ＿＿＿＿＿＿＿ a timely manner.

2 새 사무실은 현재 사무실에서 걸어갈 수 있는 거리에 있다.

The new office is ＿＿＿＿＿＿＿ walking distance of our current one.

3 그 컴퓨터는 보증 기간이 남아 있기 때문에 무료로 수리가 가능하다.

The computer can be fixed for free because it is ＿＿＿＿＿＿＿ warranty.

4 호텔 손님들은 추가 비용 없이 오후 5시까지 머물 수 있다.

Hotel guests can stay till 5 P.M. ＿＿＿＿＿＿＿ no extra charge.

5 그들은 대기자 명단에서 Yoko Tanaka를 찾을 수 없었다.

They couldn't find Yoko Tanaka ＿＿＿＿＿＿＿ the waiting list.

B 빈칸에 들어갈 가장 적절한 표현을 고르세요.

1 The government workers have been working overtime to review all the budget reports ------- time.

(A) at
(B) on
(C) in
(D) by

2 The items will be shipped within 3 to 4 business days ------- receipt of your order.

(A) as
(B) upon
(C) by
(D) for

3 Since Marin Restaurant is very crowded on the weekend, you are advised to book a table ------- advance.

(A) at
(B) on
(C) in
(D) for

4 Mr. Costa was not able to handle the assigned task ------- a prompt manner.

(A) at
(B) on
(C) in
(D) within

A 빈출 전치사 어구를 암기하세요.

according to ~에 따르면	except (for) ~을 제외하고
in terms of ~에 관하여	in exchange for ~대신에
depending on ~에 따라	regardless of ~와 상관없이
as a result of ~의 결과로	thanks to ~덕분에
in response to ~에 답하여	in an effort to ~하려는 노력으로
on the basis of ~을 기반으로	in light of ~을 고려하여
in conjunction with ~와 함께	as to ~에 관하여
up to ~까지; ~에게 달려있는	in the event of ~의 경우에는
in charge of ~을 책임지는	on account of ~ 때문에
on behalf of ~을 대표하여	along with ~와 함께
in comparison with ~와 비교하여	instead of ~ 대신에
in favor of ~을 찬성하여	contrary to ~에 반하여
on top of ~뿐만 아니라	as of ~부터
aside from ~을 제외하고	in celebration of ~을 축하하여
apart from ~을 제외하고	by means of ~을 이용하여
such as 예를 들면	in honor of ~을 기념하여
in addition to ~에 더불어	as part of ~의 일환으로

B 우리 말에 맞게 알맞은 단어를 고르세요.

1 신임 재무 책임자를 축하하여 → in (cooperation / celebration) of the new financial chief
2 우리의 경쟁자와 비교하여 → in (addition / comparison) with our competitors
3 예를 들면 장소와 가격 → (such as / depending on) the location and the price
4 훌륭한 품질 이외에도 → (on top of / as a result of) its great quality
5 마케팅 팀을 책임지는 → (in charge of / in light of) the marketing team
6 10월 21일부터 유효한 → effective (as to / as of) October 21
7 40퍼센트까지 → (as of / up to) 40 percent
8 당신의 경제적 지원 덕분에 → (apart from / thanks to) your financial support
9 20퍼센트 할인에 더하여 → (in addition to / in terms of) a 20-percent discount
10 돈 문제에 관하여 → (as to / as of) money problems

Part 5   빈칸에 들어갈 가장 적절한 표현을 고르세요.

1. ------- Ms. Thompson has been with the company for only a year, she has already taken on a lot of high-profile projects.

   (A) Although
   (B) In spite of
   (C) Without
   (D) Unless

2. ------- November 1, the new law regarding the maximum number of hours of overtime employees can work will go into effect.

   (A) As of
   (B) As to
   (C) With
   (D) Regarding

3. ------- the competition from big chain stores, Anderson Shop has maintained its popularity with customers.

   (A) Despite
   (B) Until
   (C) Though
   (D) In case of

4. ------- the winter, the government facilities will be open for residents in the area.

   (A) With
   (B) Regarding
   (C) At
   (D) Throughout

5. ------- our recent expansion, the CEO has decided to hire more employees by the end of the month.

   (A) As of
   (B) Due to
   (C) Such as
   (D) Despite

6. Although the company is based in Europe, its production facilities are all ------- Vietnam.

   (A) at
   (B) on
   (C) in
   (D) to

7. To place an order, you can either send the order form ------ fax or visit our Web site.

   (A) at
   (B) by
   (C) in
   (D) to

8. We store office supplies in the copy room ------- the vending machines on the first floor.

   (A) into
   (B) across from
   (C) down
   (D) throughout

9. The Franklin Theater is now showing the play *The Bright Night*, and it will run ------- March 15.

   (A) until
   (B) by
   (C) at
   (D) between

10. ------- the chief financial officer, Mr. Turner will directly report to the company president.

    (A) By
    (B) As
    (C) Even
    (D) So

11. Mr. Brown was disappointed to find out that he was not ------- consideration for the upcoming promotion.

    (A) under
    (B) about
    (C) before
    (D) over

12. The flight to Chicago has been canceled ------- inclement weather conditions.

    (A) though
    (B) because
    (C) due to
    (D) in spite of

13. ------- an emergency, you must not use the elevators in the building but use the stairs.

    (A) So as
    (B) In case of
    (C) Although
    (D) In spite of

14. Employees are allowed to work ------- 42 hours a week as a result of the new policy on working conditions.

    (A) except for
    (B) such as
    (C) up to
    (D) apart from

15. The executives started discussing the merger and acquisition ------- themselves before the CEO came into the room.

    (A) between
    (B) among
    (C) about
    (D) over

16. Ms. Camp has to file the expense report for her trip to Shanghai ------- March 1.

    (A) by
    (B) at
    (C) about
    (D) nearly

Part 6 지문을 읽고 각각의 빈칸에 들어갈 가장 적절한 표현을 고르세요.

Questions 17-20 refer to the following information.

Beaverton Central Library

The Beaverton Central Library offers service to any resident of Beaverton County and to members of the Greater Oregon Library Network. Our materials on loan include books, multimedia (DVD, Blu-ray, music CDs, and audio books), and daily laptop rentals. We also provide research support for any members who need help finding materials ------- a specific topic. Library members can
17.
also reserve classrooms for group studying, and we have one conference room available as well. These are rented ------- a first-come, first-served basis, so please contact us in advance to check
18.
availability. -------.
19.

The library is open every day from 9:00 A.M. ------- 8:00 P.M. and is closed on national and state
20.
holidays. For more information about events or other library services, please visit our Web site at www.belib.com.

---

17. (A) at
(B) on
(C) in
(D) to

18. (A) of
(B) on
(C) within
(D) to

19. (A) This can be done by phone or online on our Web page.
(B) Late fees will accumulate daily for unreturned materials.
(C) Our many community events include both adult and youth programs.
(D) These also include several books related to the requested research topic.

20. (A) to
(B) of
(C) as
(D) and

Questions 21-25 refer to the following schedule and e-mail.

Digital Marketing Conference Schedule

SATURDAY

10:00 A.M.	Opening Ceremony
10:30 A.M.	Keynote Speaker: "The Future of the Online Marketplace" / Kevin Heart
1:30 P.M.	Workshop: "Social Media Management" / Ashley Kumar
4:00 P.M.	Day One Summary / Claire Bach, Conference Chairperson
5:30 P.M.	Formal Dinner / Main Conference Hall

SUNDAY

11:00 A.M.	Presentation: "Multimedia Advertisement Theory" / Rosella Aguilar
3:00 P.M.	Workshop: "Using Mobile Platforms" / Dr. Orion Akbar
6:30 P.M.	Conference Closing Ceremony
7:00 P.M.	Dinner
8:30 P.M.	Networking Cocktail Event

All meals and beverages will be provided by the hotel's dining facilities.

From:	Orion Akbar
To:	Claire Bach
Subject:	Conference Schedule

Dear Mrs. Bach,

Thanks again for the opportunity to host a workshop at the conference this year. Unfortunately, my flight returning home is on Sunday night, so I have to leave the conference immediately after my workshop ends. However, I will be able to attend all of the events before then. I want to let you know so that you can plan accordingly. Thanks for understanding, and I'm sorry for any inconvenience this might cause.

Sincerely,

Orion Akbar, PhD
Department of Marketing
Tulsa State University

21. What event will be held on Sunday morning?

    (A) Ms. Aguilar's presentation
    (B) The opening ceremony
    (C) Mr. Akbar's workshop
    (D) Mr. Heart's keynote presentation

22. What is NOT indicated on the conference schedule?

    (A) There will be two workshops during the conference.
    (B) Food will be provided at the conference.
    (C) The event takes place over two days.
    (D) Admission must be paid in advance.

23. Why did Mr. Akbar e-mail Mrs. Bach?

    (A) To request a change in a schedule
    (B) To cancel his workshop
    (C) To inform her of his personal schedule
    (D) To register for the conference

24. What most likely is Mr. Akbar's job?

    (A) Event organizer
    (B) Professor
    (C) Conference manager
    (D) Social media marketer

25. What event will Mr. Akbar NOT be able to attend?

    (A) The opening ceremony
    (B) The keynote presentation
    (C) The networking cocktail event
    (D) Ms. Kumar's workshop

Chapter **14**

가정법

The Subjunctive Mood

01 가정법 과거 / 가정법 과거완료

02 가정법 현재와 미래 / 혼합 가정법

03 가정법의 도치

★ 토익 실전 어휘 – 전치사 어구 II

★ 실전 연습

01 가정법 과거 / 가정법 과거완료

기출 유형

Q If Mr. Park were willing to help us with the final report, we -------- it in before the deadline.

(A) will turn
(B) would turn
(C) would have turned
(D) was turning

Q Park 씨가 우리의 최종 보고서 작성을 기꺼이 도와준다면, 마감 기한 전에 그것을 제출할 수 있을 텐데.

(A) 제출할 것이다
(B) 제출할 것이다
(C) 제출했을 것이다
(D) 제출하고 있었다

정답 (B)

 출제 포인트! 가정법 과거는 현재의 사실을 반대로 가정하는 것인데, if절에는 동사의 과거형을, 주절에는 'would + 동사원형'을 써야 한다. 따라서 정답은 (B) would turn이 된다.

1 가정법 과거: 만약 ~한다면, ~할 텐데

가정법 과거는 현재와 반대되는 사실을 가정할 때 쓰는 문장이다. 문장의 의미는 현재이지만, if절에 과거 동사를 쓴다는 사실에 주의해야 한다.

If 절	주절
If + 주어 + 과거 동사 (예 were, had, went)	주어 + would / could / might + 동사원형

If we **informed** them of the schedule change, they **would** not **need** to leave so early.
우리가 그들에게 일정 변경을 알려 준다면, 그들이 그렇게 일찍 떠날 필요가 없을 텐데.

If the books **were** in stock, we **could send** them to you right away.
만일 그 책들의 재고가 있다면, 우리가 너에게 당장 보내줄 수 있을 텐데.

2 가정법 과거완료: 만약 ~했었다면, ~했었을 텐데

가정법 과거완료는 과거와 반대되는 사실을 가정할 때 쓰는 문장이다. 문장의 의미는 과거이지만, if절에서는 과거완료 동사를 쓴다는 사실에 주의해야 한다.

If 절	주절
If + 주어 + 과거완료 (예 had been, had gone)	주어 + would/could/might + have + 과거 분사

If we **had had** enough time, we **would have done** more research on it.
우리에게 충분한 시간이 있었더라면, 그것에 대해 더 많은 연구를 했었을 텐데.

If the real estate agent **had shown** me a different apartment, I **would not have decided** to move here. 만일 부동산 업자가 다른 아파트를 보여줬더라면, 나는 여기로 이사 올 결정을 하지 않았을 텐데.

문법 연습

A 주어진 문장을 읽고, 같은 의미가 되도록 가정법 문장으로 바꿔 쓰세요.

1 He didn't take a morning flight, so he couldn't make it to the meeting.

If he _____, he _____ to the meeting.

2 There are not enough staff members, so we need to work overtime frequently.

If there _____, we _____ overtime frequently.

3 You don't drive to work frequently, so you don't spend a lot of money on commuting.

If _____ frequently, you _____ on commuting.

4 I didn't order the shelf last month, so I didn't get a better deal.

If I _____ last month, I _____ a better deal.

5 I didn't find the class boring and useless, so I didn't complain to the coordinator.

If I _____, I _____ to the coordinator.

6 I didn't know about the defect in the product, so I was not more careful when dealing with it.

If I _____ in the product, I _____

when dealing with it.

B 빈칸에 들어갈 가장 적절한 표현을 고르세요.

1 If the team ------- the renovation project earlier, they would have finished it before the reopening.

(A) starts

(B) started

(C) has started

(D) had started

2 If I had not ------- given the information, I would not have figured out what the problem was.

(A) be

(B) being

(C) been

(D) was

3 If the staff had not worked so hard, the project ------- up as a complete failure.

(A) ended

(B) have ended

(C) had ended

(D) would have ended

4 If he ------- the chairman of the company, he would bring much more radical changes to the organization.

(A) elected

(B) was elected

(C) have been elected

(D) had elected

Chapter 14

02 가정법 현재와 미래 / 혼합 가정법

기출 유형

Q If I ------- up all night last night, I would not be able to concentrate on this work now.

(A) stays
(B) stayed
(C) have stayed
(D) had stayed

Q 내가 어제 밤에 밤을 샜더라면, 지금 이 일에 집중할 수 없을 것이다.

(A) 유지한다
(B) 유지했다
(C) 유지했다
(D) 유지했었다

정답 (D)

 혼합 가정법 문제가 출제되는 경우, 혼합 가정법이 사용되어야 한다는 것을 알 수 있는 단서는 '시점'을 의미하는 단어이다. 이 문제의 경우 if절에는 'last night', 주절에는 'now'가 사용되어 두 절의 시제가 일치하지 않는다는 것을 알 수 있다. 종속절의 시제가 주절보다 앞서기 때문에, 정답은 과거완료형인 had stayed이다.

1 가정법 현재 (단순 조건문): 만일 ~라면 ~할 것이다

가정법 현재(단순 조건문)는 if절에 동사의 현재형을 쓰고, 주절에는 will/can/may등의 조동사를 쓴다. 이는 '만약 ~하면, …할 것이다'라는 뜻으로 주로 실현 가능성이 있는 경우를 의미한다.

If 절	주절
If + 주어 + 현재 동사	주어 + will/can/may + 동사원형

If it **rains** tomorrow, the company retreat **will** be postponed.
만일 내일 비가 온다면, 회사 야유회는 연기될 것이다.

2 가정법 미래: 혹시라도 ~하면, ~하세요

If 절	주절
If + 주어 + should + 동사 ~	주어 + will/can/may + 동사원형, 혹은 명령문

If you **should encounter** any problems with this product, **feel** free to contact one of our sales representatives. 혹시라도 제품과 관련해 문제가 있으시다면, 우리 영업사원에게 연락해 주세요.

3 혼합 가정법: ~했었더라면, ~할 텐데

혼합 가정법은 가정법 과거완료와 가정법 과거가 혼합된 형태의 가정법이다. 따라서 if절에는 과거완료를 쓰고, 주절에는 'would + 동사원형'을 쓴다.

If 절	주절
If + 주어 + 과거완료	주어 + would/could/might + 동사원형

If they **had put** more effort into creating a package design, the book **would be** selling more now.
그들이 커버 디자인을 만드는데 더 많은 노력을 기울였더라면, 책이 지금 더 많이 팔릴 텐데.

문법 연습

A 주어진 우리말에 맞게 괄호안에 주어진 동사를 이용하여 문장을 완성 하세요.

1 당신이 그 프로젝트를 더 일찍 시작했더라면, 우리는 지금 쯤 그 일을 끝냈을 텐데.

If you _____ the project sooner, we _____ be finished with it by now. (start)

2 당신의 부상이 더 심해지면, 당신은 의사를 보러 가야 할 것이다.

If your injury _____, you will have to see a doctor. (get worse)

3 내가 어제 밤에 야간 근무를 했었더라면, 지금 매우 피곤할 텐데.

If I _____ on the night shift last night, I _____ tired now. (work / be)

4 혹시 지원 절차에 대한 추가 질문이 있으시면, 우리 웹사이트를 방문해 주세요.

If you _____ any further inquiries about the application process, please visit our Web site. (have)

5 만일 비행기가 지연된다면, 당신은 공항 근처에 있는 호텔 중 하나에 머물러야 할 것이다.

If the flight _____ delayed, you _____ have to stay at one of the hotels at the airport. (be delayed)

6 의사가 그 약의 위험성에 대해 경고 했더라면, 나는 지금 문제가 없을 텐데.

If the doctor _____ me of the danger of the medicine, I _____ any problems now. (warn / not have)

B 빈칸에 들어갈 가장 적절한 표현을 고르세요.

1 If management had informed the employees of the problem, we ------- better prepared for the crisis now.

(A) will be

(B) would be

(C) would have been

(D) have been

2 If you ------- your order before 2 P.M., your purchase will be delivered to your home the next day.

(A) place

(B) places

(C) placed

(D) had placed

3 If you ------- experience any difficulties accessing your account, please contact the customer service center.

(A) will

(B) should

(C) would

(D) might

4 If Mr. Chang ------- us with the design, we would not be ready to give a presentation now.

(A) has not helped

(B) does not help

(C) had not helped

(D) have not helped

03 가정법의 도치

기출 유형

Q Had she ------- the employee of the year, everybody at the company would have been very surprised.

(A) chosen

(B) was chosen

(C) been chosen

(D) be choosing

Q 그녀가 올해의 직원으로 선정되었더라면, 회사의 모든 사람들이 매우 놀랐을 텐데.

(A) 선정된

(B) 선정되었다

(C) 선정된

(D) 선정하는 중이다

정답 (C)

 출제 포인트! 가정법에서 if가 생략이 되면 동사와 주어의 위치가 도치된다. 위의 문장을 원래 'If she had been chosen the employee of the year ~' 인데, 여기에서 if가 생략되면서 had와 she의 위치가 바뀌었다. 따라서 빈칸에 알맞은 동사 형태는 been chosen이 된다.

1 가정법 과거의 도치

가정법 과거의 if절에서 if가 생략되면 주어와 동사의 위치가 바뀐다.

If I had a desire to be a manager, I would go back to school to get an MBA.

→ **Had I** a desire to be a manager, I would go back to school to get an MBA.
내가 매니저가 되고자 하는 바람이 있다면, MBA를 취득하기 위해 학교로 돌아갈 텐데.

2 가정법 과거완료의 도치

가정법 과거완료 문장의 if절에서 if가 생략되면 동사 had와 주어의 위치가 바뀐다.

If I had known that the company is losing so much money, I wouldn't have invested in its stock.

→ **Had I known** that the company is losing so much money, I wouldn't have invested in its stock.
회사가 그렇게 많은 금전적 손실을 보고 있는 것을 알았더라면, 나는 그 주식에 투자하지 않았을 텐데.

3 가정법 미래의 도치

가정법 미래 문장의 if절에서 if가 생략되면 주어와 동사의 위치가 도치되어 조동사 should가 문장의 맨 앞으로 나온다.

If you should have any further questions about the procedure, feel free ask me at any time.

→ **Should you have** any further questions about the procedure, feel free to ask me at any time.

문법 연습

A 주어진 우리말에 맞게 괄호 안의 동사를 이용하여 문장을 완성하고, if가 생략된 문장으로 다시 바꿔 쓰세요.

1 자동차가 고장이 나지 않았더라면, 우리가 거기에 시간에 맞게 도착했었을 텐데.

If the car _____, we _____ there right on time.
(break down / get)

(if 생략 문장) _____.

2 당신의 지속적인 도움이 없다면, 우리는 사업을 유지할 수 없을 것이다.

If it _____ not for your consistent support, we _____
maintain our business. (be / will be able to)

(if 생략 문장) _____.

3 만일 교통 혼잡 시간 동안 버스들이 덜 붐빈다면, 나는 회사에 운전해서 가지 않을 텐데.

If the buses _____ less crowded during rush hour, I _____
to work. (be / not drive)

(if 생략 문장) _____.

B 빈칸에 들어갈 가장 적절한 표현을 고르세요.

1 ------- the HR Department announced the training session sooner, more people would have participated in it.

(A) If
(B) Have
(C) Had
(D) Whether

2 ------- Ms. Sanderson not busy with other projects, she would be willing to help us.

(A) Were
(B) Had
(C) Had been
(D) If

3 ------- Mr. Cooper participated in the conference, he would have met a lot of professionals in his field.

(A) If
(B) Had
(C) Have
(D) Should

4 ------- you experience any difficulty accessing your bank account, you may want to reset your password.

(A) If
(B) Should
(C) Unless
(D) So long as

A 다음의 빈출 전치사 어구들을 암기하세요.

at all times 항상	in an effort to ~의 노력의 일환으로
at no extra charge 추가 비용 없이	in light of ~에 비춰보아
on schedule 일정에 맞게	in stock 재고가 있는
behind schedule 일정보다 늦춰진	out of stock 재고가 없는
ahead of schedule 일정보다 앞서	upon request 요청하면
in detail 자세히	as a token of ~의 표시로
in advance 미리	in the end 결국
in effect 유효한	in case of ~의 경우에
in accordance with ~에 따라	in the event of ~의 경우에
in terms of ~에 관하여	out of town 출장 중인
according to ~에 따라	out of order 고장 난
at the beginning of ~의 초에	on time 정시에
at the end of ~의 말에	just in time 제 때에
as a result of ~의 결과로	apart from ~와는 별도로
as opposed to ~와는 반대로	contrary to ~와는 반대로

B 우리 말에 맞게 알맞은 단어를 고르세요.

1 비용을 줄이는 노력의 일환으로 → in (an effort / an effect) to reduce costs

2 일정보다 늦게 → (ahead of / behind) schedule

3 이전 연구에 비추어 보아 → in (terms / light) of previous research

4 비상 상황의 경우 → (in case / in the end) of emergency

5 감사의 표시로 → (as a result of / as a token of) one's gratitude

6 그의 설명과는 반대로 → (contrast to / contrary to) his explanation

7 학기말에 → (at the end of / at the last of) the semester

8 영업 실적과 관련하여 → (in terms of / in accordance with) sales figures

9 몇 개의 실수를 제외하고는 → (apart from / according to) a few mistakes

10 발표의 초반부에 → (at the first / at the beginning) of the presentation

Part 5   빈칸에 들어갈 가장 적절한 표현을 고르세요.

1. If Maxim & Co. ------- in the company, it would not be having such serious financial problems now.

(A) does not invest

(B) has not invested

(C) had not invested

(D) was not invested

2. As ------- to their initial plan, they decided to build an additional cafeteria for those who have a hard time finding a place to eat.

(A) opposed

(B) result

(C) effect

(D) order

3. If Mr. Wood ------- more attention to his employees, such a large number of people would not be trying to leave his department.

(A) has paid

(B) had paid

(C) has been paying

(D) pays

4. Please note that the change in the policy will be ------- effect as of tomorrow morning.

(A) in

(B) from

(C) out of

(D) at

5. If you want to take maternity leave, you should officially submit a form -------.

(A) prior

(B) at least

(C) before

(D) in advance

6. We regret to inform you that the wireless printer you ordered is currently ------- stock.

(A) in

(B) out of

(C) from

(D) not

7. If the technical team ------- additional training last month, they would be much more familiar with the new system.

(A) receives

(B) received

(C) had received

(D) has received

8. ------- you have any further questions, please feel free to contact our customer service center.

(A) Unless

(B) Should

(C) As long as

(D) As well

9. Thanks to the help of a forwarder, the shipment is expected to arrive in the country ------- schedule.

(A) ahead of
(B) in advance
(C) prior to
(D) after

10. If the printer ------- properly, you should read the manual provided before you call a repairman.

(A) do not work
(B) does not work
(C) did not work
(D) had not work

11. ------- you need extra stationery while studying here, do not hesitate to ask our secretary for more.

(A) If
(B) What
(C) Should
(D) Had

12. During this promotion period, you can check out late ------- no extra charge.

(A) for
(B) in
(C) at
(D) from

13. We are trying to incorporate more recreational activities ------- to improve employee morale.

(A) in an effort
(B) out of order
(C) in terms
(D) with regard

14. ------- you want to find more detailed information about the area, please refer to the booklet placed on the table.

(A) Whether
(B) If
(C) That
(D) What

15. An original copy of your transcript will be made available ------- request.

(A) from
(B) in
(C) upon
(D) according to

16. If you ------- an express delivery service, the product you requested would be here now.

(A) used
(B) had used
(C) have used
(D) would use

Part 6 지문을 읽고 각각의 빈칸에 들어갈 가장 적절한 표현을 고르세요.

Questions 17-20 refer to the following information.

The Food for All Foundation has announced that it will be ------- a new homeless shelter in North
17.
Stonebrook. The shelter will include a fully operational soup kitchen and will provide sleeping
space for 120 people. There are also plans to ------- a job counseling service to help individuals
18.
looking for work. Construction on the new facility will begin this March. -------. This construction
19.
was made possible due to a substantial donation from an anonymous donor. If this donation
------- made, we would not be starting this project.
20.

17. (A) open

(B) opened

(C) opening

(D) to open

18. (A) implement

(B) apply

(C) enclose

(D) relinquish

19. (A) The foundation is currently looking for
volunteers to begin working.

(B) It is expected to be completed by the
end of September.

(C) More space will be available during the
winter months.

(D) There is currently no money in the
budget for a soup kitchen.

20. (A) be not

(B) has not been

(C) had not been

(D) would not be

지문을 읽고 정답을 고르세요.

Questions 21-25 refer to the following announcement, survey, and e-mail.

SEEKING: FOCUS GROUP PARTICIPANTS

Max Fame Marketing Firm is looking for participants for an upcoming focus group about a new smartphone that will be released at the end of this year. You will have the chance to use the new model X3 smartphone by Geno-Tech Phones. During the focus group session, you will be asked to discuss your opinion about it in a small group. Afterward, you will be asked to complete a survey about the product. For your time, you will receive a $75.00 gift certificate or a 25%-off coupon you can use to buy the X3.

> **Date:**   March 12, 12:00 -1:30 P.M.
> **Location:** The Marimax Complex, Room 112

If interested, please contact Cynthia Jones at (417) 445-4444 or cynthia@maxfame.com.

Thank you for participating in our focus group. Please fill out the following survey and return it to the front desk when you leave.

Name: _Jeremy Lathrom_   **Age:** _28_
Contact: _jerlat@jmail.com / (417) 883-3333_

How was your experience with the product today?

	Excellent	Average	Below Average	Poor
Design			✓	
Speed	✓			
Ease of Use		✓		

Would you consider buying the product?   ☑ YES / ☐ NO

Please share any comments or suggestions below:

I really enjoyed using the X3. The phone was really fast, and it was pretty easy to learn how to use. However, I think the volume button is in a bad position. It's difficult to press it when holding the phone with one hand. Otherwise, I think this is an excellent product.

What gift would you like to receive?   ☑ Gift Certificate / ☐ Coupon

To:	cynthia@maxfame.com
From:	jerlat@jmail.com
Subject:	Focus Group Gift Certificate

Dear Ms. Jones,

When I recently participated in a focus group with Max Fame, I was told that there would be some kind of compensation for it. It has already been more than 6 weeks since I participated in the project, but I have not yet received anything yet. Could you please check on this for me? Let me know if you need any information to verify my participation in the focus group session. Thank you.

Best regards,

Jeremy Lathrom

21. What kind of product is being tested in the focus group?

(A) An online service

(B) A cell phone

(C) A computer

(D) A Web site

22. What is NOT indicated about the focus group session?

(A) Participants can try using the product.

(B) The participants will talk about the product with each other.

(C) Each participant will help redesign the product.

(D) The participants will receive compensation for their time.

23. What did Mr. Lathrom mention about the phone?

(A) It was too expensive.

(B) The volume button was not easy to use.

(C) It weighs more than he expected.

(D) It felt slow when using it.

24. In the e-mail, the word "compensation" in line 2 is closest in meaning to

(A) reward

(B) deposit

(C) pension

(D) subscription

25. When was the e-mail most likely sent to Ms. Jones?

(A) At the beginning of March

(B) At the end of March

(C) At the beginning of April

(D) At the end of April

Half Test

READING TEST

In the Reading test, you will read a variety of texts and answer several different types of reading comprehension questions. The entire Reading test will last 35 minutes. There are three parts, and directions are given for each part. You are encouraged to answer as many questions as possible within the time allowed.

You must mark your answers on the separate answer sheet. Do not write your answers in your test book.

PART 5

Directions: A word or phrase is missing in each of the sentences below. Four answer choices are given below each sentence. Select the best answer to complete the sentence. Then mark the letter (A), (B), (C), or (D) on your answer sheet.

1. The Manhattan Community Center will be closed for renovations ------- on Wednesday, January 11.

   (A) begin
   (B) will begin
   (C) beginning
   (D) has begun

2. The city government encourages employees ------- public transportation when they come to work.

   (A) use
   (B) using
   (C) to use
   (D) are using

3. Although the new K510 projector is ------- to other old models, its price is only half as much.

   (A) likely
   (B) similar
   (C) significant
   (D) reflected

4. When signing up for a new identification badge, employees need to present ------- of employment to the Personnel Department.

   (A) access
   (B) basis
   (C) proof
   (D) label

5. This Monday, all sales clerks may leave one hour before closing ------- their manager asks them to stay in the store.

   (A) unless
   (B) either
   (C) nor
   (D) because

6. Doctors and nurses at Bobby Hospital receive overtime pay when ------- work the night shift.

   (A) their
   (B) they
   (C) theirs
   (D) them

7. The ------- of a new marketing director at Malcom Electronics will be announced on December 1.

   (A) appoint
   (B) appoints
   (C) appointed
   (D) appointment

8. Good leaders try ------- communication among team members whenever possible.

   (A) enhance
   (B) to enhance
   (C) are enhancing
   (D) enhanced

9. Hill Hotel employees must contact their supervisors as early as possible ------- they have to be absent from work.

   (A) if
   (B) soon
   (C) though
   (D) while

10. Ms. Jackson has been ------- recommended by all of her references.

    (A) high
    (B) higher
    (C) highest
    (D) highly

11. To fill a vacant position on the assessment committee, Nico Academy is seeking employees ------- are experienced in the field of education.

    (A) which
    (B) who
    (C) what
    (D) how

12. Mr. Lin wants to know when the articles will be ready for ------- to proofread.

    (A) hers
    (B) she
    (C) her
    (D) herself

13. ------- being the critics' favorite film at the Zack Film Festival, *Strange Tuesday* did not win an award.

    (A) Because
    (B) Despite
    (C) Nevertheless
    (D) For

14. The manufacturer advises that the fine filter ------- at least once every 10 uses of the dryer for best results.

    (A) be cleaned
    (B) cleans
    (C) is cleaned
    (D) cleaning

15. The new location of the Wellington Bank is ------- accessible by road or rail.

    (A) easily
    (B) cordially
    (C) promptly
    (D) actively

GO ON TO THE NEXT PAGE ▶

PART 6

Directions: Read the texts that follow. A word, phrase, or sentence is missing in parts of each text. Four answer choices for each question are given below the text. Select the best answer to complete the text. Then mark the letter (A), (B), (C), or (D) on your answer sheet.

Questions 16-19 refer to the following notice.

Annual Bonus Leave

The company has decided to institute a new policy ------- employee leave. We will now be
          16.
rewarding employees for ------- performance. One worker from each department will be chosen
          17.
based upon the results of the company's employee evaluations. Those individuals will be given an
extra three days of paid vacation. -------. Management will select the winners at a meeting on the
          18.
21st. The names of those individuals ------- at the company's year-end party on December 28.
          19.

---

16. (A) regarding
    (B) in spite of
    (C) even
    (D) depending on

17. (A) specific
    (B) convenient
    (C) relevant
    (D) outstanding

18. (A) Please sign up for your leave this week.
    (B) We are pleased to announce the final list.
    (C) It must be taken before the end of the
          next calendar year
    (D) An incentive system will be introduced.

19. (A) has announced
    (B) has been announced
    (C) will announce
    (D) will be announced

To: Katherinefm@finefurniture.co.uk
From: Helenjs@finefurniture.co.uk
Re: Excellent performance
Date: June 7

Dear Katherine,

The executives and I were happy to hear that you won the Good Design Award, which is one of the most renowned design awards in the world. We all agree that your contributions to Fine Furniture have been -------. Therefore, we are pleased to give you a bonus in the amount of 3,000
20.
dollars. It will ------- with your next monthly paycheck on June 25. -------, we have decided to raise
21. **22.**
your salary by 15 percent, effective July 1. -------. Your Cozy Chair line has been the bestselling
23.
furniture item here for the past few years. We deeply appreciate your hard work and commitment to our company.

Sincerely,
Helen

20. (A) exceptional
(B) reasonable
(C) necessary
(D) affordable

21. (A) pay
(B) paying
(C) be paid
(D) have paid

22. (A) Nonetheless
(B) In addition
(C) In other words
(D) For instance

23. (A) This reflects your excellent performance.
(B) The company will hire more people.
(C) You will be transferred to headquarters.
(D) A pay raise will be given to all the staff members.

GO ON TO THE NEXT PAGE ▶

Half Test

PART 7

Directions: In this part you will read a selection of texts, such as magazine and newspaper articles, e-mails, and instant messages. Each text or set of texts is followed by several questions. Select the best answer for each question and mark the letter (A), (B), (C), or (D) on your answer sheet.

Questions 24-25 refer to the following text message chain.

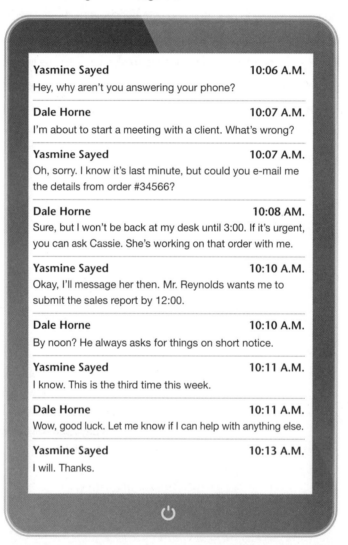

Yasmine Sayed	10:06 A.M.

Hey, why aren't you answering your phone?

Dale Horne	10:07 A.M.

I'm about to start a meeting with a client. What's wrong?

Yasmine Sayed	10:07 A.M.

Oh, sorry. I know it's last minute, but could you e-mail me the details from order #34566?

Dale Horne	10:08 AM.

Sure, but I won't be back at my desk until 3:00. If it's urgent, you can ask Cassie. She's working on that order with me.

Yasmine Sayed	10:10 A.M.

Okay, I'll message her then. Mr. Reynolds wants me to submit the sales report by 12:00.

Dale Horne	10:10 A.M.

By noon? He always asks for things on short notice.

Yasmine Sayed	10:11 A.M.

I know. This is the third time this week.

Dale Horne	10:11 A.M.

Wow, good luck. Let me know if I can help with anything else.

Yasmine Sayed	10:13 A.M.

I will. Thanks.

24. Why did Ms. Sayed write to Mr. Horne?

(A) To ask about a client's order
(B) To arrange a meeting with a client
(C) To find out more about Mr. Reynolds
(D) To find out when Mr. Horne will be back in the office

25. At 10:10 A.M., what does Ms. Sayed imply when she writes, "I'll message her then"?

(A) She will provide Cassie with the details.
(B) She will contact a client.
(C) She will ask Cassie to send some data.
(D) She will request an extension of time.

MEMO

To: All office employees
From: Gail Meyers
Re: New Database
Date: October 15

As you all should know, our new digital database will be introduced this week. Starting on Thursday, all sales reports must be submitted through this new digital system. — [1] —. Just like before, the reports should always include a client ID number, the total sales numbers, and your employee ID number. Hopefully, this new system will make it easier to track our numbers more effectively and produce better results. — [2] —.

Before you can access the new database, you have to apply for a login ID and password from the IT Department. — [3] —. You can do so by submitting a request when you first open the database program. However, it takes 24 hours to process a request, so make sure you apply by Wednesday morning at the latest. If you don't have your ID and password ready by Thursday, you may find yourself behind on work. Just in case, we will accept paper sales reports until the following Monday. — [4] —. Thank you all for your cooperation and effort.

26. What is the purpose of this memo?

(A) To request feedback on a new policy
(B) To announce the quarterly sales reports
(C) To inform the staff of a new department
(D) To alert employees of a change in procedure

27. What are the employees advised to do?

(A) Submit all sales reports by Thursday
(B) Apply for login information by Wednesday
(C) Make paper copies of all their sales reports
(D) Contact the IT Department with any questions

28. In which of the positions marked [1], [2], [3], and [4] does the following sentence best belong?

"However, they will have to be digitized later."

(A) [1]
(B) [2]
(C) [3]
(D) [4]

GO ON TO THE NEXT PAGE

Questions 29-31 refer to the following job advertisement.

Rebound Entertainment is looking for an experienced and driven individual to join our HR team. Our company specializes in localizing mobile games in countries all around the world, with branches in London, Paris, New York, Seoul, Tokyo, and Bangkok. Our HR Department manages employee policies that cross international borders. As part of our team, you'll have the chance to work with people from all around the world and help make connections between them all.

Your duties will focus on supporting our teams on the ground. You will provide advice to managers and supervisors on how to handle issues in the workplace and help with cross-cultural training. You will have to become very familiar with and knowledgeable about our company and its policies. Training will be provided if you are hired. Applicants should have 3-5 years of HR experience, preferably including international experience. Preference will be given to those who can speak additional languages.

We offer a better salary than our competitors, full benefits (including medical and dental), and a relocation bonus if you don't currently live in the New York area. We recommend checking out our Web site at www.reboundent.com for more detailed information about our company before applying.

29. Where most likely is the job position located?

(A) London
(B) New York
(C) Bangkok
(D) Seoul

30. What is NOT mentioned in the advertisement?

(A) Applicants should have 3 to 5 years of HR experience.
(B) Potential employees will receive training.
(C) The company provides a high salary.
(D) Applicants must speak a foreign language.

31. According to the advertisement, why should applicants visit a Web site?

(A) To ask questions about a position
(B) To submit an application
(C) To learn more about a company
(D) To schedule an appointment

Questions 32-35 refer to the following online chat discussion.

Ari LeBron [2:00 P.M.]	I'm pleased to share the news that KTD has decided to purchase our accounting software.
Ekka Taylor [2:00 P.M.]	Fantastic news.
Ari LeBron [2:01 P.M.]	Indeed. Victor, have you mailed the contract yet? It needs to be sent by 3 P.M. because the post office closes early on Fridays.
Victor Gotak [2:01 P.M.]	No, not yet. I can make it to the post office in 30 minutes. I hope the traffic is not so bad.
Ari LeBron [2:02 P.M.]	Okay. You can charge it to the company account for Grackle, Inc. Accounting. Ella, are you in charge of training the KTD staff members on how to use the software?
Ella Taylor [2:02 P.M.]	Yes, I am. It's already scheduled for Tuesday, May 5.
Ari LeBron [2:02 P.M.]	How many of them are attending the training session?
Ella Taylor [2:03 P.M.]	They said twelve of them are coming.
Ari LeBron [2:04 P.M.]	Really? That's more than I expected. Oh, well. That shouldn't be a problem. We can book the biggest room for the session then.
Ella Taylor [2:05 P.M.]	That's right. Victor, can you book room 304 for the training session? I will need it for 3 hours from 2:00 P.M.
Victor Gotak [2:05 P.M.]	Consider it done.
Ella Taylor [2:06 P.M.]	Thanks.

Send

32. What is the online chat discussion mainly about?

(A) Some new accounting software
(B) An online event
(C) Hiring new staff members
(D) Training new employees

33. What is Ms. Taylor responsible for?

(A) Taking care of the facilities
(B) Writing a contract
(C) Scheduling a business trip
(D) Teaching a training course

34. At 2:05 P.M., what does Mr. Gotak most likely mean when he writes, "Consider it done"?

(A) He will book a meeting room.
(B) He will go to the post office as soon as possible.
(C) He has already modified a contract.
(D) He has already checked the availability of a room.

35. What time does the contract need to be mailed?

(A) By 1:00 P.M.
(B) By 2:00 P.M.
(C) By 3:00 P.M.
(D) By 4:00 P.M.

GO ON TO THE NEXT PAGE ▶

Questions 36-40 refer to the following Web page and review.

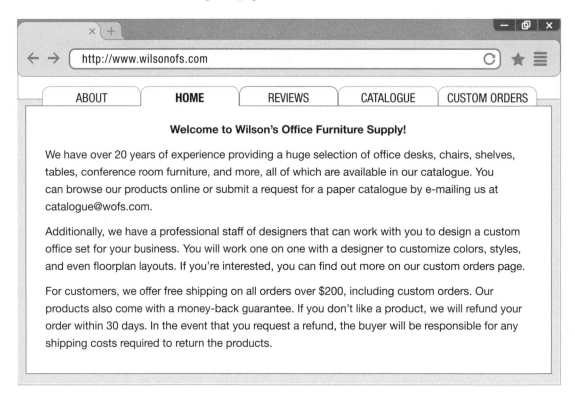

http://www.wilsonofs.com

| ABOUT | **HOME** | REVIEWS | CATALOGUE | CUSTOM ORDERS |

Welcome to Wilson's Office Furniture Supply!

We have over 20 years of experience providing a huge selection of office desks, chairs, shelves, tables, conference room furniture, and more, all of which are available in our catalogue. You can browse our products online or submit a request for a paper catalogue by e-mailing us at catalogue@wofs.com.

Additionally, we have a professional staff of designers that can work with you to design a custom office set for your business. You will work one on one with a designer to customize colors, styles, and even floorplan layouts. If you're interested, you can find out more on our custom orders page.

For customers, we offer free shipping on all orders over $200, including custom orders. Our products also come with a money-back guarantee. If you don't like a product, we will refund your order within 30 days. In the event that you request a refund, the buyer will be responsible for any shipping costs required to return the products.

http://www.wilsonofs.com

| ABOUT | HOME | **REVIEWS** | CATALOGUE | CUSTOM ORDERS |

★★★★★

I cannot possibly recommend Wilson's Office Furniture Supply more! I recently put in a large order to set up my new office location, and Wilson's was just perfect. Its online catalogue is easy to use, and its selection of products has something for everyone. It even has desks that are specifically designed for dentist's exam rooms, which is something I was having trouble finding. The free shipping was especially amazing. I'm planning to use its custom-ordering services when I open my new office next year. – Irene Lockland

36. According to the Web page, what is true about the refund policy?

(A) No refunds will be issued for completed orders.

(B) Customers have to cover the return shipping.

(C) Products purchased within the last year can be refunded.

(D) Only products worth more than $200 qualify for a refund.

37. According to the Web page, why should customers e-mail the company?

(A) To place an order

(B) To ask questions

(C) To check on stock

(D) To order a catalogue

38. What special service is offered on custom orders?

(A) Customers can work with a designer.

(B) Customized furniture can be refundable.

(C) Deposits are not required.

(D) Customers receive a free gift with their order.

39. Where most likely does Ms. Lockland work?

(A) At an IT company

(B) At a print office

(C) At a dental office

(D) At a university

40. What is indicated about Ms. Lockland in her review?

(A) She spent more than $200.

(B) She worked one on one with a designer.

(C) Her business recently closed down.

(D) She made a custom order.

GO ON TO THE NEXT PAGE

Half Test

Questions 41-45 refer to the following Web site, text message, and e-mail.

http://www.fountainfilmfestival.com

The Fountain Film Festival
JAN 14-18

DATE	VENUE	FILM TITLE	DESCRIPTION
JAN 14	Fox Theater	*Moonrise*	A story of an indigenous family that is trying to balance family traditions with a modern world
JAN 15	Fox Theater	*Pythagoras and Me*	A documentary about an inner-city high school math team that works its way to the national finals
JAN 16	Willingham	*Deskboys*	An award-winning animated short that follows the life of an architect and his magical pencil
JAN 17	Olivia Theater	*El Paseo*	A coming-of-age film set in rural Mexico. This film will make you burst into laughter.
JAN 18	West Theater	*The Strange Man*	A rare horror movie that earned an American Best Movie nomination. It has lots of twists and turns.

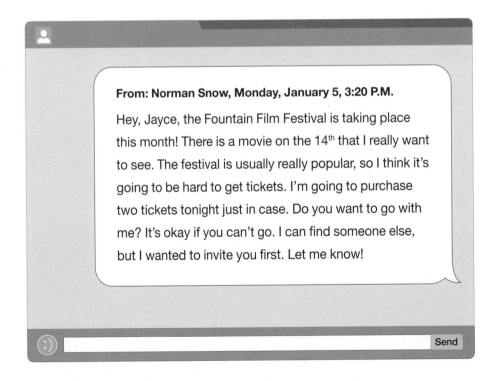

From: Norman Snow, Monday, January 5, 3:20 P.M.

Hey, Jayce, the Fountain Film Festival is taking place this month! There is a movie on the 14th that I really want to see. The festival is usually really popular, so I think it's going to be hard to get tickets. I'm going to purchase two tickets tonight just in case. Do you want to go with me? It's okay if you can't go. I can find someone else, but I wanted to invite you first. Let me know!

Send

To:	n.snow@pontra.com
From:	fontainfilm@fontainfims.com
Date:	January 10
Subject:	Fountain Film Festival Ticketing

Dear Mr. Snow,

Thank you for purchasing tickets to the January 14 showing of *Moonrise*. Regretfully, I have to inform you that this showing has been rescheduled due to an issue at the Fox Theater. The new date for this film is January 18. It will be shown right after the scheduled film on that day.

If you would like to receive tickets for this showing, please reply to this e-mail, and I will have them sent to you. If you would like to purchase tickets for a different film, I can also help you with that process. In either case, we would like to offer you the tickets at 20% off of the standard price as our way of apologizing for this inconvenience. Thank you for understanding, and we look forward to hearing from you.

Valencia Ortega

Fountain Film Festival Ticketing

41. What genre of the movie is Mr. Snow is interested in watching?

(A) Animation
(B) Comedy
(C) Documentary
(D) Drama

42. In the text message, the phrase "taking place" in line 1 is closest in meaning to

(A) selling out
(B) changing
(C) happening
(D) participating

43. What is indicated in the e-mail from Ms. Ortega?

(A) No more tickets are available.
(B) The film festival will host a special guest.
(C) There is a problem with a theater.
(D) A customer's purchase has been confirmed.

44. According to the e-mail, what movie will be showing before *Moonrise*?

(A) *Pythagoras and Me*
(B) *Deskboys*
(C) *El Paseo*
(D) *The Strange Man*

45. What will Mr. Snow receive from the film festival?

(A) A discount
(B) Free tickets
(C) A souvenir
(D) A guidebook

GO ON TO THE NEXT PAGE

CREDIT CARD STATEMENT

NAME: Peter Ward
ACCOUNT NUMBER: xxx xxxx xxxx 1123
PERIOD: April 2 – May 1

DATE	VENDOR	AMOUNT
April 6	Meyer's Digital Goods	$65.09
April 7	Giuseppe's Fine Bistro	$88.90
April 13	Benchmark Café	$8.20
April 20	Martin's Apparel	$50.10
April 20	Bags and More	$41.99
May 1	Daniels Office Supplies	$124.95

E-Mail Message

TO: customerservice@martinsapparel.com
FROM: peterward@thenet.com
DATE: May 4
SUBJECT: Problem with credit card charge

Dear Sir or Madam,

I am writing to address an issue with a purchase I made recently on your Web site. I bought a single pair of jeans that were on sale, but it seems that I was charged twice for them. I didn't notice until I checked my credit card statement and saw that the total charge is exactly twice the price of a single pair of jeans. I'm hoping you can review the order and refund me the value of one pair of jeans.

Sincerely,

Peter Ward

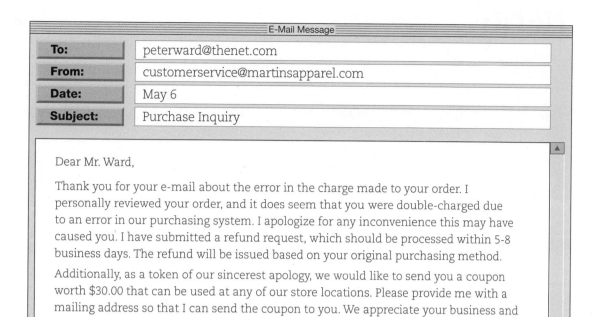

E-Mail Message

To:	peterward@thenet.com
From:	customerservice@martinsapparel.com
Date:	May 6
Subject:	Purchase Inquiry

Dear Mr. Ward,

Thank you for your e-mail about the error in the charge made to your order. I personally reviewed your order, and it does seem that you were double-charged due to an error in our purchasing system. I apologize for any inconvenience this may have caused you. I have submitted a refund request, which should be processed within 5-8 business days. The refund will be issued based on your original purchasing method.

Additionally, as a token of our sincerest apology, we would like to send you a coupon worth $30.00 that can be used at any of our store locations. Please provide me with a mailing address so that I can send the coupon to you. We appreciate your business and look forward to serving you again soon.

Best Regards,
Hailey Lombilla
Martin's Apparel Customer Service

46. Where did Mr. Ward make his largest purchase in April?

(A) At a clothing store
(B) At an office supply store
(C) At a restaurant
(D) At an electronics store

47. When did Mr. Ward make the purchase he wants a refund on?

(A) On April 7
(B) On April 13
(C) On April 20
(D) On May 1

48. In the first e-mail, the word "address" in line 1 is closest in meaning to

(A) deal with
(B) advise
(C) consider
(D) request

49. What information does Ms. Lombilla request from Mr. Ward?

(A) How much he spent on a purchase
(B) Where to send a refund of a purchase
(C) Where he would like to receive a coupon
(D) Which form of payment he used

50. How will Mr. Ward most likely receive his refund?

(A) In cash
(B) To his credit card
(C) In the form of a coupon
(D) By check

Stop! This is the end of the test. If you finish before time is called, you may go back to Parts 5, 6, and 7 and check your work.

MEMO

MEMO

레벨업이 필요할 땐

토익 부스터

박혜영 · 전지원 · Joseph Bazil Manietta 공저

정답 및 해설

RC

- RC의 모든 유형을 단숨에 정리!
- 핵심만 공략하는 포인트!
- 꼭 알아야 할 빈출 어휘!
- 실력 점검을 위한 Half Test 1회분!

다락원

레벨업이 필요할 땐

토익 부스터 RC

정답 및 해설

다락원

01 단순 시제

p.010

문법 연습

A

정답
1 receive
2 will give
3 will research
4 worked
5 leaves / gets

B

정답
1 (B) 2 (C) 3 (C) 4 (C)

해석
1
Stratford 관광 센터는 하루에 두 번 Swan 운하를 따라서 여객선 운행을 제공한다.
(A) offer
(B) offers
(C) offering
(D) have offered

해설 'twice a day'를 통해 반복적인 상황을 의미한다는 것을 알 수 있다. 이와 같이 반복적인 상황은 현재 시제로 표현해야 하므로 (B)가 정답이다.

어휘 ferry 여객선 ride 타기 canal 운하, 수로

2
FM 산업은 지난주에 새로 임명된 판매 부장을 직원들에게 소개하기 위한 환영회를 열었다.
(A) hold
(B) holds
(C) held
(D) has hold

해설 지난주(last week)는 과거 시제와 어울리는 시간 표현이므로 동사의 과거형인 (C)의 held가 정답이다.

어휘 reception 환영회 appointed 임명된

3
Venus Clothing 사는 3월 1일부터 금융 서비스 제공 업체를 교체할 것이다.
(A) change
(B) changing
(C) will change
(D) had changed

해설 3월 1일부터(as of March 1)가 미래 시점이라면 will change가, 과거 시점이라면 changed가 정답이 된다. 보기에 과거 시제 동사가 없

으므로 정답은 (C)의 will change이다.

어휘 financial 금융의 provider 제공 업체 as of ~일자로

4
Brock's Dining은 다가오는 여름에 이탈리아 요리를 개발할 수석 주방장을 찾고 있는 중이다.
(A) is looked
(B) looking
(C) is looking
(D) are looked

해설 반복되는 일은 현재 시제를 쓰고 현재 진행 중일 일은 현재진행 시제를 쓴다. 현재 주방장을 찾고 있다는 내용이므로 (C)의 is looking 이 정답이 된다.

어휘 head chef 수석 주방장 develop 개발하다 cuisine 요리

02 완료 시제

p.012

문법 연습

A

정답
1 has never visited
2 has won
3 have not met
4 had already left
5 will have completed

B

정답
1 (D) 2 (C) 3 (A) 4 (D)

해석
1
Eisner 씨의 주식 투자는 지난 2년간 꽤 수익성이 좋았다.
(A) are
(B) will be
(C) to be
(D) have been

해설 과거부터 현재까지(over the past two years) '기간'을 의미하고 있으므로 현재완료 시제를 써야 한다. 따라서 (D)의 have been이 정답이 된다.

어휘 investment 투자 lucrative 수익성이 좋은

2
Gates 씨가 컨퍼런스에 도착했을 때 Woo 씨는 이미 발표를 끝낸 상태였다.
(A) will already finish
(B) have already finished
(C) had already finished
(D) have already been finished

해설 Gates 씨가 도착하기 이전에 프레젠테이션이 완료되었기 때문

에 과거완료 시제를 써야 한다. 따라서 (C)의 had already finished가 정답이 된다.

어휘 get to ~에 도착하다

3
Carter 씨는 지난 20년간 Gray 국립 대학 병원에서 근무했고 다가오는 금요일에 은퇴할 것이다.
(A) has served
(B) had served
(C) will have served
(D) serves

해설 'for the last twenty years'은 기간을 의미하므로 현재완료 시제를 정답으로 골라야 한다. 따라서 (A)의 has served가 정답이 된다.

4
일을 그만두었기 때문에, 그는 해외 유학 프로그램에 등록할 수 있었다.
(A) to quit
(B) quits
(C) quitting
(D) had quit

해설 '유학 프로그램 등록'보다 '일을 그만둔 것'이 먼저 일어난 일이기 때문에 과거완료 시제를 정답으로 골라야 한다. 따라서 (D)의 had quit이 정답이 된다.

어휘 sign up for ~에 등록하다

03 시제 일치의 예외
p.014

문법 연습
A
정답
1 comes
2 keep
3 refine
4 permits
5 wear

B
정답
1 (A)   2 (B)   3 (B)   4 (B)

해석
1
Bob 섬유 회사는 우리가 금요일까지 우리의 주문량을 확인해 주어야 한다고 요청했다.
(A) confirm
(B) confirming
(C) confirmed
(D) will confirm

해설 주절의 동사가 request일 경우 that절의 동사 앞에는 should가 생략되어 있다. 따라서 동사원형인 (A)의 confirm이 정답이다.

어휘 request 요청하다   quantity 수량

2
수리가 완료되면, Wong 사의 상하이 사무실은 회사 건물로 다시 돌아올 것이다.
(A) will be completed
(B) are completed
(C) complete
(D) completing

해설 시간이나 조건의 부사절에서는 현재 시제가 미래 시제를 대신한다. 수리는 완료되는 것이므로 현재 시제 수동형인 (B)의 are completed가 정답이다.

어휘 renovation 수리   return 돌아오다

3
모든 건설 현장 인부들이 항상 안전 장비를 착용하는 것은 필수적이다.
(A) wore
(B) wear
(C) wears
(D) are worn

해설 의무를 뜻하는 형용사 vital이 주절에 있을 경우 that절의 동사 앞에는 should가 생략되어 있다. 따라서 동사원형인 (B)의 wear가 정답이 된다.

어휘 vital 필수적인   construction 건설   safety gear 안전 장비   at all times 항상

4
Yamamoto 씨가 회의가 끝나는 즉시 떠난다면, 그는 뉴욕에서 열리는 컨퍼런스에 늦지 않게 도착할 것이다.
(A) leaving
(B) leaves
(C) to leave
(D) will leave

해설 조건절에서는 현재 시제가 미래 시제를 대신하므로 (B)의 leaves가 정답이 된다.

어휘 immediately 즉시   in time for ~에 맞춰, 늦지 않게

토익 실전 어휘 | 동사 I
p.016

정답
1 implement
2 reserve
3 extend
4 promote
5 renew
6 attend
7 disrupt
8 increase
9 retain
10 announce

3

정답

1 (A)	2 (D)	3 (A)	4 (B)	5 (B)
6 (B)	7 (B)	8 (A)	9 (B)	10 (B)
11 (D)	12 (D)	13 (B)	14 (D)	15 (A)
16 (C)	17 (B)	18 (B)	19 (D)	20 (A)
21 (C)	22 (A)			

Part 5

1

시의회가 공원에서 축제를 개최하도록 허가한다면, Kim 씨는 즉시 그 행사를 계획하기 시작할 것이다.

(A) allows
(B) will allow
(C) allowing
(D) to allow

해설 주어 뒤에 있는 빈칸은 동사 자리이다. 조건의 부사절에서는 미래 시제가 현재 시제를 대신하므로 (A)의 allows가 정답이 된다.

어휘 city council 시의회   hold 개최하다   immediately 즉시

2

KP 은행의 신임 재무최고담당자인 Ellen Jones는 20년 넘게 영국 은행에서 금융 분야 업무를 해왔다.

(A) work
(B) working
(C) to work
(D) has worked

해설 'the new CFO at KP Bank'는 주어인 Ellen Jones를 수식하는 삽입구이며, 빈칸은 동사 자리이다. 'for more than 20 years'가 기간을 나타내므로 현재완료 시제인 (D)가 정답이 된다.

어휘 finance 금융

3

기술 지원팀은 규칙적으로 비밀번호를 교체하도록 모든 직원에게 요청했다.

(A) change
(B) changes
(C) is changing
(D) are changing

해설 동사 request 뒤에 오는 that절에는 조동사 should가 생략되어 있으므로, that절의 동사는 동사원형이 되어야 한다. 따라서 (A)의 change가 정답이다.

어휘 request 요청하다   on a regular basis 규칙적으로

4

최근에, Tom 건설사는 텍사스에 거대한 공장을 짓기 위하여 1,000명이 넘는 공사 인력을 고용했다.

(A) hires
(B) has hired

(C) will have hired
(D) had hired

해설 부사 recently는 현재완료나 과거 시제와 함께 사용된다. 따라서 (B)의 has hired가 정답이 된다.

어휘 recently 최근에   massive 거대한   hire 고용하다

5

Claire Myers는 호주 시드니에서 자전거 공유 회사를 운영한다.

(A) run
(B) runs
(C) to run
(D) running

해설 일반적인 사실을 나타낼 때에는 현재 시제를 사용하므로 (B)의 runs 가 정답이 된다.

어휘 bike-sharing company 자전거 공유 회사   run 운영하다

6

Pica 테크놀로지는 지난달에 새로운 확장 계획의 첫 단계를 성공적으로 끝마쳤다.

(A) completes
(B) completed
(C) will complete
(D) has completed

해설 'last month'는 과거의 특정 시점을 의미하므로 과거 시제와 어울리는 표현이다. 따라서 (B)의 completed가 정답이다.

어휘 successfully 성공적으로   expansion 확장   complete 완성하다

7

부사장은 재능 있는 관리자들을 유럽 지사로 전근 조치할 것을 제안했다.

(A) mentioned
(B) suggested
(C) thought
(D) considered

해설 that절의 동사가 원형이므로, 주절에는 주장, 제안, 요구 등의 동사가 있어야 한다. 보기 중에서는 suggested가 '제안'을 의미하므로 정답은 (B)이다.

어휘 vice president 부사장   talented 재능 있는   transfer 전근 조치하다   overseas branch 해외 지사

8

소포가 특급 우편으로 배송될 수 있도록 이름표를 붙여 주세요.

(A) affix
(B) drape
(C) transport
(D) launch

해설 이름표를 '붙이다'라는 의미가 되어야 자연스러우므로 '붙이다' 라는 뜻의 affix가 정답이 된다.

어휘 label 이름표, 상표   package 소포   by express mail

service 특급 우편으로　affix 붙이다　drape 걸치다　transport 수송하다　launch 출시하다

9

Blackwell 애니메이션 스튜디오는 1995년에 최초의 컴퓨터 애니메이션 장편 영화인 *Toy Fairy*를 제작했다.

(A) developing
(B) developed
(C) had developed
(D) has developed

해설 특정 시점을 의미하는 'in 1995'가 있으므로 과거 시제인 (B)의 developed가 정답이다.

어휘 feature film 장편 영화　develop 개발하다

10

새로운 광고 캠페인이 판매 향상을 가져온다면, 회사는 올해의 판매 목표를 달성할 것이다.

(A) is meeting
(B) will meet
(C) has met
(D) has been met

해설 조건절의 동사가 현재 시제일 경우 이는 미래를 의미하므로, 주절에는 미래 시제의 동사가 사용되어야 한다. 따라서 (B)의 will meet이 정답이 된다.

어휘 advertising 광고　result in ~의 결과를 낳다　increased 향상된

11

회사 연회 장소는 백 명 이상의 손님들을 수용할 수 있다.

(A) accomplish
(B) accumulate
(C) acknowledge
(D) accommodate

해설 의미상 가장 적절한 동사를 고르는 문제이다. 의미상 인원을 '수용하다'라는 뜻인 (D)의 accommodate가 빈칸에 오는 것이 가장 적절하다.

어휘 venue 장소　banquet 연회　accomplish 성취하다　accumulate 축적하다　acknowledge 인정하다　accommodate 수용하다

12

워크샵 참석자들이 회의실에 들어가기 전에, 그들은 방명록에 서명했다.

(A) will sign
(B) signing
(C) was signing
(D) had signed

해설 주절의 '방명록 서명'이 종속절의 '회의실 입장'보다 앞서 일어난 행동이다. 종속절의 시제가 '과거형'이므로, 주절에는 과거완료 시제가 사용되어야 한다. 따라서 (D)의 had signed가 정답이 된다.

어휘 participant 참석자　guestbook 방명록

13

두 국가의 지도자 사이의 정상 회담은 현재 싱가폴에서 진행되고 있다.

(A) progresses
(B) is progressing
(C) will progress
(D) has progressed

해설 'at the moment'는 현재 진행 중이라는 것을 의미하므로 현재 진행형인 (B)의 is progressing를 정답으로 골라야 한다.

어휘 summit 정상 회담　progress 진행하다

14

Valley Tech 사는 내년에 베트남과 인도네시아를 포함해서, 동남아시아에 추가 공장을 건설할 것이다.

(A) construct
(B) constructing
(C) has constructed
(D) will construct

해설 'next year'가 있으므로 빈칸에는 미래 시제가 와야 한다. 따라서 (D)의 will construct가 정답이다.

어휘 additional 추가의　Southeast Asia 동남아시아　construct 건설하다

15

경영진은 Freeman 씨를 서울 지역 관리자로 승진시키기로 결정했다.

(A) promote
(B) feature
(C) indicate
(D) observe

해설 'promote A to B'는 'A를 B로 승진시키다'라는 의미로, (A)의 promote가 빈칸에 오는 것이 가장 적절하다.

어휘 regional 지역의　promote 승진시키다　feature 특징을 이루다　indicate 가리키다　observe 관찰하다

16

모든 참석자들이 설문지를 자세하게 작성하는 것은 중요하다.

(A) respectful
(B) educational
(C) important
(D) useful

해설 that절의 동사가 원형인 complete이므로, 원형 동사를 취하는 형용사를 고르면 된다. (C)의 important가 정답이며, 이러한 형용사에는 important 이외에도 necessary, imperative, essential, vital 등이 있다.

어휘 participant 참석자　questionnaire 설문지　in detail 자세하게　respectful 존경심을 보이는　educational 교육적인　important 중요한　useful 유용한

Part 6

[17-20]

수신: m.suzuki@ymail.com
발신: grace_ortiz@toronto.gov
날짜: 1월 19일
제목: 주민 참여에 대한 시상식

Suzuki 씨께

귀하가 지역에 헌신한 것을 인정하여 토론토 시에서 귀하를 수상자로 선정했다는 사실을 알리게 되어 기쁩니다. 귀하의 공원 시스템 기부와 지역 사회 지도자로서의 역할은 우리 도시를 더 살기 좋은 곳으로 만들었습니다. 저희는 12월 6일 Montgomery 컨벤션 홀에서 열리는 시상식에 귀하를 초대하고자 합니다. 저희는 귀하와 다른 6명의 지역 시민들에게 상을 수여할 것입니다. 저녁을 포함하는 행사이기 때문에, 귀하의 참석 여부를 알려 주시기 바랍니다. 다시 한 번, 귀하의 수상을 축하합니다. **곧 답신해 주시기를 고대합니다.**

Grace Ortiz 드림
지역 지원 활동 책임자
토론토 시

어휘 awards ceremony 시상식 community involvement 주민 참여 inform 알려주다 in recognition of ~을 인정하여 contribution 기여 donation 기부 role 역할 present 주다 achievement 성취

17
(A) are made
(B) have made
(C) making
(D) be making

해설 빈칸은 동사 자리이다. 문장을 해석해보면 능동의 의미가 되어야 하므로 (B)의 have made가 정답이 된다. 빈칸 앞에 조동사가 없기 때문에 (D)는 정답이 될 수 없다.

18
(A) at
(B) on
(C) in
(D) to

해설 특정 날짜 앞에 쓰이는 전치사는 on이므로 (B)가 정답이 된다.

19
(A) include
(B) including
(C) included
(D) will include

해설 event가 주어이며 빈칸은 동사 자리이다. 저녁 식사(dinner)는 미래에 있을 예정이므로 미래 시제인 (D)의 will include가 정답이 된다.

20
(A) 곧 답신해 주시기를 고대합니다.
(B) 귀하의 경제적 기여에 대해 보답할 것입니다.

(C) 장소 근처에 어디든지 주차할 수 있습니다.
(D) 귀하가 유일한 수상자입니다.

해설 빈칸은 지문의 마지막에 있으므로 이메일을 마무리하는 내용의 문장이 가장 적합하다. 따라서 회신을 기대한다는 내용인 (A)가 정답이 된다.

Part 7

[21-22]

Jane Lee [2:33 P.M.]
안녕, Huong. 웹사이트의 고객 연락 페이지를 업데이트했나요? 몇몇 고객들이 그것에 대해 물어보는군요.

Huong Nguyen [2:33 P.M.]
아직 아니지만, 거의 준비되었어요. Riegal 씨로부터 더 많은 정보를 기다리는 중이에요. 모든 것이 잘 되면 오늘 내로 업데이트될 거예요.

Jane Lee [2:35 P.M.]
잘됐네요. 모든 것이 끝나면 저에게 알려 주시겠어요? 고객들에게 가능한 한 빨리 새로운 정보를 알려주고 싶어서요.

Huong Nguyen [2:36 P.M.]
물론이죠, 문제없어요. 당신에게 연락할 가장 좋은 방법은 무엇인가요?

Jane Lee [2:36 P.M.]
아마도 제가 오늘 오후에 여기에 있지 않을 것 같으니, 이메일을 보내주세요.

Huong Nguyen [2:39 P.M.]
알았어요, 끝나자마자 알려드릴게요.

어휘 client 고객 ASAP (as soon as possible) 가능한 한 빨리 contact 연락하다

21
Lee 씨는 왜 Nguyen 씨에게 연락을 하는가?
(A) 고객의 연락처 정보를 찾기 위해서
(B) Nguyen 씨의 이메일 주소를 얻기 위해서
(C) Nguyen 씨가 웹 페이지 업데이트를 끝마쳤는지 알아보기 위해서
(D) 고객들이 언제 새로운 연락처 정보를 받게 될 것인지 알아보기 위해서

해설 대화의 첫 부분에서 '웹페이지가 업데이트되었는지(Did you update the Customer Contacts page on the Web site yet?)' 묻고 있으므로 (C)가 정답이 된다.

22
오후 2시 39분에, Nguyen 씨가 "All right"이라고 쓸 때 그녀가 의미하는 것은 무엇인가?
(A) 그녀는 Lee 씨에게 이메일을 보낼 것이다.
(B) 그녀는 Riegal 씨에게 연락할 것이다.
(C) 그녀는 Lee 씨의 사무실에 방문할 것이다.
(D) 그녀는 마감 기한을 지킬 것이다.

해설 연락할 방법을 묻는 Nguyen 씨의 질문에 대해 Lee 씨는 이메일을 보내라고(you can send me an e-mail) 했다. Nguyen 씨는 이에 대해 'All right'이라고 답한 것이므로 (A)가 정답이다.

01 능동태와 수동태

p.022

문법 연습

A

정답

1 (has) canceled
2 is commonly referred
3 be canceled
4 complete
5 be displayed
6 been honored

B

정답

1 (C)　　2 (B)　　3 (A)　　4 (C)

해석

1
이 회의는 최근의 판매 하락에 대해 논의해야 하기 때문에 소집되었다.
(A) has called
(B) called
(C) has been called
(D) will call

해설 문맥상 회의가 '소집된' 것이므로 빈칸에는 수동태 동사가 필요하다. 보기에서 수동태는 'has been called'뿐이므로 정답은 (C)이다.

어휘 meeting 회의　call 소집하다　recent 최근의　decline 감소

2
높은 수요로 인해, 우리의 모든 자동차 부품의 재고가 다시 채워져야 한다.
(A) restock
(B) be restocked
(C) being restocked
(D) been restocked

해설 문맥상 '재고가 다시 채워져야 한다'라는 의미가 되어야 하므로 빈칸에는 수동태가 필요하다. (B), (C), (D)가 모두 수동태이지만, 조동사 should 다음에는 동사원형이 와야 하므로 (B)가 정답이 된다.

어휘 demand 수요　restock 다시 채우다

3
모든 공장 노동자들은 독성 물질을 다루는 방법에 대한 과정을 수료해야 한다.
(A) complete
(B) completes
(C) be completed
(D) been completed

해설 조동사 must 뒤에는 동사원형이 와야 하므로 (A)와 (C) 중에서 정답을 고르면 된다. 문장을 해석해 보면 모든 근로자들이 과정을 '수

료해야 한다'는 의미가 되어야 하므로 능동형인 (A)가 정답이 된다.

어휘 factory 공장　course 과정　handle 다루다, 취급하다　toxic 독성의　material 물질, 재료

4
새로운 광고는 최근 트렌드를 반영하기 위해 제작되었다.
(A) make
(B) makes
(C) made
(D) making

해설 문장의 주어가 '광고'이므로 '광고를 만들다'가 아닌 '광고가 제작된다'와 같이 수동의 의미가 되어야 한다. 따라서 정답은 (C)이다. 완료형 수동태는 'have/has been + 과거 분사'의 형태로 만들 수 있다.

어휘 commercial 광고　incorporate 포함하다　trend 동향, 추세

02 4형식/5형식의 수동태

p.024

문법 연습

A

정답

1 He was awarded second place in the contest (by them).
2 They named Roy's Restaurant the best Chinese restaurant in the town.
3 Ms. Lee is considered suitable for the new management position (by the board of directors).
4 A group of consultants warned the company not to invest more money.
5 Club members are allowed to use the snack bar at the center at no extra charge (by them).

해석

1 그들은 대회에서 그에게 2등 상을 수여했다.
2 Roy's 식당은 그 동네에서 최고의 중식당으로 지정되었다.
3 이사회는 Lee 씨를 관리직에 적합한 사람으로 여기고 있다.
4 그 회사는 자문단으로부터 더 많은 돈을 투자하지 말라는 경고를 받았다.
5 그들은 클럽 회원들에게 추가 비용 없이 센터 내의 스낵 바를 이용할 수 있도록 해 주고 있다.

B

정답

1 (C)　　2 (D)　　3 (A)　　4 (C)

해석

1
고객들은 주차 공간이 충분하지 않기 때문에 대중 교통을 이용할 것을 권고 받는다.
(A) advising
(B) advisory
(C) advised
(D) advise

해설 고객들이 권고를 '받는다'는 의미가 되어야 자연스러우므로 빈칸에는 수동형 동사가 와야 한다. 따라서 정답은 (C)의 advised이다.

어휘 customer 고객 　public transportation 대중 교통 　advise 충고하다, 권고하다

2
Flint 씨는 그 쇼에서 그녀의 공연에 대해 최우수상을 수상했다.
(A) award
(B) awards
(C) awarding
(D) awarded

해설 최우수상을 '수상했다'라는 의미가 되어야 하므로 be동사 다음에 과거 분사인 awarded를 써야 한다. 정답은 (D)이다.

3
새로운 출근 기록 시스템은 대부분의 직원들에 의해 편리하다고 여겨지고 있다.
(A) convenient
(B) convenience
(C) conveniently
(D) convinced

해설 빈칸이 포함된 동사부가 수동형으로서, 해당 문장은 5형식 문장의 수동태이다. 따라서 빈칸에는 보어가 와야 하는데, '새로운 시스템'을 설명하기에 적절한 것은 '편리하다'라는 의미의 형용사 convenient이므로 정답은 (A)이다. 참고로 이 문장을 능동태로 변환하면 'Most of the employees consider the new sign-in system convenient'이다.

어휘 consider ~라고 여기다 　convenient 편리한 　convenience 편의 　convinced 확신하는

4
그 건물에서 근무하는 사람들은 새롭게 개조된 구내 식당에서 식사를 할 것을 권고 받는다.
(A) encourage
(B) encouraging
(C) encouraged
(D) encouragement

해설 주어인 people이 새롭게 개조된 식당에서 식사 할 것을 '권고 받는다'라는 의미가 되어야 자연스러우므로 (C) encouraged가 정답이 된다.

어휘 renovate 개조하다 　encourage 권장하다, 장려하다

03 주의해야 할 수동태 구문　　p.026

문법 연습

A

정답
1 is equipped with
2 is filled with
3 are / used to
4 is engaged in
5 are involved in

B

정답
1 (D)　　2 (C)　　3 (C)　　4 (D)

해석

1
Jack's Bistro는 모든 요리에 최상의 품질의 재료를 사용하기 위해 노력하고 있다.
(A) devote
(B) devotes
(C) devotion
(D) devoted

해설 'be devoted to ~'는 '~에 헌신하다'라는 의미의 수동태 관용 표현이다.

어휘 bistro 비스트로 (작은 식당)

2
연구에 따르면 직원들 중 몇몇은 조립 라인 근처에서 상당한 양의 독성 가스에 노출된 것으로 나타났다.
(A) expose
(B) exposes
(C) exposed
(D) exposing

해설 빈칸에 포함된 절의 주어인 workers가 독성 가스에 '노출되었다'는 수동의 의미가 되어야 하므로 정답은 (C)의 exposed이다. '~에 노출되다'라는 의미의 관용 표현인 'be exposed to'를 암기해 두어야 한다.

어휘 research 연구 　toxic 독성의 　expose 노출시키다

3
우리 제품은 도시에 사는 사람들에게만 알려져 있는 것으로 판명되었다.
(A) with
(B) at
(C) to
(D) for

해설 'be known to ~'는 '~에게 알려지다'라는 의미의 수동태 관용 표현으로서 반드시 알고 있어야 한다. 참고로, 'be known as ~'는 '~으로 알려지다'라는 의미이다.

어휘 turn out 판명되다 　urban 도시의

4
만일 새로운 소프트웨어 프로그램과 관련된 워크샵에 등록하는 데 관심이 있으면, 관리자에게 얘기하세요.
(A) interest
(B) interests
(C) interesting
(D) interested

해설 'be interested in~'은 '~에 관심이 있다'라는 의미의 표현이다.

이처럼 빈번하게 사용되는 관용 표현들은 숙어처럼 암기해 두자.

어휘 sign up for ~에 등록하다　supervisor 관리자, 감독자

토익 실전 어휘 | 동사 II　　　　　p.028

정답

1　apply to
2　participate in
3　object to
4　specialize in
5　increase
6　account for
7　works
8　happens
9　depend on
10　deal with

실전 연습　　　　　p.029

정답

1 (C)	2 (B)	3 (D)	4 (A)	5 (A)
6 (C)	7 (C)	8 (B)	9 (C)	10 (B)
11 (D)	12 (C)	13 (A)	14 (C)	15 (B)
16 (B)	17 (C)	18 (D)	19 (C)	20 (A)
21 (C)	22 (B)	23 (C)		

Part 5

1

Smith 씨는 그의 회사에 대한 헌신 덕분에 올해의 직원이라는 영예를 받게 되었다.
(A) honor
(B) honoring
(C) honored
(D) honors

해설 'be honored as ~'는 '~의 영예를 얻다'라는 의미의 수동태 관용 어구이다. honor는 '영예를 주다'라는 의미인데, 문맥상 빈칸에는 '영예를 얻다'라는 의미의 수동태가 오는 것이 자연스럽다.

어휘 dedication 헌신　honor 영예를 주다

2

최근 고객 수의 감소와 관련하여 어떤 행동이 취해져야 한다.
(A) take
(B) taken
(C) taking
(D) took

해설 문맥상 행동이 '취해져야 한다'라는 의미가 되어야 자연스러우므로 수동태 동사가 필요하다. 따라서 정답은 taken이다.

어휘 with regard to ~와 관련하여　decrease 감소　customer 고객

3

귀하의 구독 기간은 이메일이나 우편으로 취소 요청을 함으로써 언제든지 종료될 수 있습니다.
(A) terminate
(B) terminating
(C) termination
(D) terminated

해설 terminate는 '종료시키다'라는 의미인데, 문장을 해석해 보면 구독 기간이 '종료된다'라는 수동의 의미가 되어야 한다. 따라서 정답은 (D)의 terminated이다.

어휘 subscription 구독　submit 제출하다　cancelation 취소

4

우리 가게에서 소매가를 낮추는 것에 대해 아무도 반대하지 않는 것 같다.
(A) to
(B) with
(C) over
(D) from

해설 'object to'는 '~에 반대하다'라는 의미의 숙어이다. to 다음에는 반드시 명사나 동명사가 와야 한다는 사실에 유의하자.

어휘 object 반대하다　retail 소매

5

매니저는 보통 결정을 내리기 전에 문서들을 검토한다.
(A) looks
(B) accounts
(C) does
(D) counts

해설 '~을 검토하다'라는 의미의 표현의 'look over'를 알고 있으면 쉽게 정답을 고를 수 있다.

어휘 usually 대개, 보통　document 문서　make a decision 결정하다

6

쓰기의 발달은 대부분 상인과 회계사들에 의해 개척되었다.
(A) pioneer
(B) pioneering
(C) pioneered
(D) be pioneered

해설 문맥상 쓰기의 발달이 '개척되었다'라는 의미가 되어야 자연스러우므로 과거 분사인 pioneered가 와야 한다.

어휘 merchant 상인　accountant 회계사

7

그 문제는 매우 민감한 이슈라고 생각되기 때문에 신중하게 다루어질 것이다.
(A) to deal
(B) deal
(C) be dealt
(D) be dealing

해설 '문제가 신중하게 다루어질 것이다'라는 의미가 되어야 하기 때

문에 수동태가 필요하다. 미래형 수동태는 'will be + 과거 분사'의 형태를 취하므로 정답은 (C)이다.

어휘 with care 신중하게

8
고객은 새로운 침대 시트에 만족하지 못해서, 길이를 더 짧게 해달라고 요청했다.
(A) on
(B) with
(C) at
(D) for

해설 'be pleased with ~'는 '~에 만족하다'라는 의미이다. by가 아닌 전치사가 오는 관용 표현들을 정리하여 학습해 두어야 한다.

어휘 client 고객   bedsheet 침대 시트   request 요청하다

9
프로젝터의 수령을 확인하기 위해서는 이름과 날짜를 기입하여야 합니다.
(A) give
(B) gave
(C) given
(D) giving

해설 프로젝터를 '수령하다, 받다'라는 의미가 되려면 동사 give를 수동태로 변형해야 하므로 정답은 (C)이다. be given은 '~이 주어지다, 받다'라는 의미로 해석된다.

어휘 make sure 확인하다

10
연구 개발팀은 중요한 데이터를 잃어 버리지 않도록 하기 위해서 모든 파일을 백업해 두라는 주의를 받았다.
(A) reminded
(B) was reminded
(C) will remind
(D) reminding

해설 문맥상 백업하라는 '통지를 받았다'는 의미가 되어야 하므로 빈칸에는 수동형의 동사가 적합하다. 보기에서 수동태는 (B)뿐이므로 (B)가 정답이 된다. remind는 '~을 상기시키다'라는 의미의 동사이다.

어휘 remind 상기시키다

11
개보수 작업을 하기 전에, 모든 사무실은 늦어도 금요일까지는 비워져야 한다.
(A) vacate
(B) vacating
(C) vacancy
(D) be vacated

해설 빈칸 앞에 must가 있으므로 빈칸에는 동사의 원형이 와야 한다. 문장을 해석해 보면, 모든 사무실이 '비워져야 한다'라는 의미가 되어야 하므로 빈칸에는 수동태 동사가 필요하다. 따라서 정답은 (D) be vacated이다.

어휘 renovation 개조, 보수   take place 발생하다   at the latest 아무리 늦어도

12
직원들의 사기는 그들이 일하는 사무실 분위기와 밀접한 관련이 있다.
(A) relate
(B) relates
(C) related
(D) relating

해설 'be closely related to ~'는 '~와 밀접한 관련이 있다'라는 의미의 수동태 관용 표현이다.

어휘 morale 사기, 의욕   atmosphere 분위기

13
공공 도로에서 사고가 발생하면, 주 정부는 어떠한 책임도 지지 않습니다.
(A) occurs
(B) accounts
(C) works
(D) reacts

해설 사고가 '발생하다'라는 의미가 되어야 자연스러우므로 '일어나다, 발생하다'라는 의미의 자동사인 (A)의 occurs가 정답이 된다.

어휘 accident 사고   public 공공의   assume (책임을) 맡다

14
주 출입구의 리모델링 공사로 인해 건물 앞 주차가 허용되지 않습니다.
(A) permit
(B) permits
(C) permitted
(D) permission

해설 문맥상 주차가 '허용되지 않는다'라는 의미가 되어야 하므로 수동태의 동사가 필요하다. be동사 다음에 과거 분사가 와야 수동태가 완성되므로 (C)의 permitted가 정답이 된다.

어휘 due to ~ 때문에   process 과정, 절차

15
Owen & Silver 여행사는 가능한 최상의 경험을 제공하기 위해 노력하고 있습니다.
(A) dedicate
(B) dedicated
(C) dedicating
(D) dedication

해설 'be dedicated to ~'는 '~에 헌신하다, 전념하다'라는 의미의 수동태 관용 표현이다.

어휘 travel agency 여행사   experience 경험

16
우리가 2019년 Teaching Excellence Competition에서 1등상을 수상하게 되었음을 알리게 되어 매우 기쁘게 생각합니다.
(A) been awarding
(B) been awarded
(C) was awarded
(D) been award

해설 우리가 1등상을 '수여 받았다'라는 의미이므로 수동태의 동사가 필요하다. 'have been + 과거 분사' 형태의 완료 수동태를 완성해야 하

므로 빈칸에는 (B)의 been awarded가 와야 한다.

어휘 delighted 기뻐하는　share 함께 나누다　award 수여하다

Part 6

[17-20]

> 거주민 여러분께:
>
> 북측 주차 구역이 공사 작업으로 인해 3월 12일부터 17일까지 폐쇄됨을 알려드립니다. 이 공사는 춘계 리모델링 프로젝트의 일환이며, 북측 주차 구역이 가장 먼저 보수될 것입니다. 이 기간 동안, 모든 주민들께서는 동쪽이나 남쪽의 주차 구역으로 차량을 이동해 주시기 바랍니다. **추가적으로, Elm 가에 있는 주차 공간도 제공해 드릴 것입니다.** 3월 12일 오전 9시까지 이 세 곳 중 한 곳으로 이동되지 않은 차량은 공사의 지연 방지를 위해 견인 될 것입니다. 감사 드리며, 불편을 끼쳐 드려 죄송합니다.

어휘 resident 거주자　construction 공사　parking lot 주차 구역　tow 견인하다　prevent ~을 방지하다　delay 지연　apologize 사과하다

17
(A) will close
(B) will be closing
(C) will be closed
(D) are closed

해설 문장의 주어인 '북측 주차 구역'은 '폐쇄될 것'이므로, 빈칸에는 수동태 동사가 필요하다. 보기에서 수동태는 (C), (D)인데, 문맥상 미래의 일을 나타내고 있으므로 (C)가 정답이 된다.

18
(A) 건설은 월 임대료로 지급될 것입니다.
(B) 건설 기간 동안 외부 손님들은 현장에 출입이 허가되지 않습니다.
(C) 차기 건설 프로젝트는 다음주 초반에 시작될 것으로 예상합니다.
(D) 추가적으로, Elm 가에 있는 주차 공간도 제공해 드릴 것입니다.

해설 앞의 내용과 연결되는 문장이 삽입되어야 한다. 앞에서는 주민들이 동쪽이나 남쪽 주차장에 주차할 수 있다고 하였으므로, 뒤에는 추가로 주차 공간이 제공되는 곳(Elm Street)에 대한 설명이 이어지는 것이 자연스럽다. 따라서 정답은 (D)이다.

19
(A) move
(B) moves
(C) moved
(D) to be moving

해설 주차장으로 '이동되지 않은 차량'이라는 의미가 되어야 자연스러우므로 수동태의 동사가 필요하다. be동사 다음에 과거 분사인 moved가 와야 수동태가 완성될 수 있으므로 (C)가 정답이 된다.

20
(A) inconvenience
(B) appliance
(C) competition
(D) approval

해설 '~ 때문에 사과한다'는 내용인데, 보기들 중 '불편함'이라는 의미인 (A)가 사과의 원인으로 가장 적절하다.

어휘 inconvenience 불편　appliance 가정용 기기　competition 경쟁, 대회

Part 7

[21-23]

> **Omaha 시립 자연사 박물관**
> 555 German Hill 가
> 55568 네브라스카 오마하
> www.omahamuseums.com
>
> Williams 씨께,
>
> 저희 박물관에 지속적으로 보내주신 재정적 도움에 감사 드립니다. 감사함의 표시로, 제15회 박물관 행사의 밤에 귀하를 초대합니다. 200분 이상의 후원자들이 주 전시장에 오셔서 칵테일 리셉션, 라이브 음악, 좌석이 제공되는 저녁 만찬, 시상식 등이 포함된 야간 행사를 즐길 것입니다.
>
> 이 특별한 행사에는 좌석의 수가 한정되어 있으므로, 12월 21일까지 www.omahamuseums.com/RSVP를 방문하시거나, 084-857-2453으로 전화 주셔서 회신하여 주시기 바랍니다. **회신하실 때, 귀하께서 선호하시는 식사의 종류를 말씀해 주시기 바랍니다.** 또한, 게스트 동반 여부도 알려 주시기 바랍니다. 참석자 분들은 1인의 게스트를 동반하실 수 있습니다.
>
> 귀하의 지속적인 후원에 감사 드리며, 연락을 기다리겠습니다.
>
> *Jacob Lutz* 드림
> Omaha 시립 자연사 박물관
> 사회 봉사 과장

어휘 financial 재정적인　support 지원　donor 기부자　RSVP 회신 바람　attendee 참석자　look forward to ~을 고대하다

21
Lutz 씨는 왜 Williams 씨에게 편지를 썼는가?
(A) 추후에 있을 전시회를 할인해 주기 위해
(B) 좋아하는 음식을 묻기 위해
(C) 박물관이 주관하는 행사에 참여할 기회를 주기 위해
(D) 박물관에 정기적 후원을 요청하기 위해

해설 편지의 초반부에 제15회 박물관 행사의 밤에 귀하를 초대한다고(we would like to invite you to our 15th annual Night at the Museum event) 하였으므로 (C)가 정답이 된다.

22
Williams 씨에 대해 알 수 있는 사실은 무엇인가?
(A) 그녀는 박물관에 있는 특별 행사에 참석할 것이다.
(B) 그녀는 박물관에 기부해 왔다.
(C) 그녀는 박물관을 자주 방문한다.
(D) 그녀는 박물관을 도와준 것에 대해 상을 받게 될 것이다.

해설 박물관에 지속적으로 보내준 재정적 도움에 감사하다고 (Thank you for your continued financial support of the museum) 말한 것으로 보아 Williams 씨는 박물관에 기부해 왔음을 알 수 있다.

23

[1], [2], [3], 그리고 [4] 중에서 아래의 문장이 들어가기에 가장 적절한 곳은?

"회신하실 때, 귀하께서 선호하시는 식사의 종류를 말씀해 주시기 바랍니다."

(A) [1]
(B) [2]
(C) [3]
(D) [4]

해설 주어진 문장은 '회신할 때 선호하는 식사의 종류를 알려달라'는 내용이다. 따라서, 회신의 수단을 알려 주고 있는 내용 바로 뒤인 [3]에 위치하는 것이 적절하다.

Chapter 3 | to부정사 to-infinitive

01 to부정사의 용법

p.034

문법 연습

A

정답

1 to meet / 형용사적 용법
2 to recruit / 명사적 용법
3 to increase / 부사적 용법
4 To work / 명사적 용법
5 To receive / 부사적 용법

B

정답

1 (A)   2 (B)   3 (B)   4 (D)

해석

1
정기적인 고객 설문 조사는 고객들의 요구를 이해하는 훌륭한 방법이다.
(A) to understand
(B) understanding
(C) of understand
(D) has understood

해설 빈칸 앞의 명사 way를 수식하기 위한 보기를 정답으로 골라야 한다. 명사 뒤에서 수식해야 하므로 to부정사인 (A)의 to understand 가 정답이다.

어휘 regular 규칙적인   survey 설문 조사   customers' needs 고객의 요구

2
경영진은 유럽 국가에 몇 개의 신규 사무실을 열기로 결정했다.
(A) opening
(B) to open
(C) has opened

(D) is opening

해설 동사 decide는 목적어로 to부정사를 취하는 동사이므로 (B)의 to open이 정답이 된다.

어휘 a couple of 몇 개의

3
관리자는 몇 가지 질문을 더 하기 위해서 가장 우수한 지원자들을 만날 것이다.
(A) asked
(B) to ask
(C) to asking
(D) for asking

해설 후보들을 만나는 목적이 '질문을 하기 위해서'이므로 (B)의 to ask가 정답이다. 여기에서 to ask는 부사적 용법으로 사용된 to부정사이다.

어휘 candidate 지원자, 후보자

4
노동조합은 8퍼센트의 임금 인상 제안을 받아들이게 되어 기뻤다.
(A) accepts
(B) for accepting
(C) to accepting
(D) to accept

해설 감정 형용사 pleased 뒤에는 원인을 나타내는 to부정사를 쓸 수 있으므로 정답은 (D)의 to accept 이다.

어휘 labor union 노동조합   pay raise 임금 인상

02 to부정사를 목적어/목적 보어로 취하는 동사

p.036

문법 연습

A

정답

1 planning to interview
2 expecting / to set up
3 asked to transfer
4 want to work
5 reminded / to come
6 help / to adjust

B

정답

1 (B)   2 (C)   3 (B)   4 (A)

해석

1
KC 금융은 분석가들이 세계 경제 포럼에 등록하도록 권장한다.
(A) register
(B) to register
(C) registering
(D) to be registered

해설 encourage는 목적 보어로 to부정사를 취한다. 문맥상 능동의 의미가 적합하므로 (B)의 to register가 정답이다.

어휘 encourage 격려하다, 권장하다　analyst 분석가

2
Realwork 솔루션은 마감 기한을 맞추기 위하여 최소한 두 명의 프로그래머를 더 고용할 필요가 있다.
(A) hire
(B) hiring
(C) to hire
(D) to have hired

해설 need 는 to부정사를 목적어로 취하므로 보기 (C) to hire가 정답이 된다.

어휘 at least 적어도　meet the deadline 마감 기한을 맞추다

3
경영진은 올해 인사부에서 몇 건의 기부 행사를 준비할 것을 기대한다.
(A) organizing
(B) to organize
(C) be organized
(D) to be organized

해설 expect는 목적어로 to부정사를 취하는 동사이고, 문맥상 능동의 의미가 적합하기 때문에 (B)의 to organize가 정답이다.

어휘 Human Resources 인사부　charity 기부(행사)

4
몇몇 공무원들은 지역기반시설을 더 건설하기 위해 자금을 사용하는 것에 동의했다.
(A) to spend
(B) to spending
(C) spending
(D) on spend

해설 agree는 to부정사를 목적어로 취하는 동사이므로 (A)의 to spend가 정답이다.

어휘 official 공무원　construct 건설하다　community facility 지역기반시설

---

03 to부정사의 관용 표현
p.038

문법 연습
A
정답
1　too expensive / to purchase
2　clearly enough / to understand
3　too costly
4　willing to accept
5　about to begin

B
정답
1 (D)　　2 (B)　　3 (B)　　4 (B)

해석
1
세미나실은 백 명의 참가자들을 수용할 만큼 충분히 크다.
(A) accommodate
(B) accommodation
(C) accommodating
(D) to accommodate

해설 'enough to부정사'는 '~하기에 충분히'라는 의미로 enough 뒤에는 to부정사가 적합하다. 따라서 (D)가 정답이 된다.

어휘 participant 참석자　accommodate 수용하다

2
재무관리자는 높은 위험 때문에 러시아 시장에 투자하는 것을 주저하고 있다.
(A) investment
(B) to invest
(C) has invested
(D) will invest

해설 'be hesitant to부정사'는 관용적인 용법으로 '~하기를 주저하다'라는 의미이다. 정답은 (B)의 to invest이다.

어휘 hesitant 망설이는　invest in ~에 투자하다　risk 위험

3
뉴욕 사무실은 너무 시끄러워서 우리는 일에 집중하기 어렵다.
(A) us
(B) for us
(C) we
(D) to us

해설 'too ~ to부정사' 구문은 '너무 ~해서 ~할 수 없다'라는 의미이다. 이때 to부정사의 의미상의 주어는 'for + 목적격'으로 나타내므로 (B)의 for us가 정답이 된다.

어휘 concentrate on ~에 집중하다

4
Intra 테크놀로지는 중동에서 신규 보안 서비스를 시작할 예정이다.
(A) start
(B) to start
(C) starting
(D) to be started

해설 'be scheduled to 부정사'는 '~할 예정이다'라는 의미이다. 정답은 (B)의 to start이다.

어휘 security 보안　Middle East 중동

정답

1 let
2 give
3 cut
4 transfer
5 sign
6 put
7 draw
8 bring
9 comply
10 result

실전 연습   p.041

정답

1 (B)	2 (B)	3 (D)	4 (C)	5 (A)
6 (A)	7 (A)	8 (D)	9 (B)	10 (D)
11 (D)	12 (B)	13 (B)	14 (C)	15 (C)
16 (D)	17 (B)	18 (B)	19 (C)	20 (C)
21 (B)	22 (D)	23 (A)	24 (B)	

Part 5

1
오리엔테이션의 목적은 엔지니어들이 새로운 장비를 효율적으로 운용하는 방법을 이해하도록 도와 주는 것이다.
(A) for help
(B) to help
(C) helped
(D) being helped

해설 빈칸에는 동사 is의 보어 역할을 할 수 있는 보기가 와야 한다. 보기들 중에서 이러한 역할을 할 수 있는 것은 to부정사인 (B)이다.

어휘 purpose 목적   operate 작동하다   device 장비
efficiently 효율적으로

2
3월에 회의실을 사용하고 싶다면 반드시 미리 예약해 주세요.
(A) book
(B) to book
(C) booking
(D) for booking

해설 'be sure to부정사'는 '반드시 ~하다'라는 의미의 표현이다. 정답은 (B)이다.

어휘 book 예약하다   in advance 미리

3
시민 회관 2층에서 근무하는 대부분의 직원들은 보육 분야를 전문으로 한다.
(A) commit
(B) belong

(C) arrive
(D) specialize

해설 보기 중에서 전치사 in과 함께 사용될 수 있으면서 의미상으로도 적절한 동사는 (D)의 specialize이다. 'specialize in'은 '~을 전문으로 하다'라는 의미이다.

어휘 the care of children 보육   commit 저지르다, 약속하다
belong 속하다   specialize 전문으로 하다

4
구 시청 건물을 지역 스포츠 시설로 바꾸는 계획이 연기되었다.
(A) changing
(B) changes
(C) change
(D) be changed

해설 빈칸 앞에 to가 있으므로 동사원형인 (C)나 (D) 중에서 정답을 골라야 한다. 문장을 해석해보면 '변경하는'이라는 능동의 의미가 되어야 하므로 (C)의 change가 정답이 된다.

어휘 city hall 시청   postpone 연기하다

5
Samson 사에 지원하는 것에 관심 있다면, 더 많은 정보를 위하여 회사 웹사이트를 참고해주세요.
(A) refer
(B) to refer
(C) reference
(D) referring

해설 빈칸은 동사 자리이므로 (A)의 refer가 정답이 된다. 'refer to'는 '~을 참고하다'라는 뜻이다.

어휘 be interested in ~에 관심이 있다   further 더

6
대부분의 대기업은 재정적인 어려움을 겪고 있기 때문에 더 많은 직원의 채용을 망설이고 있다.
(A) hesitant
(B) hesitation
(C) hesitated
(D) be hesitated

해설 'be hesitant to'는 '~하는 것을 망설이다'라는 의미이다. 정답은 (A)이다.

어휘 difficulty 어려움   hesitant 망설이는

7
Williams 씨는 계약서에 서술된 업무를 성공적으로 수행했다.
(A) carried out
(B) met
(C) strived
(D) called for

해설 문맥상 '업무를 성공적으로 수행했다'라는 의미가 되어야 자연스러우므로 (A)의 carried out이 정답이 된다.

어휘 successfully 성공적으로   task 일   outline 개요를 서술하다

carry out 수행하다   strive 애쓰다   call for 요구하다

8
인공지능의 활용을 홍보하기 위하여, 정부는 상당한 자금을 연구원들에게 제공한다.
(A) Promotion
(B) To be promoted
(C) For promoting
(D) To promote

해설 문장 제일 앞에 빈 칸은 부사가 정답이 경우가 많다. '홍보하기 위하여'라는 의미가 되어야 하므로 (D)의 To promote가 정답이 된다. 목적의 의미로 사용된 to부정사의 부사적 용법은 '~하기 위하여'로 해석된다.

어휘 artificial intelligence 인공지능   government 정부   significant 상당한   fund 자금

9
기자단 출입증을 찾아갈 때, 기자들은 안내원에게 신분 증명서를 보여줄 필요가 있다.
(A) show
(B) to show
(C) showing
(D) to be shown

해설 need는 목적어로 to부정사를 취하는 동사이므로 (B)의 to show가 정답이 된다.

어휘 pick up 찾아오다   press pass 기자 출입증   proof of identification 신분 증명서

10
모든 직원은 지각할 것으로 예상될 경우 직속 상사에게 연락해야 한다.
(A) comes
(B) coming
(C) will come
(D) to come

해설 expect는 to부정사를 목적어로 취하는 동사이므로 (D)의 to come이 정답이 된다.

어휘 immediate supervisor 직속 상사

11
Woods 씨는 생산 부서에서 일어날 변화를 해결해야 하는 책임이 있다.
(A) happen
(B) happenings
(C) happening
(D) to happen

해설 'be about to 부정사'는 '막 ~하려고 하다'라는 의미의 표현이다. 따라서 (D)의 to happen이 정답이 된다.

어휘 in charge of ~을 담당하다

12
프로젝트 매니저는 공급 업체와의 회의를 취소하기로 결정했다.
(A) raise

(B) call off
(C) specialize
(D) remind

해설 문맥상 '회의을 취소하기로 결정했다'라는 의미가 되어야 자연스러우므로 (B)의 call off가 정답이 된다.

어휘 supplier 공급 업체   call off 요구하다   remind 상기시키다

13
운영 부서는 정전 시 보조 전원 계획에 대한 공지를 게시할 것이다.
(A) reply
(B) post
(C) refer
(D) lead

해설 의미상 '게시하다'라는 뜻의 post가 빈칸에 오는 것이 가장 적절하다.

어휘 notice 공지   in the event of ~가 발생할 시   power failure 정전

14
효율성과 생산성을 향상시키기 위하여, 우리는 최신 제조 시스템을 확보할 필요가 있다.
(A) If
(B) Because
(C) In order to
(D) So

해설 '효율성과 생산성의 향상'은 '최신 제조 시스템 확보'의 '목적'일 것이다. 따라서 '~하기 위하여'를 뜻하는 'in order to'가 빈칸에 오는 것이 적절하다.

어휘 efficiency 효율성   productivity 생산성   obtain 확보하다   state-of-the-art 최신의

15
이사회는 Freeman 씨가 임원 직책을 수행할 만큼 충분히 재능이 있다고 믿는다.
(A) handle
(B) handles
(C) to handle
(D) handling

해설 'enough to부정사'는 '~할 정도로 충분히 ~한'이라는 의미이다. 즉, (C)의 to handle이 정답이 된다.

어휘 board of directors 이사회   talented 재능 있는   executive 임원, 간부   handle 다루다, 처리하다

16
Mondi 씨는 이번 주까지 부하 직원에게 계약 조건을 검토해 줄 것을 요청했다.
(A) look over
(B) looked over
(C) has looked over
(D) to look over

해설 'ask + 목적어 + to부정사'는 to부정사가 목적 보어로 사용된 구문이다. 보기 (D)의 to look over가 빈칸에 오는 것이 가장 적절하다.

어휘 terms and conditions 계약 조건   look over 검토하다

Part 6

[17-20]

Reynolds 텔레콤 구인 광고

Reynolds 텔레콤의 고객 서비스 부서에서는 2개 국어를 할 수 있는 고객 서비스 담당할 직원들을 찾고 있습니다. 직무는 계좌 및 청구와 관련된 문제를 영어와 자신의 전문 언어로 고객들을 도와주는 것을 포함합니다. **새로 채용되는 직원은 업무를 준비할 수 있도록 3주간의 유급 교육을 받게 될 것입니다.** 상세한 전문 용어는 직무 교육 과정 동안에 다뤄질 것입니다.

지원자는 다음 중 하나의 언어에 대하여 원어민 수준으로 구사할 수 있는 능력을 갖춰야 합니다: 스페인어, 터키어, 일본어, 한국어, 중국어, 또는 헝가리어입니다. 또한, 지원 자격을 갖추기 위해서 지원자는 대학 졸업자여야 합니다. 더 많은 정보를 얻으시려면 저희 웹사이트 www.reytel.com/careers를 방문해 주시기 바랍니다.

어휘 several 몇몇의   bilingual 이중언어의   representative 사원   expertise 전문 지식   billing 청구   technical term 전문 용어   applicant 신청자, 지원자   college graduate 대졸자

17
(A) or
(B) and
(C) but
(D) nor

해설 빈칸에는 두 언어 사이를 연결하는 의미의 접속사가 와야 하는데, 빈칸 앞에 both가 있으므로 접속사 and가 정답이 된다.

18
(A) 관심이 있다면, 신청서를 제출하세요.
(B) 새로 채용되는 직원은 업무를 준비할 수 있도록 3주간의 유급 교육을 받게 될 것입니다.
(C) 고객들은 도움을 받으려면 연락처를 남기셔야 합니다.
(D) 저희는 회사에서 근무할 능력이 있는 분들을 항상 찾고 있습니다.

해설 뒤의 문장에서 직무 교육 과정(job training process)에 대해 언급된 것으로 보아 교육의 기간에 대해 언급한 보기인 (B)의 'New hires will be given three weeks of paid training to prepare for the job.'이 정답이 된다.

19
(A) interest
(B) opportunity
(C) proficiency
(D) certification

해설 언어의 능력을 이야기하고 있으므로 구사력, 능숙함을 의미하는 proficiency가 가장 적합한 보기이다.

어휘 interest 관심   opportunity 기회   proficiency 능숙함   certification 자격증

20
(A) qualify
(B) qualifies
(C) to qualify
(D) for qualifying

해설 문맥상 '~하기 위하여'라는 의미가 되어야 하므로 to부정사인 (C)의 to qualify가 정답이 된다.

Part 7

[21-24]

Larai Igbokwe [9:01 A.M.]
아침에 온라인에서 함께 할 수 있는 시간을 내 주셔서 고마워요. 다음 달에 열릴 새 전시회 개막식에 대해 몇 가지 간단하게 논의할 것이 있어요. 우리 호텔의 평판을 유지하기 위해 이번 행사를 순조롭게 진행하고 싶어요. Celine, 첫째날 필요한 출장요리업체를 예약했나요?

Celine DeVoe [9:01 A.M.]
네, Sutherland 출장요리업체가 행사를 준비하려고 정오까지 도착할 거예요.

Larai Igbokwe [9:02 A.M.]
완벽하군요. 그들은 대강당에 준비를 하면 되겠네요. Nick, 그들이 준비하는 것을 도와줄 팀을 만들어줄 수 있나요? 파트 타임 직원들이 도와줄 수 있을 것 같은데요.

Nick Keys [9:03 A.M.]
물론이죠. 몇 명이나 필요할 것 같으세요?

Larai Igbokwe [9:04 A.M.]
5명에서 6명이면 충분할 것 같아요. 어떻게 생각해요. Celine?

Celine DeVoe [9:04 A.M.]
괜찮을 것 같아요.

Nick Keys [9:05 A.M.]
좋아요 그럼 회의 후에 이메일을 보낼게요.

Larai Igbokwe [9:05 A.M.]
좋아요. 다음으로 추가적인 주차에 대한 해결책을 생각해내야 해요.

Celine DeVoe [9:06 A.M.]
맞아요. 사람들이 주차하기 위해 기다려서는 안 돼요.

어휘 get together 함께하다   exhibition 전시회   catering 음식 공급   arrangement 약속   noon 정오   set up 준비하다, 설치하다   put together 만들다   figure out 생각해 내다   additional 추가의

21
온라인 대화는 주로 무엇에 관한 것인가?
(A) 장소 선택하기
(B) 기업 행사를 준비하기
(C) 공급 업체 교체하기
(D) 새 파트타임 직원 고용하기

해설 전시회 준비를 위한 세부 사항들을 점검하는 내용이므로 (B)의 Organizing a company event가 정답이 된다.

22
작성자들은 어디에서 근무하는 것 같은가?
(A) 법률회사에서
(B) 박물관에서
(C) IT 회사에서
(D) 호텔에서

해설 Igbokwe 씨는 행사를 순조롭게 진행하기를 원하는데, 그 목적은 '호텔의 평판을 유지하기 위해서(in order to maintain our hotels reputation)'라고 했다. 따라서 보기 (D)의 At a hotel이 정답이 된다.

23
오전 9시 4분에, DeVoe 씨가 "That should do it'이라고 작성할 때 그녀는 무엇을 의미하는 것 같은가?
(A) Igbokwe 씨의 말에 동의한다.
(B) 직원들이 도와야 한다.
(C) 파트 타임 직원들을 고용해야 한다.
(D) 출장요리는 좋은 생각이다.

해설 파트 타임 직원 몇 명이 필요한지에 대해 논의하는 내용이다. 인용된 문장은 '5명에서 6명이면 충분할 것 같다'는 Igbokew 씨의 의견에 대한 대답이므로 (A)가 정답이 된다.

24
Keys 씨가 다음에 할 일은 무엇인가?
(A) 약속을 재조정하기
(B) 파트 타임 직원들에게 연락하기
(C) 기계를 설치하기
(D) 주차장을 확대하기

해설 파트 타임 직원들이 필요하다는 결론을 내린 다음, '회의를 마치고 이메일을 보내겠고(I'll send out some e-mails after the meeting.)' 했다. 따라서 (B)의 Contact part-time workers가 정답이 된다.

Chapter **4** | **동명사** Gerunds

01 동명사의 역할과 특징
p.048

문법 연습

A

정답
1 making / 목적어
2 Maximizing / 주어
3 using / 목적어
4 taking / 전치사의 목적어

B

정답
1 (B)　　2 (B)　　3 (D)　　4 (C)

해석
1
City Pass를 이용해 주셔서 감사 드리며, 이는 최고의 휴가를 경험할 수 있도록 하기 위해 30년 전에 만들어 졌습니다.
(A) choose
(B) choosing
(C) to choose
(D) choice

해설 전치사 for 다음에는 동명사가 와야 하므로 (B)가 정답이 된다.

2
직원들에게 적절한 보상을 제공하는 것은 그들에게 동기를 부여하는 데 도움이 된다.
(A) Provide
(B) Providing
(C) Provision
(D) To be provided

해설 빈칸은 주어 자리이므로 동사인 (A)는 정답에서 제외된다. 빈칸 뒤에 명사인 workers가 있으므로 명사인 (C)의 provision 또한 정답이 될 수 없으며, 문장을 해석해 보면 능동의 의미여야 하기 때문에 (D)도 정답이 될 수 없다. 따라서 바로 뒤에 명사를 수반할 수 있는 동명사인 (B)가 정답이 된다.

어휘 appropriate 적절한　reward 보상　motivate 동기를 부여하다　provision 공급

3
우리는 고객들의 요구를 최대한 충족시킬 수 있는 효과적인 방법에 대해 논의할 것이다.
(A) meet
(B) meets
(C) to meet
(D) meeting

해설 빈칸의 위치가 전치사의 뒤이며 명사의 앞이므로, 빈칸에는 명사와 동사의 성질을 모두 지니고 있는 동명사가 와야 한다. 정답은 (D)이다.

어휘 effective 효과적인　extent 정도, 크기

4
이 계약서에 서명함으로써, 당신은 우리가 제공하는 모든 혜택을 받을 자격을 갖게 될 것이다.
(A) sign
(B) to sign
(C) signing
(D) signed

해설 전치사 by 뒤에 동사를 쓰려고 할 때에는 이를 동명사의 형태로 변형해야 하므로 (C)가 정답이 된다.

어휘 contract 계약서　be eligible for ~의 자격이 있다　benefit 혜택

문법 연습

A

정답

1 include making
2 stop complaining
3 postpone holding
4 admitted submitting

B

정답

1 (B)   2 (B)   3 (C)   4 (D)

해석

1
그 회사는 20주년을 기념하기 위해 새로운 로고의 제작을 고려하는 중이다.
(A) make
(B) making
(C) makes
(D) made

해설 동사 consider는 동명사를 목적어로 취하는 동사이므로 (B)의 making이 정답이 된다.

어휘 consider 고려하다   celebrate 기념하다   anniversary 기념일

2
그 회사는 경기가 그다지 호의적이지 않을 때 고급 시계를 출시한 것을 후회했다.
(A) launch
(B) launching
(C) to launch
(D) to be launched

해설 동사 regret은 뒤에 동명사를 취할 때 '~했던 것을 후회하다'라는 의미가 된다. 따라서 동명사인 (B)가 정답이 된다. 'regret to ~'는 '~하게 되어 유감이다'라는 의미이다.

어휘 regret 후회하다   high-end 고급의   situation 상황   launch 출시하다

3
현재 우리의 주차장이 보수 작업 중이므로 우리는 공영 주차장의 사용을 권합니다.
(A) use
(B) usage
(C) using
(D) user

해설 동사 recommend는 동명사를 목적어로 취하므로 (C)의 using이 정답이 된다.

어휘 recommend 추천하다   currently 현재

4
그 상점은 200달러 이상의 구매 고객에게 무료 선물을 제공하던 것을 중단하기로 결정했다.
(A) provision
(B) provided
(C) provider
(D) providing

해설 동사 quit은 동명사를 목적어로 취하므로 정답은 (D)이다.

어휘 quit 그만두다   purchase 구매

문법 연습

A

정답

1 are committed to
2 is related to
3 object to
4 have difficulty

B

정답

1 (B)   2 (B)   3 (D)   4 (B)

해석

1
이 교육 과정을 이수한 후에, Evans 씨는 고객서비스부서의 관리를 맡게 될 것이다.
(A) supervise
(B) supervising
(C) supervisor
(D) supervision

해설 'be in charge of ~'는 '~을 맡다, 책임지다'라는 의미이다. of 다음에 동사를 쓰려면 동명사의 형태를 취해야 하므로 정답은 (B)이다.

어휘 complete 완료하다   in charge of ~을 책임지는   supervise 관리하다

2
스타트업 회사들은 종종 경험이 많고 능력 있는 직원들을 모집하는 데 어려움을 겪는다.
(A) recruit
(B) recruiting
(C) recruitment
(D) to be recruited

해설 '~하는 데 어려움을 겪다'라는 표현인 'have difficulty ~ing'를 알고 있어야 한다. 정답은 (B)이다.

어휘 start-up (주로 인터넷 기업) 신규 업체   difficulty 어려움   competent 유능한   recruit 모집하다

3

우리는 모든 사람들이 이 건물에 들어 오기 전에 보안 검색대를 통과할 것을 권고합니다.

(A) of
(B) in
(C) from
(D) to

해설 'prior to ~'는 '~ 이전에'라는 의미의 전치사 구이다. 전치사인 to 뒤에는 명사나 동명사가 와야 한다.

어휘 security checkpoint 보안 검색대

4

직장에서 개인적인 통화에 너무 많은 시간을 소비하는 것은 좋은 생각이 아니다.

(A) made
(B) making
(C) to making
(D) will make

해설 'spend + 시간 + ~ing'구문은 '~하는 데 시간을 보내다'라는 의미이다. 이 구문에서 '시간' 뒤에 동명사가 와야 한다는 것을 기억해 두어야 한다.

토익 실전 어휘 | 동사 어구 II   p.054

정답

1 come to
2 make up
3 draw
4 pay for
5 contribute
6 engage
7 comply
8 in
9 to
10 register

실전 연습   p.055

정답

1 (C)	2 (B)	3 (D)	4 (B)	5 (B)
6 (B)	7 (B)	8 (C)	9 (C)	10 (B)
11 (B)	12 (C)	13 (C)	14 (A)	15 (A)
16 (A)	17 (C)	18 (D)	19 (B)	20 (B)
21 (B)	22 (D)			

Part 5

1

이 설문 조사에 참여하기 위해 시간을 내주신 것에 대해 감사 드립니다.

(A) take
(B) took
(C) taking

(D) to take

해설 빈칸은 전치사 for와 명사인 time 사이에 있으므로 동명사 자리 라는 것을 알 수 있다. 정답은 (C)이다.

어휘 participate 참여하다   survey 설문 조사

2

20퍼센트의 직원 감소로 인해, 그 회사는 지금 급격한 변화를 겪고 있다.

(A) looking over
(B) going through
(C) doing good
(D) replying to

해설 문맥상 급격한 변화를 '겪고 있다'는 의미가 되어야 자연스러우므로 '겪다, 경험하다'라는 의미의 숙어 'go through'가 정답이 된다.

어휘 workforce 노동자, 직원   look over 검토하다   go through 겪다

3

만일 당신이 은퇴 이후에 더 자주 여행하고 싶다면, 당신만을 위한 자금을 따로 모아 두어야 한다.

(A) for
(B) from
(C) in
(D) aside

해설 'set aside'는 '따로 떼어 두다'라는 의미의 숙어이다.

어휘 frequently 자주   retirement 은퇴   set aside 떼어 두다

4

워크샵을 신청하기 이전에 지원서를 작성해야 합니다.

(A) before
(B) prior
(C) advance
(D) in front

해설 'prior to ~'는 '~하기 이전에' 라는 의미의 전치사구이다.

어휘 fill out 작성하다, 기입하다   application form 신청서

5

귀하께서 구매하신 제품이 제대로 작동하지 않는 다면, 제공된 설명서를 참고해 주세요.

(A) relate
(B) refer
(C) deal
(D) engage

해설 'refer to ~'는 '~을 참고하다'라는 의미의 자동사 구문이다. 문맥상 설명서를 '참고하다'라는 의미가 되어야 하므로 정답은 (B)이다.

어휘 purchase 구매하다   manual 매뉴얼, 설명서

6

연구 개발 팀장으로서의 Paul의 업무에는 많은 연구와 실질적인 실험이 포함되어 있다.

(A) do

(B) doing
(C) does
(D) to do

해설 동사 include의 목적어를 완성해야 하는 문제이다. 보기에서 목적어의 역할을 할 수 있는 것은 동명사 doing뿐이므로 (B)가 정답이 된다.

어휘 include 포함하다 a great deal of 많은 practical 실질적인

7
먼저 직원 안내서를 꼼꼼하게 살펴보시기 바랍니다.
(A) review
(B) reviewing
(C) reviewer
(D) be reviewed

해설 전치사 by 뒤에 동사가 올 때는 동명사의 형태를 취해야 하므로 (B)의 reviewing이 정답이 된다.

어휘 thoroughly 철저하게

8
해외 매니저 직책에 지원한 지원자들은 유창한 영어 구사를 할 수 있어야 하며 최소한 3년의 경력이 있어야 한다.
(A) Apply
(B) Applying
(C) Applicants
(D) Applications

해설 주어 자리를 완성하는 문제로 의미상 '해외 매니저 직책에 지원한 사람들'이라는 의미가 되어야 자연스러우므로 '지원자'라는 뜻의 applicants가 정답이 된다. application은 '지원, 지원서'라는 의미의 명사이다.

어휘 overseas 해외의 fluent 유창한, 능숙한

9
당신은 무선 인터넷 연결이 존재하지 않는 세상에 사는 것을 상상할 수 없을 것이다.
(A) live
(B) to live
(C) living
(D) to have lived

해설 동사 imagine은 동명사를 목적어로 취하는 동사이다.

10
*Daily Economic Journal*의 구독에 관심이 있는 사람은 누구든지 웹사이트에 연락처를 남겨야 한다.
(A) with
(B) to
(C) from
(D) by

해설 '~을 구독하다'라는 의미의 표현은 'subscribe to ~'이다. 따라서 정답은 (B)이다. 이와 같이 빈번하게 출제되는 어구들은 통으로 외워 두어야 한다.

어휘 subscribe 구독하다 contact information 연락처

11
고객을 30분 이상 기다리게 하는 것은 무례한 것으로 여겨진다.
(A) wait
(B) waiting
(C) be waited
(D) being waited

해설 동사 keep은 목적어 다음에 동명사를 취하는 동사이다. 즉, 'keep + 목적어 + ~ing'의 구조를 취한다.

어휘 rude 무례한 client 고객

12
Mega 제약 회사는 불면증으로 고통 받는 사람들을 위한 신약 개발에 성공했다.
(A) develop
(B) development
(C) developing
(D) developed

해설 'succeed in ~'은 "하는 데 성공하다'라는 의미의 표현으로서, 전치사 in뒤에는 동명사가 와야 한다.

어휘 medicine 약 suffer from ~으로 고생하다 insomnia 불면증

13
온라인 강좌에 등록하는 것은 신속한 행동을 요구한다.
(A) Register
(B) Registrations
(C) Registering
(D) Registered

해설 동명사 주어를 완성하는 문제이다. 문맥상 온라인 강좌에 등록하는 것'이라는 의미가 되어야 하므로 (C)의 registering이 정답이 된다. registrations는 복수 명사인데, requires가 단수 동사이기 때문에 (B)는 정답이 될 수 없다.

어휘 require 요구하다 prompt 신속한

14
너무 많은 돈을 쓰는 것을 피하기 위해, 외출하기 전에 쇼핑 목록을 작성해 두는 것이 좋다.
(A) spending
(B) spent
(C) having spent
(D) being spent

해설 동사 avoid는 동명사를 목적어로 취하므로 (A)의 spending이 정답이 된다.

어휘 avoid 피하다 had better ~하는 것이 좋다

15
Takahashi 씨는 지난달에 과다 청구된 것에 대해 환불을 받을 자격이 된다.
(A) entitled
(B) able
(C) capable

(D) likely

해설 'be entitled to ~'는 '~할 자격이 된다'라는 의미의 구문이다. to 다음에는 명사나 동명사가 와야 한다는 것도 기억해 두자.

어휘 refund 환불 overcharge 과다 청구

16

그 의사는 환자가 다른 관점에서 아이디어와 의견을 얻을 수 있도록 집단 상담에 참여할 것을 권했다.

(A) participating
(B) taking
(C) contributing
(D) restricting

해설 'participate in ~'은 '~에 참여하다'라는 의미의 숙어이다.

어휘 counseling 상담 patient 환자 perspective 관점

Part 6

[17-20]

조플린 (11월 12일) – 지역 교통 서비스국은 Main 가와 15번가 코너에 새로운 버스 터미널의 설립을 인가 받았다. 터미널은 조플린의 북쪽 지역까지 서비스를 확장될 것이며, 도시 간 노선의 허브로서 역할을 하게 될 것이다. 공사는 다음달 3일에 시작될 것이다.

많은 통근자들은 시에서 새로운 터미널을 건설하는 것에 기뻐하고 있는데, 특히 이 프로젝트가 지역에 60개 정도의 정규직 일자리를 창출할 수 있기 때문이다. 하지만 모두가 이 확장 공사에 만족하는 것은 아니다. **많은 지역 주민들은 터미널이 더 많은 교통 문제를 야기할 수 있다고 걱정하고 있다.** 지역 주민인 Jim Hurtz는 "도로에 더 많은 버스들이 다니고 있지는 않지만 이미 매일 아침 통근 상황이 좋지 않은 상황입니다. 터미널이 더 심한 정체를 가져 올 것이라고 확신합니다" 라고 말했다.

어휘 expand 확장하다 hub 허브, 중심지 intercity 도시 간의 commuter 통근자 permanent job 정규직

17

(A) approve
(B) approving
(C) approval
(D) approved

해설 빈칸은 동사인 received의 목적어가 와야 하는 자리이므로 명사인 (C)의 approval이 정답이다.

어휘 approve 승인하다 approving 찬성하는 approval 승인

18

(A) build
(B) builds
(C) builder
(D) building

해설 전치사 about 다음에 동사를 쓸 때에는 동명사의 형태를 취해야 하므로 (D)가 정답이 된다. building 앞에 쓰인 the city는 동명사의 의미상의 주어이다.

19

(A) 신규 노선은 지역 주민들에게 요금을 청구하지 않을 것이다.
(B) 많은 사람들은 건설에 돈이 많이 들 것이라고 생각한다.
(C) 프로젝트 기금 마련은 수 개월 지연됐다.
(D) 많은 지역 주민들은 터미널이 더 많은 교통 문제를 야기할 수 있다고 걱정하고 있다.

해설 빈칸 앞에서는 모두가 버스터미널의 확장에 대해 만족하는 것이라고 하고 있고, 뒤에서는 지역 주민의 말을 인용해 버스 터미널의 건설로 통근 상황이 더 나빠질 것이라고 하는 것으로 보아 버스 터미널의 건설에 부정적인 내용(causing more traffic problems)이 빈칸에 들어가는 것이 알맞다.

20

(A) sophisticated
(B) congested
(C) exceptional
(D) affordable

해설 문맥상 교통 상황을 '더 복잡하고, 정체되게' 만든다는 내용이 되어야 하므로 '정체된' 이라는 의미의 (B) congested가 빈칸에 와야 한다.

어휘 sophisticated 세련된 congested 붐비는 exceptional 특출한 affordable 가격이 알맞은

Part 7

[21-22]

수신: Sherry's 백화점 매장 직원들
발신: Dave Wilcox, 인사 전문가
제목: 신임 매장 관리자
날짜: 2월 15일

2월 17일 수요일에 신임 매장 관리자인 Jasmine Garcia가 우리 팀에 합류하게 됩니다. 들으셨겠지만, 그녀는 12년간 일해 왔던 스프링필드 지점에서 이곳으로 전근해 오는 것이어서, 세인루이스는 그녀에게 생소할 수 있습니다. 그녀는 오전 9시에서 11시까지 매장을 둘러볼 것이므로, 기회가 된다면 직접 소개도 하시고 여러분의 매장에 대한 안내도 부탁 드립니다. 목요일 오전 8시에는 보다 공식적인 회의가 있을 것인데, 이때 그녀가 자기 자신과 상점의 확장 및 판매 촉진을 위한 계획에 대해 더 많은 발언을 할 것입니다. 그러니까, 업무와 관련된 아주 많은 자세한 사항들을 질문하는 것에 대해 걱정할 필요는 없습니다. 대신에, 그녀가 이곳에서의 첫날부터 환영을 받는다고 느낄 수 있도록 노력해 주시기 바랍니다.

어휘 specialist 전문가 floor manager 매장 관리자 transfer 전근 가다 storefront 거리에 접해 있는 점포 improve 향상시키다 sales 판매

21

Garcia 씨에 대해 알 수 없는 것은 무엇인가?
(A) 그녀는 회사의 다른 지점에서 일했었다.
(B) 그녀는 수요일에 회의를 할 것이다.
(C) 그녀는 판매를 촉진할 계획을 갖고 있다.
(D) 그녀는 이 회사에서 12년 넘게 근무했다.

해설 지문에서 목요일 아침에 회의하게 될 것이라고(We will have a

more formal meeting with Mrs. Garcia on Thursday) 하였으므로 (B)는 지문의 내용과 맞지 않다.

22
2월 17일에 직원들을 무엇을 하도록 요구 받는가?
(A) 매장을 청소한다
(B) 회의에 참석한다
(C) 새 매니저의 사업 계획에 대해 알아본다
(D) 새로운 매장 총괄 매니저가 환영 받는다고 느끼도록 한다

해설 2월 17일에 신임 매장 관리자가 방문한다고(This Wednesday, February 17, our new general floor manager, Jasmine Garcia, will be joining our team) 했고, 지문의 마지막 부분에서 그녀가 첫 날에 환영 받는다고 느낄 수 있도록 노력해 달라는(let's just focus on trying to make her feel welcome on her first day here) 내용이 있다. 따라서 정답은 (D)가 된다.

01 분사의 역할 / 주의해야 할 분사
p.060

문법 연습

A

정답

1 fascinating
2 inspiring
3 satisfied
4 written
5 disappointing

B

정답

1 (C)　　2 (B)　　3 (B)　　4 (A)

해석

1
Steven Price는 그와 함께 회사를 운영할 재능이 있고 지적인 사람을 고용했다.
(A) talent
(B) to talent
(C) talented
(D) talents

해설 빈칸은 someone에 대해 설명하는 주격 보어 자리이다. '재능이 있는' 뜻의 분사는 (C)의 talented이다.

어휘 hire 고용하다　intelligent 지적인　run 운영하다　talented 재능이 있는

2
귀하의 고용 계약이 2년 더 연장되었다는 사실을 알리게 되어서 매우 기쁩니다.

(A) please
(B) pleased
(C) pleasing
(D) pleasure

해설 주어가 감정을 느낄 때에는 과거 분사를 써야 하므로 (B)의 pleased가 정답이다.

어휘 employment 고용　extend 연장하다

3
Valley 호텔은 한정된 기간 동안 우수 고객에게 특별 할인을 제공하고 있다.
(A) limiting
(B) limited
(C) limit
(D) limitation

해설 '제한된 기간'이라는 의미가 되어야 적절하므로 과거 분사인 limited를 쓰는 것이 적절하다.

어휘 premium member 우수고객　limited 제한된

4
투자자의 관점에서 볼 때, 두 회사의 합병은 놀랍지 않다.
(A) surprising
(B) surprised
(C) surprise
(D) to be surprised

해설 두 회사의 합병이 '놀라는' 것이 아닌 '놀라게 하는' 것이므로 현재 분사인 surprising이 정답이다.

어휘 perspective 관점　merger 합병

02 분사의 관용 표현
p.062

문법 연습

A

정답

1 detailed information
2 complicated / issue
3 qualified applicant
4 outstanding debt
5 surrounding areas

B

정답

1 (B)　　2 (A)　　3 (C)　　4 (C)

해석

1
금융 취업 박람회는 대졸자들이 채용 담당자들을 만날 수 있는 흥미로운 기회이다.
(A) excite
(B) exciting

(C) excited
(D) excitement

해설 명사 opportunity를 수식하는 형용사나 분사를 찾는 문제이다. 주어가 사람이 아니기 때문에 '흥미로운'이라는 뜻의 현재 분사 exciting이 정답이 된다.

어휘 career fair 취업 박람회   college graduate 대졸자   recruiter 채용 담당자

2
우수 구독자로서 받을 수 있는 혜택을 동봉된 안내 책자에서 확인하실 수 있습니다.
(A) enclosed
(B) enclosing
(C) encloses
(D) enclose

해설 '동봉된'이라는 의미가 되어야 하므로 enclosed가 정답이 된다.

어휘 brochure 안내 책자   benefit 혜택   premium subscriber 우수 구독자   enclosed 동봉된

3
헌신적인 캐나다 철도 직원들께 경의를 표하고 싶은데, 그들은 더 나은 서비스를 제공하기 위해 열심히 근무했습니다.
(A) dedicate
(B) dedicating
(C) dedicated
(D) dedication

해설 '헌신적인'이라는 뜻이 되어야 하므로 dedicated가 정답이다.

어휘 pay tribute 경의를 표하다   dedicated 헌신적인

4
기존 계정이 있는 상태에서 계정을 하나 더 개설하고 싶다면, 저희에게 이 메일을 보내서 도움을 받으세요.
(A) exist
(B) existed
(C) existing
(D) existence

해설 '기존 계정'은 현재 분사를 사용하여 'existing account'로 표현한다.

어휘 account 계좌, 계정   existing 기존에 있는

03 분사구문
p.064

문법 연습

A

정답
1 Having completed
2 Disappointed
3 Conducting lots of
4 Working
5 Turning

B

정답
1 (A)   2 (B)   3 (A)   4 (C)

해석

1
해외에서 근무를 경험했기 때문에, Swan씨는 외국으로 이민을 가고 싶어 했다.
(A) Having experienced
(B) To experience
(C) Being experienced
(D) Experience

해설 '해외 근무 경험'이 '이민을 원하는 것'보다 먼저 일어난 일이므로 완료분사구문인 (A)의 Having experienced가 정답이 된다.

어휘 desire ~을 하고 싶다   emigrate 이민을 가다

2
대학에서 수학을 전공했기 때문에, Kim 씨는 현재 금융 회사에서 애널리스트로 근무하고 있다.
(A) Studied
(B) Having studied
(C) Being studied
(D) To study

해설 주절보다 과거에 일어난 일을 표현할 때에는 완료분사구문을 쓴다. 따라서 (B)의 Having studied가 정답이 된다.

어휘 mathematics 수학   analyst 분석가, 애널리스트

3
도시 중앙에 위치해 있어서, 서울 호텔은 시상식을 개최하기에 최적의 장소이다.
(A) Located
(B) Locating
(C) Locate
(D) Location

해설 '호텔이 위치해 있다'는 수동형 동사로 표현해야 하므로 과거 분사로 시작하는 분사구문이 적절하다. (A)의 Located가 정답인데, 이 때 located 앞에는 being이 생략되어 있다.

어휘 awards ceremony 시상식

4
최고의 판매 직원으로 선정되었기 때문에, Rolling씨는 현금 보너스를 받았다.
(A) Select
(B) Selecting
(C) Being selected
(D) Selection

해설 Rolling 씨가 '선정되었다'는 수동의 의미이므로 (C)의 Being selected가 정답이 된다.

어휘 reward 보상하다

23

정답

1 benefit from
2 consist of
3 conflict with
4 succeed in
5 depend on
6 account for
7 interact with
8 agree on
9 vote for
10 register for

실전 연습   p.067

정답

1 (A)	2 (B)	3 (B)	4 (B)	5 (C)
6 (C)	7 (B)	8 (C)	9 (B)	10 (C)
11 (C)	12 (C)	13 (B)	14 (A)	15 (B)
16 (B)	17 (D)	18 (A)	19 (B)	20 (C)
21 (A)	22 (A)	23 (D)		

Part 5

1
조기 퇴직에 관심 있는 직원들은 인사부의 Yang 씨에게 연락해야 한다.
(A) interested
(B) interesting
(C) interest
(D) interests

해설 주어인 employee가 감정을 느끼는 것이므로 과거 분사인 (A)의 interested가 정답이 된다.

어휘 retiring 퇴직하는   HR Department 인사부

2
3D 프린터는 흥미롭고 새로운 진전이며, 전문가들은 조만간 이것을 집에서도 이용할 수 있을 것이라고 예측한다.
(A) excite
(B) exciting
(C) excited
(D) excitement

해설 빈칸 뒤의 명사인 development를 수식할 수 있는 현재 분사형 형용사인 (B)의 exciting이 정답이 된다.

어휘 development 진전, 개발   expert 전문가   predict 예측하다
shortly 곧

3
유명한 건축가인 James King에 의해 영감을 받아서, 나는 건축 분야에서 일하기로 결정했다.
(A) Inspiring
(B) Inspired
(C) Inspiration
(D) Inspire

해설 분사구문 문제이다. 빈칸 뒤에 by가 있고, 종속절에 생략되어 있는 주어인 I가 '영감을 받았다'는 내용이므로 (B)의 Inspired가 정답이 된다.

어휘 architect 건축가   architecture 건축   inspire 영감을 주다

4
Wang 박사는 건강을 유지하기 위해서 무엇을 먹어야 할지 혼란스러워하는 참석자들에게 프레젠테이션을 할 것이다.
(A) confuse
(B) confused
(C) confusing
(D) confusion

해설 참석자들은 '혼란을 느끼는' 사람들이므로 과거 분사인 (B)의 confused가 정답이 된다.

어휘 attendee 참석자   healthy 건강한   confuse 혼란을 주다

5
Sherman 씨는 제시간에 출근하지 않아서 상사를 실망시켰다.
(A) pay
(B) see
(C) let
(D) vote

해설 '실망시키다'는 'let down'으로 표현할 수 있으므로 (C)의 let이 정답이 된다.

어휘 supervisor 상사   on time 정각에, 시간을 어기지 않고

6
Mille 씨는 매우 의욕적인 동료들과 지역의 스포츠 복합 단지를 건설하는 프로젝트를 하고 있다.
(A) motivate
(B) motivation
(C) motivated
(D) motivating

해설 '동기를 부여 받은 동료들'이라는 수동의 의미가 되므로 빈칸에는 과거 분사가 와야 한다. 따라서 정답은 (C)의 motivated 이다.

어휘 highly 매우   colleague 동료   sports complex 스포츠 복합
단지   motivate 동기를 부여하다

7
Cho 씨는 그의 일이 자신의 개인적인 생활을 방해하지 않도록 매우 노력해왔다.
(A) cooperate with
(B) interfere with
(C) succeed in
(D) deal with

해설 일이 개인 생활을 '방해하다'라는 의미가 되어야 자연스러우므로 보기 (B)의 interfere with가 정답이 된다.

어휘 cooperate with ~에 협조하다   interfere with ~을 방해하다

succeed in ~에 성공하다   deal with ~을 다루다

8

모든 세부 사항을 확인한 후, 품질 검사관은 제품이 출시되도록 승인했다.

(A) To check
(B) Checked
(C) Having checking
(D) Having been checked

[해설] 세부 사항을 확인 한 후에 승인을 하는 것이므로, 한 시제 앞선 분사구문인 (C)의 Having checking이 정답이 된다. 조사관이 확인을 한다는 의미일 것이므로 수동형인 (D)는 정답이 될 수 없다.

[어휘] specification 설명서, 세부사항   inspector 검사관
approval 승인   release 출시하다

9

의류점이나 가구점 같은 지역 업체들은 대형 체인점들과 경쟁해야 한다.

(A) comply with
(B) compete with
(C) belong to
(D) account for

[해설] 지역의 업체들과 대형 체인점들을 비교하는 문장이므로 '경쟁하다'라는 의미인 (B)의 compete with가 빈칸에 오는 것이 가장 적절하다.

[어휘] such as 예를 들면   comply with ~을 따르다   compete with ~와 경쟁하다   belong to ~에 속하다   account for ~을 설명하다

10

재무 위기를 경험한 후, 경영진은 LA 공장을 폐쇄하기로 결정했다.

(A) Experience
(B) Experiencing
(C) Having experienced
(D) Experienced

[해설] '재무 위기 경험'은 '공장 폐쇄 결정' 이전에 일어난 일이므로 완료형 분사구문이 되어야 한다. 따라서 (C)의 Having experienced가 정답이 된다.

[어휘] crisis 위기   close down 폐쇄하다

11

온라인 투표에서의 압도적인 지지를 받았기 때문에, Ozaki 씨가 세계 디자인 상을 수상했다.

(A) overwhelms
(B) overwhelmed
(C) overwhelming
(D) to overwhelm

[해설] 빈칸에는 명사인 support를 수식하는 단어가 와야 하므로 '압도하는'이라는 의미인 (C)의 overwhelming이 정답이 된다.

[어휘] poll 투표   overwhelm 압도하다

12

8월 1일부터, 마케팅 부서의 전 직원은 Powell 씨에게 보고해야 한다.

(A) function as

(B) vote for
(C) report to
(D) lead to

[해설] 보고의 의무를 나타내는 문장으로 해석해야 자연스러우므로 (C)의 report to가 정답이 된다.

[어휘] as of ~부로   function as ~로서 기능을 하다   vote for ~에 투표하다   report to ~에 보고하다   lead to ~로 이어지다

13

Quick Fix 수리점은 1사분기에 40퍼센트 정도 판매 향상에 성공하였다.

(A) increase
(B) increasing
(C) increased
(D) being increased

[해설] 판매를 '향상시키다'라는 능동의 의미를 가진 (B)의 increasing이 정답이 된다.

[어휘] succeed 성공하다   quarter 분기

14

콘서트 홀에 있는 관객들은 밴드의 매우 뛰어난 공연에 의해 매혹되었다.

(A) fascinated
(B) fascinating
(C) to fascinate
(D) being fascinated

[해설] 관객은 감정을 느끼는 대상이므로 과거 분사가 정답이 된다. 따라서 (A)의 fascinated 가 정답이다.

[어휘] audience 관객   exceptional 특출한   performance 공연
fascinate 매료하다

15

높은 실업률과 증가하는 이자율이 경제 위기에 기여했다.

(A) specialized in
(B) contributed to
(C) qualified for
(D) relied on

[해설] '실업률'과 '이자율 상승'은 경제위기에 영향을 준 요인들이므로 '~에 기여하다'라는 의미인 (B)의 contributed to가 정답으로 가장 적절하다.

[어휘] unemployment rate 실업률   interest rate 이자율   crisis
specialize in ~을 전문으로 하다   contribute to ~에 기여하다
qualify for ~에 자격을 얻다   rely on ~에 기대다

16

해외 마케팅 책임자는 Chen 씨가 헌신적이고 충성스러운 직원이기 때문에 그를 위한 추천서를 써 주었다.

(A) dedicate
(B) dedicated
(C) dedicating
(D) dedication

[해설] '헌신적인 직원'이 자연스러우므로 과거 분사인 (B)의 dedicated가 정답이 된다.

어휘 overseas 해외의 recommendation letter 추천서
dedicate 헌신하다 loyal 충성스러운

Part 6

[17-20]

안내: 호박 축제

올해의 축제는 이번 주 토요일과 일요일인 10월 10일과 11일에 Wilson 가족의 호박 밭에서 열릴 예정입니다. 축제 손님들은 다양한 가족 게임과 활동들을 하게 될 것인데, 페이스 페인팅과 라이브 음악이 이에 포함됩니다. 행사에서는 지역 주민들이 손수 만든 제품들을 판매할 수 있는 수공예 시장이 특징을 이룰 것입니다. 보통 때처럼, 모든 손님들은 이틀간의 축제 기간에 호박 밭에서 자신만의 호박을 뽑을 수 있습니다. **손님 한 분 당 한 개의 호박으로 제한합니다.** 각각의 호박은 무게에 따라 판매될 것입니다. 유기농으로 재배된 호박을 즐길 준비가 되셨나요? 입장료는 무료이므로, 최고의 호박을 원하신다면 일찍 오세요!

어휘 pumpkin patch 호박 밭 a variety of 다양한 feature ~을 특징으로 하다 craft 수공예품 according to ~에 따르면 weight 무게 organically 유기 재배로 admission 입장료

17
(A) held
(B) holds
(C) will hold
(D) will be held

해설 '축제가 열리다'라는 의미는 hold의 수동형인 'be held'와 같이 표현한다. 축제가 열리는 시기가 미래이므로 (D)의 will be held가 정답이 된다.

18
(A) including
(B) included
(C) being included
(D) to include

해설 '~을 포함하는'은 including으로 표현할 수 있다.

19
(A) 호박은 일반인에게 판매되지 않을 것입니다.
(B) 손님 한 분 당 한 개의 호박으로 제한합니다.
(C) 호박 파이는 오후 12시부터 2시까지만 판매될 것입니다.
(D) 집에서 장식한 호박을 꼭 가져오세요.

해설 빈칸 앞에 호박 밭에서 호박을 뽑을 수 있다는 내용이 언급되어 있다. 따라서 그 다음에는 연관된 내용이 나오는 것이 자연스러운데, (B)의 There a limit of one pumpkin per guest.가 빈칸에 들어가기에 가장 적절한 문장이다.

20
(A) grow
(B) grows
(C) grown
(D) growing

해설 '유기농으로 재배된 호박'이라는 의미가 되어야 자연스러우므로 수동형인 과거 분사 grown이 정답이 된다.

Part 7

[21-23]

First National 은행
새로 건설된 사우샘프턴 지점
개점일: 6월 12일 월요일

First National 은행은 20년 넘게 지역의 일부분이었고, 우리는 이제 사우샘프턴 지역으로 확장합니다. 우리의 새롭게 건설된 은행에서는 아래의 사항을 포함하는 매우 다양한 서비스를 제공합니다:

– 개인 당좌 예금 / 보통 예금
– 투자 상담 및 재무 프로필 관리
– 맞춤형 기업 계좌 관리
– 자동차 전용 창구 직원 및 24시간 자동차 전용 현금 자동 인출기

우리의 신규 지점을 축하하기 위하여, 보통 예금 계좌를 개설하고 최소 300달러를 예치하는 고객들은 선물로 50달러의 보너스를 받을 것입니다. 또한, 개점일에 선착순 250명의 고객에게는 무료 달력을 드립니다.

어휘 a wide variety of 매우 다양한 personalized 개인화된, 맞춤형 account 계좌 drive-thru 차에 탄 채 볼일을 볼 수 있는 teller 은행 출납원 celebrate 축하하다 deposit 저축하다 in addition 더불어

21
First National 은행에 대해 무엇이 언급되었는가?
(A) 새 지점을 열 것이다.
(B) 개인 업무만 다룰 것이다.
(C) South Hampton로 이동했다.
(D) 매우 오랫동안 그 지역에 있지 않았다.

해설 6월 12일에 사우샘프턴으로 확장할 것이라는 내용은 '미래'를 의미하기 때문에, 과거를 의미하는 내용의 (C)는 정답이 될 수 없다. 새로운 지점을 열 것이라는 내용인 (A)가 언급된 내용이다.

22
새로운 보통 예금 계좌를 개설하는 고객들에게는 무엇이 제공되는가?
(A) 현금
(B) 무료 상담
(C) 더 높은 이자율
(D) 특별 투자 기회

해설 보너스 50달러를 선물로 준다고(any customer who opens a savings account and deposits at least $300 will receive a $50 bonus as a gift from us.) 하였으므로 (A)의 Cash가 정답이 된다.

23
신규 지점에서 제공되지 않는 서비스는 무엇인가?
(A) 맞춤형 계좌 상담
(B) 언제든지 이용 가능한 자동차 전용 현금 자동 인출기
(C) 재무 프로필 관리
(D) 무료 온라인 뱅킹

해설 온라인 뱅킹은 지문에 언급되어 있지 않으므로 (D)의 Free online banking이 정답이 된다. 지문의 personalized가 (A)에서는 customized로 다르게 표현되었다.

01 명사의 역할과 자리

p.072

문법 연습

A

정답

1 information: 동사의 목적어 / employee welfare: 전치사의 목적어
2 suggestion: 주어 / crisis: 전치사의 목적어
3 lawyer: 주어 / candidate: 주어
4 shock: 보어 / deal: 보어

해석

1 그들은 직원 복지에 대한 많은 정보를 가지고 있다.
2 최근 위기에 대한 그의 제안은 적절한 것으로 생각된다.
3 변호사는 그 지원자가 직책에 적합하다고 생각하지 않는다.
4 우리가 거래를 성사되도록 하지 못한 것은 매우 충격적이다.

B

정답

1 (C)   2 (B)   3 (A)   4 (B)

해석

1

고객님의 금액이 지불되면 주문이 완료될 것입니다.

(A) pay
(B) paying
(C) payment
(D) payer

해설 빈칸은 종속절의 주어 자리이므로 동사인 (A)와 분사인 (C)는 정답에서 제외된다. 의미상 '지불'이라는 의미의 단어가 와야 하므로 (D) 또한 정답이 아니다. 따라서 (C)가 정답이다.

2

근무 환경의 개선은 생산성을 향상시키기 위한 핵심이다.

(A) improve
(B) improvement
(C) improving
(D) improved

해설 '근무 환경의 개선'이라는 문장의 주어를 완성해야 하므로 '개선'이라는 의미의 명사인 (B)의 improvement가 정답이다.

어휘 environment 환경   productivity 생산성   improve 향상시키다

3

휴가를 위해 그 도시로 오는 사람들의 수가 빠르게 증가하고 있다.

(A) vacation
(B) vacate
(C) vacating
(D) vacancy

해설 문맥상 '휴가를 위해' 그 도시에 온 사람들이라고 해야 자연스러우므로, for 다음에는 명사형인 vacation이 와야 한다. 따라서 정답은 (A)이다.

어휘 rapidly 빠르게   vacation 휴가   vacate 비우다   vacancy 공석

4

장학금을 신청하는 데에는 종종 많은 시간과 준비가 필요하다.

(A) Apply
(B) Applying
(C) Applications
(D) Applicants

해설 '장학금을 신청하는 것'이라는 의미의 주어를 완성해야 하는 문제이다. 주어 자리에 올 수 있는 것은 명사나 동명사인데, 단수 동사 takes가 쓰였으므로 복수 명사인 (C)의 applications가 아닌 동명사인 (B)의 applying이 정답이 된다.

어휘 scholarship 장학금   preparation 준비

02 가산 명사 / 불가산 명사

p.074

문법 연습

A

정답

1 a suggestion
2 a survey
3 The store
4 a beautiful view
5 a form
6 an account

B

정답

1 (D)   2 (C)   3 (A)   4 (D)

해석

1

그 일자리에 관심이 많았음에도 불구하고, 그녀는 회계 분야에서 많은 경험을 갖고 있지 않았다.

(A) account
(B) accounts
(C) accountants
(D) accounting

해설 문맥상 '회계 분야'라는 의미가 되어야 하므로 '회계'라는 뜻의 accounting이 정답이 된다. (A)의 account는 '계좌', (C)의

accountant는 '회계사'라는 의미의 명사들이므로 모두 정답이 될 수 없다.

어휘 account 계좌 accountant 회계사 accounting 회계

2
곧 있을 워크샵에서, 우리는 생산성을 향상시키기 위한 몇 가지 방법들을 논의할 것이다.
(A) product
(B) produce
(C) productivity
(D) producing

해설 '생산성을 향상시키다'라는 의미가 되어야 하므로 '생산성'이라는 뜻의 명사 (C) productivity가 정답이 된다. (B)의 produce는 '농산물'이라는 의미이다.

어휘 upcoming 곧 있을 be supposed to ~하기로 되어 있다 productivity 생산성

3
차량을 주차하기 위해, 당신은 주차증을 발급 받아야 한다.
(A) permit
(B) permitted
(C) permission
(D) to permit

해설 주차를 하려면 '주차증'을 발급 받아야 할 것인데, '주차증'은 'parking permit'이다. 이때 pertmit은 가산 명사이다. permission은 '허가'라는 의미일 때는 불가산 명사이며 '승인'이라는 의미일 때는 가산 명사인데, permission이 가산 명사로 사용될 경우 대개 복수형으로 사용된다.

어휘 obtain 얻다, 받다 permit 허가증 permission 허가

4
지역의 컨설턴트가 지역 사회에서 더 많은 사람들에게 우리 제품을 홍보하기 위한 몇 가지 제안 사항을 가지고 사무실을 방문할 것이다.
(A) suggest
(B) suggested
(C) suggestion
(D) suggestions

해설 문맥상 '제품을 홍보하기 위한 몇 가지 제안 사항'이라는 의미이므로 '제안, 제안 사항'이라는 의미의 명사인 (D)의 suggestions가 정답이 된다. 단수형인 (C)의 suggestion은 some과 함께 쓰일 수 없다.

어휘 consultant 상담사 advertise 광고하다 community 지역 사회 suggest 추천하다 suggestion 추천, 제안

03 주의해야 할 복합명사
p.076

문법 연습

A
정답
1 policy
2 openings
3 deadline

4 visitor's
5 fair
6 supplies

B
정답
1 (D) 2 (C) 3 (A) 4 (C)

해석
1
공사 현장에서는 보호용 헬멧이 항상 착용되어야 한다.
(A) construct
(B) constructing
(C) constructive
(D) construction

해설 '공사 현장'이라는 의미의 복합명사는 'construction site'이므로 정답은 (D)이다.

어휘 protective helmet 보호용 헬멧 at all times 항상 construction site 공사 현장

2
월요일과 화요일에 실시되는 안전 점검 때문에 그 건물에 있는 체육관은 문을 닫을 것이다.
(A) inspect
(B) inspector
(C) inspection
(D) inspecting

해설 '안전 점검'이라는 의미의 복합명사인 'safety inspection'을 알고 있다면 쉽게 풀 수 있는 문제이다.

어휘 shut down 멈추다 safety inspection 안전 점검

3
정부는 내년부터 이자율을 0.8퍼센트 인상하는 것에 동의했다.
(A) interest
(B) interests
(C) interesting
(D) interested

해설 'interest rate'는 '이자율'이라는 의미의 복합명사이므로 빈칸에는 (A)의 interest가 와야 한다.

어휘 government 정부 interest rate 이자율

4
다른 웹사이트에서 제품 후기를 읽어 보는 것은 구매할 때 더 나은 결정을 내리는 데 도움이 된다.
(A) produce
(B) production
(C) product
(D) producing

해설 의미상 '제품 후기'라는 의미가 되는 것이 자연스러우므로 '제품'을 의미하는 (C)의 product가 정답으로 가장 적절하다.

어휘 decision 결정 make a purchase 구매하다 produce 생산하다 production 생산 product 제품

정답

1 employment
2 management
3 supervision
4 supplier
5 foundation
6 tenancy
7 residents
8 investigation
9 participation
10 assistance

실전 연습   p.079

정답

1 (B)	2 (A)	3 (D)	4 (A)	5 (C)
6 (D)	7 (D)	8 (C)	9 (D)	10 (A)
11 (C)	12 (A)	13 (D)	14 (B)	15 (A)
16 (C)	17 (D)	18 (B)	19 (A)	20 (A)
21 (B)	22 (C)			

Part 5

1
공장에 오는 모든 방문객들은 안전 규정을 숙지하고 있어야 한다.
(A) wearing
(B) regulations
(C) purposes
(D) indication

해설 'safety regulations'는 '안전 규정'이라는 의미의 복합명사이다.

어휘 plant 공장   be aware of ~을 알다   safety regulations 안전 규정

2
최근의 예산 변경에 대한 의견을 강력하게 표현하고 싶다면, 당신은 회의에 참석해야 한다.
(A) opinion
(B) distribution
(C) estimate
(D) operation

해설 빈칸 앞의 동사인 express는 '표현하다'라는 의미이다. 보기들 중 express와 의미상 연관된 것은 (A)의 opinion뿐이다.

어휘 express 표현하다   recent 최근의   budget 예산   distribution 분배   estimate 추정; 견적서   operation 가동

3
육류 소비가 2007년 이후로 꾸준히 증가하고 있다.
(A) consume
(B) consumer
(C) consuming

(D) consumption

해설 빈칸은 주어 자리이므로 '소비'라는 의미의 명사인 (D)의 consumption이 정답이 된다. (B)의 consumer는 '소비자'라는 의미이므로 정답이 될 수 없으며, (C)의 consuming을 동명사로 볼 경우, '고기를 소비하는 것'이라는 의미가 되려면 'consuming meat'과 같은 순서가 되어야 한다.

어휘 steadily 꾸준히   consume 소비하다   consumer 소비자   consumption 소비

4
Kwan 씨의 관리자로서의 폭넓은 경험은 그녀가 해외 지사에서 더 나은 일자리를 찾는 것을 가능하게 했다.
(A) experience
(B) experienced
(C) experiencing
(D) experiential

해설 문맥상 'Kwan 씨의 관리자로서의 폭넓은 경험'이라는 의미가 되어야 하므로, '경험'이라는 의미의 명사인 experience가 정답이다.

어휘 extensive 광범위한   branch 지점, 지사   experience 경험   experienced 경험이 있는   experiential 경험에 의한

5
수년간의 헌신 이후에, Norman 씨는 마침내 과장으로 승진하였다.
(A) experiences
(B) efforts
(C) dedication
(D) experiment

해설 승진을 한 이유로 가장 적절한 것은 자신의 업무에 대한 '헌신'일 것이므로 정답은 (C)의 dedication이다.

어휘 promote 승진시키다   assistant manager 과장   effort 노력   dedication 헌신

6
회사가 올해 많은 금전적인 손실을 보고 있기 때문에 Crooks 씨는 압박을 많이 받고 있다.
(A) interests
(B) impression
(C) condition
(D) pressure

해설 원인을 나타내는 접속사 since 뒤의 내용을 보면 '회사가 손실을 보고 있다'는 내용이다. 이러한 상황에서 Crooks 씨는 '압박'을 느낀다는 내용이 되어야 자연스러우므로 정답은 (D)의 pressure이다. 'under pressure'는 '스트레스를 받는', '압박을 느끼는'이라는 뜻으로서 많이 사용되는 표현이다.

어휘 impression 인상   condition 조건, 상태   pressure 압박

7
전국에 걸쳐 교육자들을 위한 많은 고용의 기회가 있다.
(A) employ
(B) employee
(C) employer
(D) employment

해설 문맥상 '고용의 기회'라는 의미가 되어야 하므로 '고용'이라는 의미의 명사인 (D)의 employment가 정답이 된다.

어휘 opportunity 기회　educator 교육자　throughout 곳곳에　employ 고용하다　employee 종업원　employer 고용주　employment 고용

8

그 회사는 3개국어가 필요한 많은 양의 번역 업무를 수행할 능력 있는 번역가를 찾고 있다.
(A) translate
(B) translated
(C) translator
(D) translation

해설 빈칸 뒤의 관계대명사가 who이므로 '사람'을 의미하는 명사인 (C)의 translator가 정답이 된다.

어휘 translation 번역　translate 번역하다　translator 번역가

9

지역 과학 센터의 설립은 전 세계 여러 도시의 더 많은 가족들을 유치할 것으로 예상된다.
(A) founder
(B) found
(C) founding
(D) foundation

해설 빈칸 앞에 관사가 있으므로 명사인 (A)와 (D) 중에서 정답을 고르면 된다. 문장의 내용을 바탕으로 판단해 보면 '지역 과학 센터의 설립'이라는 의미가 되는 것이 자연스러우므로 '설립'이라는 의미의 명사인 (D)의 foundation이 정답이다.

어휘 founder 설립자　found 설립하다　foundation 설립

10

만일 당신이 장기 임차를 찾고 있다면, Hilo Gardens Residence가 안성맞춤일 것입니다.
(A) tenancy
(B) job
(C) landlord
(D) opening

해설 문맥상 '장기 임차'라는 의미가 되어야 하므로 '임차'라는 의미의 명사인 (A)의 tenancy가 정답이 된다.

어휘 tenancy 차용, 임차　landlord 임대주, 주인

11

우리는 복사기를 놓을 공간을 찾을 때까지 복사기의 배송을 미루고 싶습니다.
(A) deliver
(B) delivering
(C) delivery
(D) delivered

해설 빈칸의 앞에는 정관사인 the가 있고 뒤에는 전치사인 of가 있으므로 정답은 명사가 되어야 한다. 보기 중에서 명사는 delivery뿐이므로 정답은 (C)이다.

어휘 deliver 배달하다　delivery 배송

12

그 합의가 예상치 못하게 깨지자 엄청난 충격으로 다가왔다.
(A) shock
(B) shocked
(C) shocking
(D) to shock

해설 빈칸이 포함된 부분을 보면 '관사 + 형용사 + _____'의 구조이다. 이러한 구조에서 빈칸에는 명사밖에 올 수 없으므로 정답은 (A)이다.

어휘 agreement 합의　shock 충격

13

쇼핑몰의 편리함 때문에, 더 많은 사람들이 전통 시장보다는 쇼핑몰에 가는 것을 선택한다.
(A) convenient
(B) convene
(C) convening
(D) convenience

해설 빈칸은 정관사와 전치사 사이에 위치하고 있으므로, 빈칸에는 명사가 와야 한다. 따라서 정답은 (D)이다.

어휘 traditional 전통적인　convenient 편리한　convene 소집하다　convenience 편리함

14

그 휴대폰의 제조 업체는 새 전화기에 추가된 기능 덕분에 판매의 급격한 상승을 예상하고 있다.
(A) featuring
(B) features
(C) featured
(D) to feature

해설 '새 전화기에 추가된 기능들'이라는 의미가 되어야 하므로 '기능, 특성'이라는 의미의 명사 (B) features가 정답이 된다. 구조상으로도 빈칸 앞에 정관사가 있으므로, 빈칸에는 명사가 와야 한다.

어휘 feature 특성

15

공장 조사관은 문제가 무엇인지 파악하기 위해 우리를 방문할 예정이다.
(A) inspector
(B) inspection
(C) inspect
(D) inspecting

해설 문맥상 '공장 조사관이 방문한다'는 내용이 되어야 자연스러우므로 '조사관'이라는 의미의 명사인 inspector가 정답이 된다.

어휘 inspector 조사관　inspection 조사　inspect 조사하다

16

당신의 휴가를 위해 우리를 선택해 주셔서 감사 드리며, 휴가 기간 동안 즐거운 시간을 보내시기 바랍니다.
(A) vacate

(B) vacating

(C) vacation

(D) to be vacated

> 해설 빈칸 앞에 대명사의 소유격인 your가 있으므로 정답은 명사가 되어야 한다. 보기 중에서 명사는 (C)의 vacation뿐이므로 정답은 (C)이다.

Part 6

[17-20]

> 수신: 고객 서비스 센터 직원
> 발신: IT 부서
> 제목: 일시적인 시스템 장애
>
> IT 부서에서 오는 1월 12일 금요일 오후 12시에 하드웨어를 교체한다는 것을 다시 한 번 알려 드립니다. 이에 따라, 고객정보시스템의 메인 데이터베이스는 약 2시간 동안 이용이 불가능할 것입니다. 하지만, 인터넷은 영향을 받지 않을 것이므로, 여러분은 이메일을 이용할 수 있습니다. 일시적인 폐쇄 시간 동안 필요 데이터를 준비해 두시기 바랍니다. **필요한 이메일들을 복사해 두는 것을 잊지 마세요.** 이 시간 동안 서비스가 제한될 것이라는 사실을 고객들에게 알리는 공지를 보낼 것입니다. 문의 사항이 있으면 저희에게 알려주시기 바랍니다.

> 어휘 replace 교체하다　customer information 고객 정보　approximately 대략　unaffected 영향 받지 않는　access 접속하다　temporary 일시적인

17

(A) remind

(B) reminded

(C) reminding

(D) reminder

> 해설 빈칸 앞에 관사가 있고 뒤에는 관계대명사 that이 있으므로 정답은 명사인 (D)의 reminder이다. 'this is a reminder that ~'은 '~을 다시 한번 알려 드립니다'라는 의미의 표현이다.

18

(A) indicated

(B) unavailable

(C) inconvenient

(D) affordable

> 해설 문맥상 '고객 정보 시스템의 메인 데이터베이스는 약 2시간 동안 이용이 불가능할 것이다'라는 내용이 되어야 자연스러우므로 '이용이 불가능한'이라는 의미의 형용사인 (B)의 unavailable이 정답이다.

> 어휘 indicate 표시된　unavailable 이용이 불가능한　inconvenient 불편한　affordable 가격이 합리적인

19

(A) 필요한 이메일들을 복사해 두는 것을 잊지 마세요.

(B) 데이터베이스를 편집하지 마세요.

(C) 당신이 기록해 둔 고객 정보를 우리에게 보내 주세요.

(D) 필요한 고객 정보는 미리 다운로드할 수 있습니다.

> 해설 빈칸 앞에는 '필요한 데이터를 준비하라'는 내용이 언급되어 있

으므로, 이와 연관이 있는 '필요한 이메일을 복사해 두라'는 (A)의 내용이 자연스럽게 이어질 수 있다.

20

(A) notice

(B) notification

(C) notifying

(D) notices

> 해설 빈칸이 포함된 부분은 '고객에게 공지를 보낼 것이다'라는 의미이므로, '공지'라는 뜻의 명사인 notice가 정답이 된다. (B)의 notification 또한 '알림'이라는 의미의 명사이지만, 이는 불가산 명사이므로 관사 a 뒤에 쓰일 수 없다.

> 어휘 notice 공지　notification 알림

Part 7

[21-22]

> **Ramesh Adani [11:04 A.M.]**
> 안녕하세요, Alex. 귀찮게 해서 미안하지만, 제 이메일을 이용할 수가 없어요. 비밀번호가 잘못되었다고 하네요. 도와주시겠어요?
>
> **Alex Sokolov [11:06 A.M.]**
> 문제가 있다니 유감이에요. 제가 비밀번호를 다시 설정해 드릴게요. 잠시만 기다려 주세요.
>
> **Ramesh Adani [11:06 A.M.]**
> 네, 천천히 하세요.
>
> **Alex Sokolov [11:10 A.M.]**
> 좋아요, 제가 비밀번호를 다시 설정했어요. 사번을 임시 비밀 번호로 해서 로그인할 수 있어요. 다른 것도 도와 드릴까요?
>
> **Ramesh Adani [11:11 A.M.]**
> 와, 정말 빠르네요! 고마워요. 지금은 이것으로 됐어요.
>
> **Alex Sokolov [11:12 A.M.]**
> 도움이 되어서 기뻐요. 임시 비밀번호로 로그인한 후에 비밀번호를 꼭 변경하세요. 좋은 하루 되세요.

> 어휘 bother 귀찮게 하다　account 계정　temporary 임시의

21

Adani 씨는 왜 Sokolov 씨에게 메시지를 보내는가?

(A) 자신의 사번을 확인하기 위해서

(B) 자신의 이메일 계정에 접속하는 데 도움을 요청하기 위해서

(C) 자신의 로그인 아이디를 변경하기 위해서

(D) 새로운 이메일 주소를 요청하기 위해서

> 해설 Adani 씨는 자신의 이메일을 이용할 수가 없어서(I can't access my e-mail account) 도와달라고 하였으므로 (B)가 정답이 된다.

22

Sokolov 씨에 대한 사실로 옳은 것은 무엇인 것 같은가?

(A) 그는 Adani 씨의 상사이다.

(B) 그는 컴퓨터에 익숙하지 않다.

(C) 그는 기술지원 부서에서 근무하고 있다.

(D) 그는 Adani 씨와 나중에 회의를 할 것이다.

해설

해설 Adani 씨는 이메일에 접속하는 문제를 해결하기 위해 Sokolov 씨에게 도움을 요청했고, 그가 비밀번호를 다시 설정해 주고 있다. 따라서 Sokolov 씨는 기술지원 부서에서 근무한다고 추측할 수 있으므로 정답은 (C)이다.

Chapter 7 | 대명사 Pronouns

01 인칭대명사 p.084

문법 연습

A

정답

1 she / 주격
2 mine / 소유대명사
3 it / 주격
4 your / 소유격
5 me / 목적격

B

정답

1 (C)   2 (A)   3 (A)   4 (B)

해석

1
업무 평가에서 A를 받은 직원들은 승진할 것 같다.
(A) they
(B) them
(C) their
(D) theirs

해설 인칭대명사의 소유격은 명사와 함께 쓰인다. 따라서 (C)의 their가 정답이 된다.

어휘 performance review 업무 평가   be likely to ~할 것 같다   promotion 승진

2
시의 공무원들은 보수공사로 인하여 4월 4일까지 11번가를 폐쇄한다고 발표했다.
(A) they
(B) them
(C) their
(D) theirs

해설 빈칸은 주어 자리이므로 주격 인칭대명사인 (A)가 정답이 된다.

어휘 announce 발표하다   repair 수리

3
Smith 씨의 승진은 그녀가 본사로 전근을 가야 한다는 것을 의미한다.
(A) she
(B) her

(C) hers
(D) herself

해설 빈칸은 주어 자리이므로 여성을 나타내는 주격 인칭대명사인 (A)의 she가 정답이 된다.

어휘 transfer 전근 가다   headquarters 본사

4
여권을 찾으실 때, 저희에게 다른 신분증명서를 보여 주셔야 합니다.
(A) we
(B) us
(C) our
(D) ourselves

해설 show 뒤에 있는 빈칸은 간접목적어 자리이다. 따라서 '우리에게'를 뜻하는 목적격 인칭대명사인 us가 정답이 된다.

어휘 pick up ~을 찾다   form of identification 신분증

02 재귀대명사 / 지시대명사 p.086

문법 연습

A

정답

1 Those
2 that
3 yourself
4 herself
5 himself

B

정답

1 (B)   2 (D)   3 (B)   4 (A)

해석

1
IT 교육에 관심이 있는 사람들은 인사부의 Kelly 와 이야기해야 한다.
(A) That
(B) Those
(C) Anyone
(D) Them

해설 'those who'는 '~하는 사람들'이라는 뜻으로 쓰이므로 보기 (B)가 정답이 된다.

어휘 be interested in ~에 관심이 있다   Human Resources 인사부

2
최종 목적지에 도착하면 궂은 날씨에 대비하시기 바랍니다.
(A) you
(B) your
(C) yours
(D) yourself

[해설] 빈칸은 동사 prepare의 목적어 자리이다. 명령문에서 생략된 주어는 you이고 목적어는 주어와 같으므로 재귀대명사가 적합하다. 따라서 (D)가 정답이 된다.

[어휘] prepare 준비하다   inclement (날씨가) 나쁜   final destination 최종 목적지

3

Munroe 씨는 런던을 방문할 예정이고 고객과의 합의를 혼자서 마무리할 것이다.

(A) she
(B) her
(C) its
(D) herself

[해설] 'on one's own'은 '혼자서'라는 뜻의 표현이다. 따라서 소유격인 (B)의 her가 정답이 된다.

[어휘] be scheduled to ~할 예정이다   finalize 마무리하다

4

시장 조사에 따르면, Dyco의 최신 진공 청소기는 LK 전자의 것과 매우 비슷하다.

(A) that
(B) those
(C) this
(D) it

[해설] 문장 앞에 나온 명사를 받는 대명사는 that이다. 따라서 (A)가 정답이 된다.

[어휘] according to ~에 따르면   latest 최근의   vacuum cleaner 진공 청소기

03 부정대명사   p.088

문법 연습

A

[정답]

1 each other
2 Some
3 another
4 Most
5 all

B

[정답]

1 (C)   2 (A)   3 (B)   4 (B)

[해석]

1

Garcia 씨는 추천서에서 Ling 씨가 다른 사람들과 매우 잘 지낸다고 작성했다.

(A) other
(B) another

(C) others
(D) both

[해설] 부정대명사 중 불특정 다수의 사람들을 이야기할 때에는 others를 쓴다.

[어휘] state 쓰다, 명시하다   letter of recommendation 추천서

2

Patel 씨가 오늘은 불참했지만, 그녀는 올해 어떤 중역 회의도 불참하지 않았다.

(A) any
(B) some
(C) a little
(D) either

[해설] 어떤 중역 회의도 빠지지 않았다는 의미가 되어야 하므로, '어떠한 ~도 아닌'이라는 구문인 'any of the 복수 명사'로 표현해야 한다. 따라서 (A)가 정답이다.

[어휘] miss 놓치다   board meeting 중역 회의

3

Concord 전자의 Gala 스마트폰은 현재 시장에서 가장 가벼운 것이다.

(A) another
(B) one
(C) any
(D) either

[해설] 하나를 가리킬 때에는 부정대명사 one이 가장 적절하다. 따라서 (B)가 정답이다.

[어휘] currently 현재   lightest 가장 가벼운

4

Rufus 씨는 기술 세미나에서 받은 두 개의 질문에 모두 답할 수 없었다.

(A) a little
(B) either
(C) neither
(D) every

[해설] 'either of the two + 복수명사'가 not 뒤에 쓰이면 '둘 중 어느 하나도 ~가 아니다'와 같은 의미가 된다.

[어휘] receive 받다

토익 실전 어휘 | 명사 어구   p.090

[정답]

1 reviews
2 survey
3 figures
4 procedures
5 commodities
6 plan
7 candidate
8 quality
9 stability
10 registration

실전 연습

p.091

[정답]

1 (C)	2 (D)	3 (D)	4 (A)	5 (D)
6 (B)	7 (A)	8 (B)	9 (C)	10 (C)
11 (B)	12 (A)	13 (B)	14 (A)	15 (B)
16 (D)	17 (C)	18 (A)	19 (A)	20 (A)
21 (C)	22 (B)	23 (A)		

Part 5

1
KTS 파이낸스의 부사장은 교통 정체를 피하기 위하여 매일 아침 자전거로 출근한다.
(A) he
(B) him
(C) his
(D) himself

[해설] 명사 앞에는 소유격 대명사가 와야 하므로 (C)가 정답이 된다.

[어휘] vice president 부사장   avoid 피하다   traffic 교통정체

2
Carpenter 씨는 100달러만 본인에게 남겨 두고 대부분의 돈을 자선 단체에 기부했다.
(A) he
(B) him
(C) his
(D) himself

[해설] 전치사의 목적어 자리에 알맞은 인칭대명사는 목적격이지만 주어와 목적어가 같으므로 재귀대명사를 써야 한다. 따라서 (D)의 himself가 정답이 된다.

[어휘] give away 기부하다   charity 자선 단체

3
전 직원이 바쁘기 때문에, Garcia 씨는 그 프로젝트를 혼자서 끝내기 위하여 추가 근무를 해야 했다.
(A) she
(B) her
(C) hers
(D) herself

[해설] '혼자서'라는 표현은 'by oneself'이므로 정답은 (D)의 herself이다.

[어휘] entire 전체의   overtime 추가 근무하다   complete 마무리하다, 끝내다

4
Stanley 은행에서 일하는 직원들은 토요일과 일요일에 근무할 때 추가 수당을 받을 것이다.
(A) they
(B) them
(C) their
(D) themselves

[해설] 빈칸은 종속절의 주어 자리이므로 주격 인칭대명사인 (A)의 they가 정답이 된다.

[어휘] additional pay 추가 수당

5
Oliver 씨가 어떠한 도움도 요청하지 않고 스스로 어려움을 해결할 것이라고는 아무도 기대하지 않았다.
(A) he
(B) him
(C) his
(D) himself

[해설] 빈칸이 없더라도 완전한 문장이기 때문에, 빈칸에는 강조의 역할을 할 수 있는 재귀대명사가 와야 한다. 정답은 (D)이다.

[어휘] handle 해결하다, 다루다   assistance 도움

6
회의에 참석한 많은 직원들이 산업 분야의 경험이 있기는 하지만, 우리들 중 몇 명만 발표를 이해할 수 있다.
(A) we
(B) us
(C) our
(D) ourselves

[해설] 전치사 of 뒤에 올 수 있는 대명사를 고르는 문제이므로 목적격인 (B)의 us가 정답이 된다.

[어휘] industrial 산업의

7
Liu 씨와 Wang 씨는 Ecolin 사에서 동시에 근무하기 시작했고, 두 사람 모두 이번 달에 승진했다.
(A) both
(B) every
(C) many
(D) much

[해설] 두 명 모두는 both를 써서 표현하므로 (A)가 정답이다.

[어휘] at the same time 동시에

8
고층 빌딩은 다른 건물들의 전망을 방해하는 지역에는 건설될 수 없다.
(A) ones
(B) others
(C) another
(D) themselves

[해설] '다른 것들'로 해석되고 불특정한 다수를 나타내는 부정대명사는 others이므로 (B)의 others가 정답이 된다.

[어휘] high-rise building 고층 건물   block 가리다   view 전망

9
새 서점은 고객들로 붐볐지만 몇몇은 구매하지 않을 것이다.
(A) every
(B) little
(C) some
(D) one

해설 '몇몇의 고객'을 나타낼 수 있는 부정대명사는 some이므로 정답은 (C)이다.

어휘 bookstore 서점　be crowded with ~로 붐비다　purchase 구입

10

최신 장비에 관한 추가 정보를 원하시면 저희 웹 사이트를 참고해 주세요.
(A) we
(B) us
(C) our
(D) ours

해설 명사 앞에는 소유격이 와야 하므로 (C)의 our가 정답이 된다.

어휘 take a look at ~를 살펴보다　regarding ~에 관하여　equipment 장비

11

대부분의 직원들은 1사분기 판매 할당량을 달성하기 위하여 초과 근무를 해오고 있다.
(A) proximity
(B) quota
(C) basis
(D) reputation

해설 '판매 할당량'이라는 의미가 되어야 자연스러우므로 (B)의 quota가 정답이 된다.

어휘 quarter 분기　proximity 근접, 가까움　sales quota 판매 할당량　reputation 평판

12

조선 업계의 기업들은 계약을 성사시키기 위해서 경쟁 우위를 개발할 필요가 있다.
(A) edge
(B) shift
(C) claim
(D) demand

해설 'competitive edge'는 '경쟁 우위'를 뜻하는 명사구이다. 따라서 (A)의 edge가 정답이다.

어휘 shipping industry 조선업　competitive edge 경쟁 우위　shift 근무조　claim 청구, 주장　demand 요구

13

Chun 씨는 계약서 초안이 언제쯤 그녀가 검토할 수 있도록 준비될 것인지 알고 싶어 했다.
(A) she
(B) her
(C) hers
(D) herself

해설 to부정사의 의미상의 주어를 완성하는 문제이다. 의미상 주어는 'for + 목적격' 구조이므로 정답은 (B)이다.

어휘 first draft 초안　review 검토하다

14

뉴욕 공항에 있는 모든 가방은 철저하게 세관원에 의해 검사될 것이다.
(A) customs
(B) customers
(C) competence
(D) comparable

해설 '세관원'은 'customs official'로 표현한다. 따라서 (A)가 정답이 된다.

어휘 baggage 가방　thoroughly 철저히, 완전히　competence 능숙함　comparable 비교할 만한

15

문화 체육 시설을 건설하기 위한 모든 제안은 이번 주에 승인될 것 같다.
(A) Little
(B) All
(C) Every
(D) Any

해설 복수 명사를 받아야 하고, 문장의 동사가 복수형인 are이므로 all이 정답이 된다.

어휘 proposal 제안서　are likely to ~할 것 같다　approve 승인하다

16

시 정부는 소규모 사업을 위한 새로운 지불 수단을 도입하고자 노력하고 있다.
(A) capacity
(B) material
(C) role
(D) method

해설 문맥상 지불 수단, 방법의 의미가 되어야 하므로 (D)의 method가 정답이 된다.

어휘 adopt 채택하다, 도입하다　payment 지불　capacity 용량, 수용력　material 재료　role 역할

Part 6

[17-20]

수신: mia.a@ymail.com
발신: m_issa@zod.com
날짜: 1월 19일
제목: 최근 주문 업데이트

Alexopoulos 씨께,

최근에 저희 웹사이트에서 주문해 주셔서 감사합니다. 필요하신 모든 것을 찾을 수 있으셨기를 바랍니다.

하지만, 주문하신 순수 오크 책상(#33454)이 현재 매진되었다는 말씀을 드리게 되어 유감입니다. 나머지 주문하신 것들은 즉시 배송될 예정이지만, 이 제품은 공장으로부터 상품을 수령할 때까지 지연될 것입니다. **도착하자마자 알려 드리겠습니다.** 이 문제로 인한 불편함에 대해 진심으로 사과 드립니다.

이해해 주셔서 감사 드리며 문제에 대해 다시 한 번 사과 드립니다. 질문이 있으시면 망설이지 마시고 연락주세요.

Mohamed Issa 드림
Zenith Office Direct

어휘 recent 최근의　regret 후회하다　solid (다른 물질이 섞이지 않은) 순수한　be sold out 매진되다　rest 나머지　ship 배송하다　immediately 즉시　delay 연기하다　inconvenience 불편함　cause 야기하다　apologize 사과하다　hesitate 주저하다

17
(A) we
(B) us
(C) our
(D) ours

해설 명사 앞에는 소유격이 와야 하므로 (C)가 정답이 된다.

18
(A) you
(B) your
(C) yours
(D) yourself

해설 빈칸은 관계대명사 절의 주어 자리이므로 주격 인칭대명사인 you가 정답이 된다.

19
(A) 도착하자마자 알려 드리겠습니다.
(B) 환불을 완료하는 데 문제가 없습니다.
(C) 저희 웹사이트는 일요일까지 사용할 수 없습니다.
(D) 오늘까지 송장을 받으실 수 있습니다.

해설 공장으로부터 상품을 수령할 때까지 기다려 달라는 내용이 바로 앞에 언급되어 있다. 이와 바로 연관되는 내용은 공장에서 도착하자마자 알려주겠다는 내용일 것이므로 정답은 (A)이다.

20
(A) hesitate
(B) hesitant
(C) hesitating
(D) hesitation

해설 빈칸은 동사 자리이며 앞에 don't가 있으므로 동사의 원형인 (A)의 hesitate가 정답이 된다.

Part 7

[21-23]

Prime Depot
브라운 가 44번지
런던
W1T 1JY

날짜	6월 22일	송장 번호	901AK
청구지	JR 법률회사, 83 Mare가, 런던, SW1A		

상품	개당 가격	총액
6 x A4 종이 상자	80.00달러	480.00 달러
12 x 빨간색 펜 (상자)	6.50달러	78.00 달러
4 x 복사기 충전 토너	25.00달러	100.00 달러
6 x 표준 봉투 (상자)	8.00달러	48.00 달러
6 x 문서 봉투 (상자)	12.00달러	72.00 달러
소계		778.00 달러
세금		69.24 달러
총액		847.24 달러

결제는 배송 시 현금이나 수표로 하거나 미리 신용카드로 하실 수 있습니다.

어휘 envelope 봉투　delivery 배송　in advance 미래

21
Prime Depot는 무엇일 것 같은가?
(A) 금융 사무소
(B) 법률 회사
(C) 사무용품 회사
(D) 인쇄 회사

해설 송장의 상품 내역을 통해 Prime Depot은 사무용품을 판매하는 회사임을 알 수 있다. 따라서 (C)가 정답이 된다.

22
JR 법률 회사는 A4 종이 몇 상자를 주문했는가?
(A) 4
(B) 6
(C) 8
(D) 12

해설 송장에 따르면 6개의 종이 상자를(6 x A4 Paper Crate) 주문했으므로 (B)가 정답이 된다.

23
가능한 결제 방법으로 언급된 것은 무엇인가?
(A) 카드 결제
(B) 은행 송금
(C) 사전 현금 결제
(D) 직접 상품권 결제

해설 마지막 부분에서 미리 신용카드로 결제할 수 있다고 했으므로 (A)가 정답이 된다. 현금 결제는 배송 시에 가능하다고 했으므로 사전에 현금 결제한다는 의미의 (C)는 정답이 될 수 없다.

Chapter 8 | 형용사 Adjectives

01 형용사의 역할
p.096

문법 연습

A

정답

1 calm / 주격 보어
2 open / 목적격 보어
3 silent / 주격 보어
4 healthy / 목적격 보어
5 informed / 목적격 보어

B

정답

1 (B)　　2 (C)　　3 (B)　　4 (A)

해석

1

Wilson 씨는 항상 부서원들로부터 창의적인 아이디를 받아들일 준비가 되어 있다.

(A) create
(B) creative
(C) creation
(D) creatively

해설 빈칸에는 명사 ideas를 꾸며주는 형용사가 필요한데, 보기에서 형용사는 (B)의 creative이다.

어휘 accept 받아들이다　creative 창조적인　creation 창조
creatively 창조적으로

2

당신이 이 기기를 조립하려고 할 때 동봉된 매뉴얼이 유용하다고 생각할 것이다.

(A) use
(B) using
(C) useful
(D) usefully

해설 빈칸은 동사 find의 목적어인 manual의 목적격 보어 자리이므로 형용사인 (C)의 useful이 정답이 된다.

어휘 attach 첨부하다　assemble 조립하다　useful 유용한
usefully 유용하게

3

도서관에 있을 때에는 다른 사람을 배려해 주세요.

(A) consider
(B) considerate
(C) consideration
(D) considering

해설 빈칸에는 be동사의 보어가 될 수 있는 형용사가 필요하다. 보기에서 형용사는 (B)의 considerate이다.

어휘 considerate 배려하는　consideration 숙고

4

우리는 지난해에 겪었던 문제를 피하기 위해서 가능한 모든 행동을 기꺼이 취할 것입니다.

(A) possible
(B) possibly
(C) possibility
(D) be possible

해설 빈칸은 명사인 action을 앞에서 꾸며주는 역할을 하고 있으므로 형용사를 정답으로 골라야 한다. 따라서 정답은 (A)이다.

어휘 in order to ~하기 위하여　possible 가능한　possibly 가능하게　possibility 가능성

02 수량 형용사
p.098

문법 연습

A

정답

1 much
2 All
3 no
4 each
5 some

B

정답

1 (D)　　2 (C)　　3 (A)　　4 (B)

해석

1

Office Works는 다양한 사무용품과 가구를 판매하고 있다.

(A) varying
(B) varied
(C) variable
(D) variety

해설 'a variety of'는 '다양한'이라는 의미의 구문이다. variety 앞에 wide와 같은 형용사를 써서 강조를 하기도 한다.

어휘 office supply 사무용품　varying 가지각색의; 변화하는
variable 변동이 심한　variety 다양성

2

모든 직원들은 하루 휴가를 내기 전에 허가를 받아야 한다.

(A) Both
(B) Either
(C) Every
(D) Some

해설 주어가 단수 명사이고, 의미상으로 '모든 직원'이라는 뜻이 되어야 하므로 (C)의 Every가 정답이 된다.

어휘 permission 허가　day-off 하루 동안의 휴가

3

우리는 이 보고서를 끝내기 전에 몇몇의 포커스 그룹들과 컨설팅을 했다.

(A) a couple of
(B) a little
(C) any
(D) a great deal of

해설 'focus groups'를 수식하는 수량형용사를 골라야 하는 문제이다. 'focus groups'는 복수형이므로 복수 가산 명사 앞에 올 수 있는 (A)의 'a couple of'가 정답이 된다.

어휘 focus group 포커스 그룹(연구를 위해 선별된 사람들의 집단)

4

최근의 조사에 따르면 몇몇 고객들은 우리 제품에 대해 많은 신뢰를 갖고 있지 않다.

(A) many
(B) much
(C) a couple of
(D) few

해설 불가산 명사 trust를 꾸밀 수 있는 형용사가 필요하다. 보기에서는 (B)의 much가 불가산 명사를 수식할 수 있다.

어휘 reveal 드러내다   trust 신뢰

03 주의해야 할 형용사 구문   p.100

문법 연습

A

정답

1 eligible to
2 able to
3 aware of
4 accessible to
5 familiar with

B

정답

1 (B)   2 (B)   3 (A)   4 (C)

해석

1

이 프로그램 일정은 공지 없이 변경될 수 있음을 알려 드립니다.

(A) able
(B) subject
(C) equivalent
(D) consistent

해설 'be subject to'는 '~하기 쉽다, ~하는 경향이 있다'라는 의미이다. '일정이 변경될 수 있다'는 의미가 되어야 자연스러우므로 정답은 (B)이다.

어휘 schedule 일정   be subject to ~하기 쉽다   equivalent 동등한   consistent 일관된

2

회사에서는 당신이 받은 상품이나 서비스에 대해 책임을 지지 않습니다.

(A) ready
(B) responsible
(C) aware
(D) comparable

해설 '~을 책임지다'라는 의미가 되어야 하므로 'be responsible for'가 정답이 된다. 'be ready for'는 '~할 준비가 되다'라는 뜻이며, aware와 comparable은 전치사 to와 함께 쓰인다.

어휘 responsible 책임이 있는   comparable 비교할 만한

3

Atlantic Steakhouse는 새로운 메뉴에 대해 비판적이었던 모든 비평가들을 초대할 계획이다.

(A) critical
(B) critic
(C) critics
(D) criticism

해설 빈칸은 형용사 자리이므로 형용사인 (A)의 critical이 와야 한다. 'be critical of' 구문을 암기해 두자.

어휘 invite 초대하다   critical 비판하는   critic 비평가   criticism 비평, 평론

4

마케팅 전문가 팀은 새로운 전략이 우리 제품의 홍보에 적합한지 아닌지를 알아낼 것이다.

(A) famous
(B) applicable
(C) suitable
(D) likely

해설 문장을 해석해 보면 새로운 전략이 제품 홍보에 '적합한지'를 알아낼 것이라는 내용이 되어야 자연스럽다. 따라서 정답은 (C)이다.

어휘 specialist 전문가   determine 결정하다   strategy 전략   applicable 적용되는   suitable 적합한   likely ~할 것 같은

토익 실전 어휘 │ 혼동하기 쉬운 형용사   p.102

정답

1 preventive
2 confidential
3 managerial
4 prospective
5 successive
6 responsive
7 long-lasting
8 compatible
9 beneficial
10 dependable

정답

1	(B)	2	(A)	3	(B)	4	(C)	5	(A)
6	(A)	7	(A)	8	(C)	9	(B)	10	(D)
11	(A)	12	(B)	13	(C)	14	(B)	15	(B)
16	(D)	17	(B)	18	(B)	19	(C)	20	(C)
21	(C)	22	(A)								

Part 5

1
혹시 문의 사항이 있으면, 우리 직원들 중 한 명에게 연락해 주세요.
(A) either
(B) any
(C) none
(D) few

해설 가산 복수 명사인 inquiries를 꾸밀 수 있는 수량 형용사가 필요하다. 보기에서 복수 명사 앞에 올 수 있는 것은 (B) any와 (D) few인데, 빈칸이 포함된 절은 조건절이므로 any가 적합하다.

어휘 representative (판매) 대리인   inquiry 문의

2
여기에서 취급되는 모든 문서들은 비밀로 유지되어야 한다.
(A) confidential
(B) confidence
(C) confidentially
(D) confident

해설 동사 be kept의 보어 자리에는 형용사가 필요하다. 보기에서 형용사는 (A)와 (D)인데, 문맥상 '기밀의'라는 의미인 (A)의 confidential이 빈칸에 오기에 적절하다.

어휘 deal with 다루다   confidential 비밀의, 기밀의   confidence 확신   confidentially 은밀하게   confident 확신하는

3
Labor Review Board는 최근에 20분간의 휴식이 공장 노동자의 효율성에 미치는 영향에 대한 종합적인 연구 보고서를 발표했다.
(A) comprehend
(B) comprehensive
(C) comprehensively
(D) comprehending

해설 '관사 + 형용사 + 명사' 구조이므로 빈칸에는 형용사인 (B)의 comprehensive가 와야 한다.

어휘 recently 최근에   publish 출판하다, 발표하다   efficiency 효율성   comprehend 이해하다   comprehensive 종합적인

4
현대적인 가구를 합리적인 가격에 구매하기 원한다면, 우리의 오프라인 상점에 방문해 주세요.
(A) afford
(B) afforded
(C) affordable
(D) affording

해설 빈칸은 명사인 prices를 수식하는 형용사가 와야 할 자리이므로 '합리적인'이라는 뜻의 형용사인 affordable이 와야 한다.

어휘 afford 여유가 되다   affordable 가격이 합리적인

5
그들은 특별한 여행 경험을 제공하기 위해 20년 전에 회사를 설립했다.
(A) special
(B) specially
(C) specialty
(D) specific

해설 빈칸이 관사와 명사 사이에 있으므로 형용사인 (A)와 (D) 중에서 정답을 골라야 한다. 문맥상 '특별한'이라는 의미의 형용사인 (A)의 special이 정답이 된다. specific은 '구체적인'이라는 의미이므로 정답으로 적절하지 않다.

어휘 special 특별한   specialty 특별함   specific 구체적인

6
유일하게 이용 가능한 회의실은 건물의 지층에 있다.
(A) available
(B) previous
(C) advanced
(D) personal

해설 보기가 모두 형용사이므로 의미가 적절한 보기를 정답으로 골라야 한다. '이용 가능한 회의실'이라는 뜻이 되어야 하므로 (A)의 available이 정답이 된다.

어휘 available 이용 가능한   previous 이전의   advanced 고급의   personal 개인적인

7
건강 보험을 더 많은 사람들이 이용할 수 있도록 하기 위해서 정부의 새로운 정책이 시행될 것이다.
(A) accessible
(B) considerable
(C) apprehensible
(D) diverse

해설 'make + 목적어 + 목적보어'의 구문을 완성하는 문제이다. 목적보어 자리에는 형용사가 올 수 있는데, 문맥에 맞는 형용사는 '접근 가능한, 이용 가능한' 이라는 의미의 (A) accessible이 된다.

어휘 policy 정책   implement 시행하다   health insurance 건강 보험   accessible 접근 가능한, 이용 가능한   considerable 상당한, 많은   apprehensible 이해할 수 있는   diverse 다양한

8
웹사이트가 개선된 후에, 고객들은 온라인 쇼핑을 하는 동안 확실한 이점을 누릴 수 있게 될 것이다.
(A) applicable
(B) experienced
(C) distinct
(D) different

해설 문맥상 '확실한 이점'이라는 의미가 되어야 하므로, '뚜렷한'이라는 뜻의 형용사인 (C)의 distinct가 정답이 된다.

어휘 advantage 이점, 장점 applicable 해당되는, 적용되는 distinct 뚜렷한, 분명한

9
예방 조치로써, 당신은 컴퓨터 작업을 할 때 파일을 백업해 두어야 한다.
(A) successive
(B) preventive
(C) projective
(D) complementary

해설 컴퓨터로 작업할 때 파일을 백업해두는 것은 '예방 조치'일 것인데, '예방 조치'는 'preventive measure'로 표현되므로 정답은 (B)이다.

어휘 measure 수단 successive 연속적인 preventive 예방을 위한 projective 투영의; 돌출한; 속마음을 나타내는 complementary 상호 보완적인

10
졸업 후에 관리직에 들어가는 데에는 대략 10년 이상이 걸린다.
(A) manageable
(B) prosperous
(C) versatile
(D) managerial

해설 '관사 + 형용사 + 명사'의 구조를 완성하는 문제이다. 문맥상 '관리직'이라는 뜻을 완성해야 하므로, '관리의'라는 의미의 형용사인 (D)의 managerial이 정답이 된다. (A)의 manageable은 '관리할 수 있는'이라는 뜻이다.

어휘 graduation 졸업 manageable 처리할 수 있는 prosperous 번영한, 번창한 versatile 다재다능한 managerial 경영의, 관리의

11
자리를 떠나실 때는 개인 소지품을 잘 챙겨 주세요.
(A) personal
(B) promising
(C) personnel
(D) prospective

해설 빈칸은 형용사 자리이므로 '직원들', '인사과'라는 의미의 명사인 (C)는 정답에서 제외된다. 문장을 해석해 보면 '개인적인 물건'이라는 의미가 되는 것이 자연스러우므로 정답은 (A)의 personal이다.

어휘 belongings 소유물 unattended 지켜보는 사람이 없는 promising 유망한 personnel 직원들 prospective 장래의

12
두 후보자들의 학문적 배경은 다르지만, 경력의 측면에서는 비슷하다.
(A) reasonable
(B) comparable
(C) available
(D) responsive

해설 적절한 의미의 형용사를 골라야 한다. 종속절 접속사가 although이므로 주절은 종속절과 반대의 의미일 것이다. 따라서 종속절의 different와 반대의 뜻을 지닌 comparable이 정답이 된다.

어휘 candidate 후보자 background 배경 in terms of ~의 면에서 reasonable 합리적인 comparable 비슷한 responsive 즉각 반응하는

13
여러 가지 야채와 과일이 있는 무료 샐러드 바를 제공해드리게 되어 기쁩니다.
(A) compatible
(B) subsequent
(C) complimentary
(D) indifferent

해설 빈칸이 포함된 부분은 '_____한 샐러드 바'라는 의미인데, 보기들 중에서 '무료의'라는 의미인 (C)의 complimentary가 빈칸에 오는 것이 가장 자연스럽다.

어휘 compatible 양립할 수 있는 subsequent 다음의, 차후의 complimentary 무료의 indifferent 무관심한

14
고객의 반응이 호의적이지 않다면, 당신은 사업을 운영하는 방식을 바꿀 필요가 있다.
(A) favorite
(B) favorable
(C) considerate
(D) comparable

해설 주절의 내용이 '운영 방식을 바꿔야 한다'는 내용이므로, 고객의 반응이 '부정적'일 것이라고 예상할 수 있다. 그런데 빈칸 앞에 not이 있으므로 빈칸에는 '호의적'이라는 뜻의 형용사인 (A)의 favorable이 오는 것이 자연스럽다.

어휘 response 반응 favorite 좋아하는 favorable 호의적인 considerate 배려하는

15
공공장소에서 전화 통화를 할 때에는 다른 방문객을 배려해 주세요.
(A) considerable
(B) considerate
(C) considering
(D) conclusive

해설 '다른 방문객을 배려하다'라는 의미가 되어야 의미가 자연스러우므로, '배려하는'이라는 의미의 형용사인 (B)의 considerate가 정답이 된다. (A)의 considerable은 '상당한'이라는 의미의 형용사이다.

어휘 considerable 상당한 conclusive 결정적인, 확실한

16
직원의 혜택에 대해 궁금한 점이 있으면, 인사과로 연락해 주세요.
(A) dependent
(B) competitive
(C) countable
(D) personnel

해설 'benefits for employees'는 '직원의 혜택'이므로, 이에 대해 문의할 것이 있다면 '인사과'에 연락해야 할 것이다. 인사과는 'personnel department'이므로 정답은 (D)이다.

어휘 dependent 의지하는 competitive 경쟁력 있는
countable 셀 수 있는

Part 6

[17-20]

Taylor 씨께

6월 22일에 보내주신 편지 감사합니다. 지난주 여행 기간 동안에 받으신 서비스가 불만족스러웠다는 말씀을 듣게 되어 유감입니다. 우선, 도착하셨을 때 방이 제대로 청소되지 않은 것에 대해 사과 드립니다. 얼마나 불쾌감을 느끼셨을지 이해가 됩니다. **제가 룸 서비스 팀장에게 즉시 얘기하도록 하겠습니다.** 룸 서비스와 관련하여, 아침 식사가 늦게 도착하여 식사를 거르고 떠나시게 되어 정말 죄송합니다. 이 일은 매우 부적절한 일이었으며, 이런 일이 다시는 일어나지 않도록 확실하게 하겠습니다.

Albert Williams 드림

어휘 apologize 사과하다 properly 제대로, 적절하게
unpleasant 불쾌한

17

(A) consistent
(B) happy
(C) suitable
(D) valuable

해설 문맥상 '서비스에 만족하지 못했다'라는 의미가 되어야 하는데, 빈칸 앞에 not이 있으므로 정답으로 적절한 형용사는 (B)의 happy이다. 'be happy with ~'는 '~에 기뻐하다, 만족하다'라는 뜻의 표현이다.

어휘 consistent 일관된 suitable 적절한 valuable 소중한

18

(A) carefully
(B) sincerely
(C) skillfully
(D) unexpectedly

해설 동사 apologize를 수식하기에 적절한 부사를 찾으면 된다. '진심으로'라는 의미의 부사인 (B)의 sincerely가 정답이 된다.

어휘 sincerely 진심으로 skillfully 솜씨 있게 unexpectedly 예상외로

19

(A) 쾌적한 투숙이 되시기를 바랍니다.
(B) 우리는 어떠한 피해에 대해서도 책임지지 않습니다.
(C) 제가 룸 서비스 팀장에게 즉시 얘기하도록 하겠습니다.
(D) 우리는 더 이상 무료 조식을 제공하지 않습니다.

해설 빈칸 앞에 방이 청소가 제대로 되지 않아서 얼마나 불쾌감을 느꼈을지 이해한다는 내용이 언급되어 있는 것으로 보아, 그 뒤에 청소 서비스 팀장에게 이야기하겠다(I will speak to the cleaning services manager right away)는 내용이 이어지는 것이 자연스럽다. 따라서 정답은 (C)이다.

20

(A) famous
(B) applicable
(C) unsuitable
(D) likely

해설 편지의 내용이 잘못된 서비스에 대해 사과하는 내용이므로, 빈칸에는 '적절하지 못한'이라는 의미의 형용사인 (C)가 오는 것이 자연스럽다.

어휘 applicable 적용되는 unsuitable 알맞지 않은

Part 7

[21-22]

발신: hr@globaltech.com
수신: lmartinez@jmail.com
제목: RE: 지원 관련 문의

Martinez 씨께,

Global Tech 사의 마케팅 코디네이터 직책에 대한 문의에 감사 드립니다. 늦은 답장에 대해 사과드립니다. 지원 과정에 대해 답변 드리자면, 우선 모든 지원자들은 늦어도 9월 17일 까지 온라인 지원서를 제출해야 합니다. 온라인 양식은 저희 회사의 취업 사이트에서 찾으실 수 있습니다. 지원을 완료하시려면, 다음과 같은 서류들을 준비하셔야 합니다.

– 이력서와 경력기술서
– 자기소개서
– 학위 및 관련 자격증의 사본
– 졸업장 사본

채용 위원회가 귀하의 지원 서류들을 모두 수령하게 되는데, 그곳에서 면접을 보게 될 최종 지원자를 결정할 것입니다. 면접 대상자로 선정이 되면, 일정을 정하기 위해서 저희가 이메일로 연락을 드릴 것입니다. 다른 질문이 있거나 추가 정보를 원하시면, 저희에게 연락하세요. 곧 함께 이야기를 나눌 수 있기를 바랍니다.

Dorothy Hamill 드림
인사 담당자
Global Tech 주식회사

어휘 inquiry 문의 coordinator 코디네이터, 책임자 application 지원, 신청 applicant 지원자 complete 완료하다 résumé 이력서 cover letter 자기소개서 relevant 관련 있는 certification 증명서, 자격증 license 면허증; 대학 수료 증서 diploma 졸업장; 수료증 packet (서류의) 묶음, 꾸러미 committee 위원회

21

Martinez 씨는 자신의 이메일에서 무엇을 문의했을 것 같은가?
(A) 직책의 임무
(B) 직책에 필요한 자격 요건
(C) 직책에 지원하는 과정
(D) 연락 정보

해설 Hamill 씨가 답장을 보내는 목적으로 '지원 과정에 대해 답변 드리기 위해서(To answer your questions about the application process)'라고 말한 것으로 보아, Martinez 씨는 이전 이메일에서 지원 과정에 대해 문의했음을 알 수 있다.

22
다음 중 지원서 제출에 필요한 것이 아닌 것은 무엇인가?
(A) 연락처와 추천서
(B) 이력서와 자기 소개서
(C) 졸업 증명서
(D) 온라인 지원서

해설 지원을 마무리하기 위해 제출할 서류에 연락처와 추천서는 포함되어 있지 않다.

Chapter 9 │ 부사 Adverbs

01 부사의 역할과 위치
p.108

문법 연습

A

정답
1 patiently / to부정사 수식
2 Surprisingly / 문장 전체 수식
3 very / 부사 수식
4 finally / 동사 수식
5 relatively / 형용사 수식

B

정답
1 (D)   2 (C)   3 (B)   4 (B)

해석
1
마케팅 팀장은 Casey 씨가 새 광고 캠페인을 성공적으로 관리할 수 있다고 믿는다.
(A) success
(B) succession
(C) successful
(D) successfully

해설 빈칸이 조동사와 본동사 사이에 있으므로 빈칸은 부사가 와야 하는 자리이다. (D)의 successfully가 정답이 된다.

어휘 success 성공 succession 계승 successful 성공적인

2
필요할 경우 엔지니어들이 최근에 열었던 파일과 폴더의 명단을 복구해서 보여줄 수 있다.
(A) recent
(B) recency
(C) recently
(D) recentness

해설 형용사인 opened를 수식하는 역할을 해야 하므로 부사인 (C)의 recently가 정답이 된다.

어휘 restore 복원하다 display 내보이다, 드러내다 necessary 필요한 recency 최신, 새로움

3
회사에서 30년간 근무한 Smith 씨는 올해 연말에 퇴직하는 것을 심각하게 고려하고 있다.
(A) serious
(B) seriously
(C) seriousness
(D) being serious

해설 현재진행 시제인 is considering 사이의 빈칸에 들어갈 수 있는 품사는 부사이다. (B)의 seriously가 정답이다.

어휘 consider 고려하다 resign 퇴직하다

4
불행하게도, 이사회는 동아시아 국가에 위치해 있는 공장을 폐쇄하기로 결정했다.
(A) Unfortunate
(B) Unfortunately
(C) Unfortunates
(D) Unfortunateness

해설 문장 앞에서 문장 전체를 수식할 수 있는 품사는 부사이므로 (B)의 Unfortunately가 정답이다.

어휘 board of directors 이사회 close down 폐쇄하다

02 빈도/시간/접속부사
p.110

문법 연습

A

정답
1 sometimes
2 rarely
3 still
4 already
5 Moreover

B

정답
1 (B)   2 (B)   3 (C)   4 (C)

해석
1
Tran 씨는 공사 지연으로 인하여 브루클린 인근의 새로운 주거지역으로 아직 이사하지 않았다.
(A) never
(B) yet
(C) ever
(D) already

해설 '이사를 아직 가지 않았다'라는 의미의 문장이므로 (B)의 yet이 정답이 된다. yet은 '아직'이라는 뜻으로 부정문에 어울리는 부사이다.

어휘 residential 주택의   construction 공사   delay 지연

2

Jones 씨는 이미 기사를 교정했고 출판사에 보낼 준비가 되었다.
(A) but
(B) already
(C) still
(D) always

해설 현재완료인 'has + p.p.' 사이에 들어갈 수 있는 품사는 부사이며, 의미상 '벌써 교정을 했다'는 내용이 되어야 자연스러우므로 (B)의 already가 정답이 된다.

어휘 proofread 교정하다   publisher 출판사

3

최근에 채용된 직원은 뉴욕에 있는 본사를 방문한 적이 없다.
(A) yet
(B) none
(C) never
(D) no

해설 현재완료인 'have + p.p.' 사이에는 부사가 와야 하고, 의미상 부정의 내용이 되어야 하므로 (C)의 never가 정답이 된다.

어휘 recently 최근에   hire 고용하다   headquarters 본사

4

컨설턴트는 작년에 20퍼센트의 직원이 생산적인 일을 거의 하지 않았다고 밝혔다.
(A) hard
(B) harder
(C) hardly
(D) hardest

해설 문맥상 '거의 ~하지 않는'이라는 의미의 부사인 hardly가 정답으로 가장 적절하다.

어휘 discover 발견하다   productive 생산적인

03 주의해야 할 부사

p.112

문법 연습

A

정답

1 highly / 부사
2 closely / 부사
3 close / 형용사
4 fast / 부사
5 enough / 형용사

B

정답

1 (C)   2 (A)   3 (B)   4 (A)

해석

1

최장 근무 시간에 대한 새로운 규정이 있어서, 우리는 거의 초과 근무를 하지 않는다.
(A) hard
(B) harder
(C) hardly
(D) hardest

해설 문맥상 '거의 초과 근무를 하지 않는다'라는 내용이 되어야 하므로 부정적인 의미의 부사 hardly가 정답이다.

어휘 regulation 규정, 규제   work overtime 초과 근무하다

2

그 식당이 최근에 도입한 다양한 요리는 서로 다른 국적의 고객들의 관심을 끌 만큼 충분히 좋다.
(A) enough
(B) nearly
(C) closely
(D) mostly

해설 'enough to부정사' 구문은 '~하기에 충분히 ~한'이라는 의미로, 의미상 빈칸에는 enough가 오는 것이 적절하다.

어휘 cuisine 요리   attract 끌어 모으다   nationality 국적

3

전문가들은 도시의 스포츠 시설 공사가 대략 1년 정도 걸릴 것이라고 말한다.
(A) closely
(B) around
(C) ever
(D) hardly

해설 문맥상 '대략'이라는 의미의 around가 빈칸에 오는 것이 가장 적절하다. 따라서 정답은 (B)이다.

어휘 expert 전문가   sports facility 스포츠 시설   complete 완성하다

4

CK 사의 몇몇 간부들이 뇌물 수수 스캔들에 연루되었다는 것을 믿기 어렵다.
(A) hard
(B) harder
(C) hardly
(D) hardest

해설 빈칸은 is의 보어 자리이므로 형용사를 정답으로 골라야 한다. 문맥상 '어려운'의 뜻의 형용사인 hard가 정답이 된다.

어휘 executive 간부   get involved 연관되다   bribery 뇌물 수수

정답

1 shortly / soon
2 regularly / periodically
3 typically / usually / generally
4 frequently / often
5 fairly / quite / extremely
6 hardly / rarely
7 formally / officially
8 initially / first
9 carefully / attentively
10 swiftly / quickly

실전 연습　　　　p.115

정답

1 (B)	2 (D)	3 (B)	4 (B)	5 (A)
6 (A)	7 (D)	8 (B)	9 (B)	10 (B)
11 (A)	12 (B)	13 (A)	14 (B)	15 (A)
16 (C)	17 (A)	18 (B)	19 (A)	20 (B)
21 (C)	22 (D)	23 (C)	24 (C)	

Part 5

1
Medico 사의 사장과 부사장은 동유럽에 있는 지사에 가끔 방문한다.
(A) nearly
(B) occasionally
(C) approximately
(D) yet

해설 빈칸 뒤의 내용이 '유럽의 지사에 방문한다'는 내용인데, 보기 중에서 의미상 빈칸에 들어가기에 적절한 부사는 '빈도'를 나타내는 (B)의 occasionally이다.

어휘 Eastern Europe 동유럽

2
극장 문은 정확히 5시에 닫힐 것이므로 관객들은 제시간에 도착해야만 한다.
(A) prompting
(B) prompted
(C) prompt
(D) promptly

해설 빈칸은 동사구인 'will be closed'를 수식하는 자리이므로 부사인 (D)의 promptly가 정답이 된다.

어휘 audience 관객　promptly 즉시, 지체 없이

3
조립라인이 제대로 작동하지 않아서, 경영팀은 문제의 원인을 알아내려고 노력하고 있다.
(A) proper
(B) properly

(C) properness
(D) propriety

해설 빈칸은 동사 'is not working'을 수식해야 하는 자리이므로, 부사인 properly가 정답이 된다.

어휘 assembly line 조립라인　determine 알아내다　properly 제대로　properness 적당함　propriety 적절성

4
현재 연구 부서를 책임지고 있는 Wong 씨는 최고 경영자로서 업무를 인계 받을 것이다.
(A) soon
(B) currently
(C) still
(D) nearly

해설 현재는 연구부를 책임지지만 최고 경영자가 된다는 문맥이므로 currently가 빈칸에 오는 것이 의미상 가장 적절하다.

어휘 be responsible for ~을 책임지다　take over 인계 받다　chief executive 최고 경영자

5
모든 영업부 직원들은 이번 주말까지 월간 목표의 약 80%를 달성해야 한다고 통보받았다.
(A) about
(B) least
(C) close
(D) near

해설 숫자 앞에 쓸 수 있는 부사는 about이다. 이때 about은 '대략'이라는 의미이다.

어휘 achieve 달성하다, 성취하다　monthly 매월의

6
온라인 판매는 인터넷 사용자 수의 증가로 인하여 지난 20간 극적으로 늘어났다.
(A) dramatically
(B) dramatic
(C) dramas
(D) drama

해설 현재완료 'have + p.p.' 사이에 올 수 있는 품사는 부사이다. 따라서 (A)의 dramatically 가 정답이 된다.

어휘 dramatic 극적인

7
회사의 신규 웹사이트는 12월에 정기적인 유지 보수를 했기 때문에 확실하게 작동해왔다.
(A) reliable
(B) relies
(C) relying
(D) reliably

해설 빈칸은 동사를 수식하는 자리이므로 부사인 (D)의 reliably가 정답이 된다.

어휘 function 기능하다 undergo 겪다 maintenance 유지 보수 reliable 믿을 수 있는

8
Lim 씨는 회사의 회의에 절대 늦지 않았지만, 오늘 아침 회의에는 나타나지 않았다.
(A) lately
(B) late
(C) lateness
(D) being late

해설 빈칸은 be동사의 보어 자리이다. 따라서 형용사인 (B)의 late가 정답이다.

어휘 show up 나타나다

9
기계의 버튼을 누르기 전에 사용법을 신중하게 읽기 바랍니다.
(A) careful
(B) carefully
(C) care
(D) cares

해설 빈칸은 문장의 필수 요소인 명사, 동사, 형용사와 같은 품사의 자리가 아니며, 추가적으로 설명하는 역할을 하는 부사의 자리이다. '신중하게'라는 의미의 부사인 (B)의 carefully가 정답이 된다.

어휘 instructions 사용법

10
새 비스킷은 단맛이 조금 덜해서, 고객들은 차이점을 쉽게 알지 못할 수도 있다.
(A) therefore
(B) so
(C) because of
(D) in spite of

해설 두 문장을 연결하는 접속사가 필요한데, 의미상 인과관계를 나타내므로 '그래서'를 뜻하는 (B)의 so가 정답이 된다.

어휘 slightly 약간 easily 쉽게 notice 알다

11
창고에 있는 상품들은 개별적으로 포장되어서 중동에 있는 나라로 배송된다.
(A) individually
(B) accidentally
(C) critically
(D) relevantly

해설 보기가 모두 부사이므로 의미상 적절한 부사를 정답으로 골라야 한다. '개별적으로 포장되다'라는 뜻이 되어야 자연스러우므로 (A)의 individually가 정답이다.

어휘 warehouse 창고 wrap 포장하다 shipping 배송 Middle East 중동 individually 개별적으로 accidentally 우연히 critically 비판적으로 relevantly 관련되어

12
시카고 뮤직 페스티벌의 수상자는 현지 시간 5시에 지체 없이 발표될 것이다.
(A) especially
(B) promptly
(C) periodically
(D) typically

해설 '지체 없이, 즉시'를 뜻하는 부사가 빈칸에 오는 것이 의미상 가장 적절하다. 따라서 (B)의 promptly가 정답이다.

어휘 winner 수상자 announce 발표하다 local time 현지 시간 especially 특히 promptly 지체 없이 periodically 정기적으로 typically 일반적으로

13
Chen 씨가 본사에서 수석 재무분석사로 승진했다는 것을 발표하게 되어서 매우 기쁩니다.
(A) very
(B) still
(C) already
(D) yet

해설 '매우 기쁘다'라는 의미가 되어야 자연스러우므로 (A)의 very가 정답이다.

어휘 pleased 기쁜 promote 승진하다 headquarters 본사

14
기술팀은 직원들에게 모든 컴퓨터 파일을 정기적으로 백업할 것을 권했다.
(A) attentively
(B) periodically
(C) individually
(D) exclusively

해설 '백업을 정기적으로 하다'라는 의미가 되어야 자연스럽다. 따라서 보기 (B)의 periodically가 정답이 된다.

어휘 advise 충고하다 back up (파일을) 백업하다 attentively 조심스럽게 periodically 정기적으로 individually 개인적으로 exclusively 독점적으로

15
스마트폰의 신제품 라인에 대한 요구는 집중적인 광고 후 얼마 되지 않아 상승했다.
(A) shortly
(B) generally
(C) specifically
(D) relatively

해설 'shortly after'는 '~후에 얼마 되지 않아'라는 표현으로서 빈칸에는 (A)의 shortly가 오는 것이 의미상 적절하다.

어휘 demand 요구 intensive 집중적인 advertising 광고 shortly 곧 generally 일반적으로 specifically 명확히 relatively 비교적

16

노동조합은 거의 30퍼센트의 직원들이 현재 초과근무를 하고 있다고 공식적으로 발표했다.

(A) fairly
(B) quickly
(C) nearly
(D) sufficiently

해설 숫자 앞에 쓰일 수 있는 부사는 nearly이며, 이는 '거의'라는 의미이다.

어휘 labor union 노동조합 officially 공식적으로 currently 현재

Part 6

[17-20]

마을에서의 가장 멋진 하룻밤

10월 한 달 동안, Country Breeze Bed & Breakfast에서는 가을이 온 것을 축하하기 위해 객실에 대해 대규모 할인을 제공할 것입니다. 여러분과 함께 아름다운 우리의 마을을 공유하고 싶어서, 올해의 단풍을 감상하실 수 있도록 모든 것을 도와드립니다. 일반 가격에서 45퍼센트 할인해 드릴 수 있는 객실이 많이 있는데, 여기에는 매일 아침 제공되는 무료 가정식이 포함됩니다. 추가적으로, 모든 객실은 주변을 둘러싸고 있는 숲을 바라보고 있으며, 저희가 근처 지역으로의 무료 산책 투어를 제공합니다. **자리가 제한적이기 때문에 투숙객들은 미리 예약하셔야 합니다.** 이 객실들은 매우 빠르게 마감되고 있으니, 오늘 바로 예약하세요! countrybreezebnb.com으로 온라인 상에서 방문하거나 (345) 555-5517로 전화해 주세요. 빨리 여러분을 만나 뵙고 싶습니다!

어휘 huge 거대한 discount 할인 celebrate 기념하다 share 공유하다 neighborhood 동네 observe ~을 보다, 관찰하다 view 전망 surrounding 둘러싸고 있는 forest 숲, 산림 nearby 인근에 reservation 예약 look forward to ~을 고대하다

17

(A) Additionally
(B) Addition
(C) For adding
(D) Additional

해설 빈칸은 문장의 맨 앞에 있으며, 빈칸 뒤에 콤마가 있으므로 부사를 정답으로 골라야 한다. 의미상으로도 혜택을 나열하고 있는 문장을 이끌고 이으므로 '추가적으로'라는 뜻의 부사인 (A)의 Additionally가 정답이 된다.

18

(A) 투숙객들은 참석하려면 본인의 자전거를 가지고 와야 합니다.
(B) 자리가 제한적이기 때문에 투숙객들은 미리 예약하셔야 합니다.
(C) 투숙객들은 추가 금액을 내셔야 합니다.
(D) 투숙객들은 여기에 주차할 수 있습니다.

해설 무료 산책 투어에 대한 내용이 바로 앞에 나와 있는데, 이와 자연스럽게 이어지기 위해서는 '미리 예약하라'는 내용의 (B)가 빈칸에 오는 것이 가장 적절하다.

19

(A) fast
(B) close
(C) near
(D) already

해설 '할인된 객실들이 _____ 마감되고 있으므로 예약을 서두르라'는 내용인데, 보기 중에서 빈칸에 들어가기에 적절한 의미의 부사는 (A)의 fast이다.

20

(A) meet
(B) meeting
(C) being met
(D) having been met

해설 'look forward to'뒤에는 명사나 동명사가 나와야 한다. 따라서 (B)의 meeting이 정답이 된다.

Part 7

[21-24]

Richter 경영대학원의 지역 강연 시리즈

Tory Baker 씨
수석 조세 자문위원, Williams 회계사무소

개인과 소규모 업체를 위한 조세의 기초
2월 2일 오후 7시
Cameron 홀

납세 기간을 반기는 사람은 아무도 없습니다. 매년 모든 것을 계산하는 일은 불가능한 것처럼 보입니다. 어떤 사람들은 심지어 어디에서부터 시작해야 할지 모르는 경우도 있습니다. 다행스럽게도, 이번 달우리 지역의 강연자는 개인과 소규모 업체의 세금 신고에 대한 모든 것을 알고 있는 조세 전문가입니다. 20년간 세무사로 일해온 Troy Barker 씨는 세금을 쉽게 신고하는 방법을 알려줄 것이며, 일을 더쉽게 하는데 사용할 수 있는 온라인 자료를 소개해 줄 것입니다. **강연에 이어 질의-응답 시간이 있을 것입니다.** 청중들은 더 구체적인 질문을 할 수 있습니다. 간단한 다과가 제공될 것입니다.

***지역 강연 시리즈의 모든 강연은 지역 주민뿐만 아니라 학교의 학생, 교수, 그리고 직원들도 참여할 수 있습니다.**

어휘 individual 개인 impossible 불가능한 task 일 calculate 계산하다 expert 전문가 file taxes 세금을 신고하다 tax accountant 세무사 specific 구체적인 refreshments 다과 faculty 교수 as well as ~뿐만 아니라

21

Barker 씨의 강연은 무엇에 관한 것인가?
(A) 세무사를 고용하는 방법
(B) Williams 회계사무소에서 제공하는 서비스
(C) 연간 세금을 신고하는 방법
(D) 경영대학원 학생들에게 영향을 미치는 신규 세법

해설 지문의 초반부에 사람들이 매년 정확히 계산하는 것을 어려워한다는 정보가 있고, 중반부에는 Barker 씨가 세금을 쉽게 신고하는 방법을 알려줄 것이라는(will show you how to easily file your taxes) 내용이 있다. 따라서 정답은 (C)이다.

22

Barker 씨에 대해 언급되지 않은 것은?

(A) 경력
(B) 현재 고용주
(C) 전문 분야
(D) 연락처

해설 Barker 씨의 개인 연락처는 지문에서 찾을 수 없는 정보이므로 정답은 (D)이다.

23

[1], [2], [3], 그리고 [4]로 표시된 곳들 중에서 다음의 문장이 들어가기에 가장 알맞은 곳은 어디인가?

"강연에 이어 질의-응답 시간이 있을 것입니다."

(A) [1]
(B) [2]
(C) [3]
(D) [4]

해설 주어진 문장은 질의-응답 시간의 순서를 언급하고 있다. 따라서 질의-응답과 관련된 내용의 문장이 있는 [3]에 해당 문장이 위치하는 것이 글의 흐름상 가장 자연스럽다.

24

행사에서 제공될 것은 무엇인가?

(A) 무료 조세 소프트웨어
(B) 개인 조세 상담
(C) 음식과 음료
(D) 기념품

해설 지문의 마지막 부분에 다과가 준비될 것이라는(Snacks and refreshments will be provided) 내용이 있으므로 정답은 (C)이다.

Chapter **10** | **원급 / 비교급 / 최상급**
Comparatives & Superlatives

01 원급
p.120

문법 연습

A

정답

1 as many / as
2 as concerned as
3 as urgent as
4 as precisely as
5 as much / as

B

정답

1 (C)   2 (B)   3 (B)   4 (A)

해석

1

당신은 가능한 한 자세한 정보를 제공해야 한다.

(A) detail
(B) details
(C) detailed
(D) more detailed

해설 'as ~ as'는 원급 비교 구문으로서, 빈칸에는 명사를 수식하는 형용사의 원급이 와야 한다. 따라서 정답은 (C)이다.

어휘 detail 세부 사항   detailed 상세한

2

연구팀은 당신이 요청한 만큼 많은 증거를 수집했다.

(A) a lot
(B) much
(C) many
(D) little

해설 불가산 명사인 evidence를 수식할 수 있는 수량 형용사는 (B)의 much와 (D)의 little인데, 문맥상 '요청한 만큼 많은 정보'라는 의미가 되어야 하므로 (B)가 정답이 된다.

어휘 collect 수집하다   evidence 증거

3

불편에 대해 사과 드리며, 귀하의 객실을 가능한 한 빨리 청소해 드릴 것을 약속 드립니다.

(A) quick
(B) quickly
(C) be quick
(D) quicker

해설 '가능한 한 빨리'라는 의미가 되어야 자연스러우므로 '빨리'라는 의미의 부사인 (B)의 quickly가 정답이 된다.

4

지원자들의 경력은 그들의 학업 성취만큼이나 중요하다.

(A) as
(B) than
(C) more
(D) less

해설 문맥상 지원자들의 경력이 학업 성취만큼이나'라는 의미이므로 원급 비교 구문을 완성해야 한다. 따라서 빈칸에는 (A)의 as가 와야 한다.

어휘 occupational 직업의   achievement 성취

02 비교급
p.122

문법 연습

A

정답

1 more seriously than
2 more complicated than

3 higher than
4 more
5 less expensive
6 more experienced

B

정답

1 (B)　　2 (B)　　3 (B)　　4 (B)

해석

1

우리가 지난해 보다 더 많은 직원들을 고용하기 시작했기 때문에 우리 공장의 생산성은 증가할 것으로 예상된다.

(A) as
(B) than
(C) that
(D) what

해설 workers 앞에 비교급 more가 있으므로 빈칸에는 than이 와야 한다.

2

Home 가구 회사는 곧 있을 재개장 이후에 이전 보다 훨씬 다양한 상품들을 판매할 것이다.

(A) wide
(B) wider
(C) widest
(D) as wide

해설 than과 어울리는 비교급 문장을 완성해야 하는 문제이다. 그러므로 형용사 wide의 비교급인 (B)를 정답으로 고르면 된다.

어휘 upcoming 곧 있을　reopening 재개장　wide 폭넓은

3

새로운 시스템은 이전의 것보다 더 정확하게 결과를 예측할 수 있을 것이다.

(A) more accurate
(B) more accurately
(C) accurately
(D) accurate

해설 than과 어울리는 비교급 문장을 완성해야 한다. 빈칸에는 동사인 predict를 수식할 수 있는 부사가 와야 하므로, 부사의 비교급인 (B)의 more accurately가 정답이 된다.

어휘 predict 예측하다　accurate 정확한

4

당신이 우리의 이메일에 빨리 답할수록, 우리가 문제를 더 신속하게 해결할 수 있다.

(A) fast
(B) faster
(C) fastest
(D) be fast

해설 '~할수록 더 ~하다'라는 의미의 'the + 비교급 ~, the + 비교급' 구문을 완성하는 문제이다. 즉, 빈칸에는 비교급이 와야 하므로 (B)의

faster가 정답이 된다.

어휘 promptly 신속하게

03 최상급 　　　　　　　　　　　　　p.124

문법 연습

A

정답

1 the most experienced
2 the most demanding
3 the best / possible
4 one of the oldest
5 one of the most popular
6 the most practical

B

정답

1 (C)　　2 (C)　　3 (D)　　4 (C)

해석

1

그것은 내가 본 것들 중에서 가장 유용한 발표였다.

(A) most
(B) more
(C) the most
(D) the very

해설 'the + 최상급 + 주어 + 현재완료'의 구문을 완성하는 문제이다. 최상급은 'the + most + 형용사'의 형태이므로 (C)가 정답이 된다.

2

우리가 받은 모든 제안서들 중에서, 우리는 가장 비용 대비 효율이 좋은 것을 선택할 것이다.

(A) much
(B) more
(C) most
(D) best

해설 빈칸 앞에 the가 있으므로 최상급을 정답으로 골라야 한다. 따라서 정답은 (C)이다.

어휘 proposal 제안, 제안서　cost-effective 비용 효율이 높은

3

Mountain Explorer는, 1980년에 첫 매장을 연 이래로, 가장 다양한 캠핑 장비를 판매해 오고 있다.

(A) wide
(B) wider
(C) widest
(D) the widest

해설 최상급 표현이 되려면 정관사인 the가 필요하므로 정답은 (D)이다. 빈칸 앞에 관사가 없기 때문에 (A), (B), (C)는 모두 정답이 될 수 없다.

4

나는 Chin 씨가 단연코 이 분야에서 가장 뛰어난 변호사라고 확신한다.

(A) competent

(B) more competent

(C) most competent

(D) competence

해설 빈칸 앞에 the가 있고, 그 앞에는 최상급을 강조하는 표현인 'by far'가 있으므로 형용사 competent의 최상급인 (C)가 정답이 된다.

어휘 convince 확신시키다　by far 단연코　lawyer 변호사 competent 능력 있는

토익 실전 어휘 | 비교급/최상급 관용 어구　p.126

정답

1　more than
2　to
3　than
4　promptly
5　most
6　latest
7　prior to
8　sooner or later
9　later
10　later than

실전 연습　p.127

정답

1 (D)	2 (C)	3 (B)	4 (C)	5 (A)
6 (B)	7 (B)	8 (C)	9 (D)	10 (C)
11 (C)	12 (B)	13 (A)	14 (B)	15 (D)
16 (C)	17 (B)	18 (A)	19 (B)	20 (A)
21 (C)	22 (A)			

Part 5

1

휴대폰에 더 많은 특징이 있으면 있을수록, 고객들은 더 많은 돈을 기꺼이 지불할 것이다.

(A) many

(B) much

(C) most

(D) more

해설 '~하면 할수록, 더 ~하다'라는 의미의 구문인 'the + 비교급 ~, the + 비교급 ~'을 완성해야 하는 문제이다. 보기에서 비교급은 (D)이다.

어휘 feature 특징　be willing to 기꺼이 ~하다

2

마감 기한을 맞추기 위해 당신이 담당한 부분을 적어도 목요일까지 끝내야 한다.

(A) late

(B) later

(C) latest

(D) last

해설 'at the latest'는 '아무리 늦어도'라는 의미의 구문이다. 빈번하게 사용되는 표현이므로 반드시 알아 두도록 하자.

3

주문하신 블랜더는 저희 상점뿐만 아니라 시중에서도 더 이상 판매되지 않습니다.

(A) any more

(B) no longer

(C) more than

(D) at least

해설 'no longer'는 '더 이상 ~않다'라는 의미이다. 이는 'not ~ any more'와 바꿔 쓸 수 있다.

4

국내 최대 전자 제품 제조 업체인 Delta 전자는 인력의 20퍼센트 이상을 해고하기로 결정했다.

(A) large

(B) larger

(C) largest

(D) largely

해설 'one of the + 최상급 + 복수 명사'는 '가장 ~한 것들 중 하나'라는 표현으로서 매우 자주 쓰인다. 문맥상 '가장 큰 전자 제품 제조 업체들 중 하나'라는 의미가 되어야 하므로 최상급인 (C)의 largest가 정답이 된다.

어휘 lay off 해고하다　workforce 노동자, 직원

5

추가 할인을 받으려면, 늦어도 9월 24일 일요일까지는 주문해야 합니다.

(A) no later than

(B) at most

(C) prior

(D) in advance

해설 'no later than'은 '늦어도 ~까지'라는 의미의 표현이다. 'at most'는 '기껏해야', 'in advance'는 '미리'라는 의미의 표현이다.

어휘 additional 추가적인　discount 할인　no later than 아무리 늦어도　at most 많아 봐야　in advance 미리

6

합병에 관한 최종 결정이 이번 주 후반에 내려질 것이다.

(A) late

(B) later

(C) latest

(D) the latest

해설 '이번 주 후반에'라는 의미의 표현은 'later this week'이다. 나머지 보기들은 모두 빈칸에 사용되기에 의미상 적절하지 않다.

어휘 merger 합병

7

영업 보고서에 중대한 변경이 있었기 때문에, 이는 계획 보다 더 늦게 완성될 것이다.

(A) late
(B) later
(C) latest
(D) the latest

해설 문맥상 '계획 보다 더 늦게'라는 의미가 되어야 자연스러우므로 비교급인 (B)의 later가 정답이 된다. 비교급은 than과 함께 쓰이기 때문에 than을 단서로 활용하여 정답을 고를 수도 있다.

8

Shin 씨는 내가 일생 동안 만난 선생님들 중에서 가장 헌신적인 분이다.

(A) most
(B) best
(C) the most
(D) the better

해설 보기에서 최상급은 (A), (B), (C)인데, 최상급에는 정관사 the가 필요하므로 정답은 (C)가 된다.

어휘 dedicated 헌신적인   encounter 만나다, 마주치다

9

사무실에 있는 오래된 컴퓨터를 수리하는 것은 신품을 사는 것만큼이나 비용이 든다.

(A) even
(B) still
(C) very
(D) much

해설 'as + 부사 + as'의 원급 비교 구문을 완성하는 문제이다. '~하는 만큼 비용이 많이 든다'라는 의미가 되어야 하므로 '많이'라는 의미의 부사인 (D)의 much가 정답이 된다.

10

Rashid 씨는 서비스가 좋지 않은 싼 호텔에서 머무느니 돈을 더 쓰고 싶어 한다.

(A) to
(B) before
(C) than
(D) more than

해설 문장 초반부의 'would rather'를 보고 나서 'than'을 떠올릴 수 있어야 한다. 'would rather ~ than …'구문은 '…하느니 차라리 ~하겠다'라는 의미로 상당히 많이 사용되는 표현이다.

어휘 would rather A than B B하느니 차라리 A하겠다

11

World 화장품의 연구자들은 피부에 덜 해로운 화장품을 개발하려고 노력하고 있다.

(A) little
(B) far
(C) less
(D) worse

해설 문맥상 '피부에 덜 해로운'이라는 의미가 되어야 하므로 (C)의 less가 정답이 된다.

어휘 cosmetic 화장품   harmful 해로운, 유해한

12

최근 개발된 ATD 발전기는 이전 모델보다 훨씬 더 많은 독성 물질을 방출하는 것으로 보고 된다.

(A) many
(B) much
(C) a lot of
(D) very

해설 비교급 앞에서 비교급의 의미를 강조해주는 부사는 (B)의 much이다.

어휘 generator 발전기   emit 배출하다   material 물질

13

설문 조사에 참여했던 대부분의 응답자들은 신모델 보다는 우리의 구모델을 더 선호하는 것 같았다.

(A) to
(B) than
(C) as well as
(D) more

해설 'prefer A to B'는 'B보다 A를 더 좋아한다'라는 의미이다.

어휘 respondent 응답자   participate 참여하다   B as well as A A뿐만 아니라 B도 역시

14

최근 조사에 따르면 D2R 건조기는 이전 모델보다 2배 더 절감할 수 있다.

(A) two
(B) twice as
(C) twice
(D) second

해설 'twice as ~ as'는 '두 배 더 ~한'이라는 의미의 원급 비교 구문이다.

15

주문을 완료하기 위해서는 늦어도 다음 토요일까지 지불을 마무리 하여야 한다.

(A) late
(B) later
(C) latest
(D) the latest

해설 'at the latest'는 '아무리 늦어도'라는 의미의 구문이다.

어휘 payment 지불   at the latest 아무리 늦어도

16

일반 버스나 열차보다 더 비싸지만 대부분의 사람들은 고속 버스나 열차를 더 좋아한다.

(A) as
(B) like
(C) than
(D) so

해설 문맥상 '일반 버스나 열차보다'라는 의미의 비교급을 완성해야 하므로 빈칸에는 (C)의 than이 와야 한다.

어휘 express 급행의   regular 보통의

Part 6

[17-20]

> 날짜: 5월 8일
> 수신: 모든 전임 교원
> 발신: 행정실
> 제목: 인쇄 정책 변경
>
> 종이와 잉크 가격의 인상으로 인해, 이번 달 말부터 우리는 새로운 인쇄 정책을 실시할 것입니다. 현재, 모든 전임 교원들은 무제한으로 인쇄할 수 있는 특권을 가지고 있습니다. **하지만, 다음달부터 한 달에 250장을 복사할 수 있도록 제한될 것입니다.** 여기에는 컬러와 흑백 인쇄가 모두 포함됩니다.
>
> 불편을 드려 죄송합니다. 할당된 양보다 더 많은 복사를 해야 할 경우, 행정실 조교인 Molly Baker 씨에게 요청하여 인쇄 계좌에 금액을 충전하실 수 있습니다. 충전은 현금으로만 가능합니다.

어휘 faculty 교수단   implement 시행하다   privilege 특권   quota 한도, 할당량   administrative 행정의

17
(A) late
(B) later
(C) latest
(D) the later

해설 새로운 정책이 '이번 달 말부터' 실시된다라는 의미가 되어야 자연스러우므로 (B)가 정답이 된다.

18
(A) unlimited
(B) anticipated
(C) prominent
(D) considerate

해설 문맥상 '무제한으로 인쇄를 이용해 왔다'라는 의미가 되어야 하므로 '제한이 없는'이라는 뜻의 형용사인 unlimited가 빈칸에 오는 것이 가장 적절하다.

어휘 unlimited 무한정의   anticipated 기대하던   prominent 중요한   considerate 배려하는

19
(A) 이는 한 사람이 인쇄하기에 너무 많은 페이지입니다.
(B) 하지만, 다음 달부터 한 달에 250장을 복사할 수 있도록 제한될 것입니다.
(C) 또한, 계약직 강사들은 흑백 인쇄만 할 수 있게 될 것입니다.
(D) 그렇기 때문에, 대부분의 전임 교원들이 종이와 잉크를 낭비하고 있습니다.

해설 빈칸 앞에 '이전까지 무제한으로 인쇄를 이용해 왔다'는 내용이 제시되고 있는 것으로 보아, 정책의 변경을 설명하면서 '복사의 양이 제한된다(limited)'라는 내용이 이어지는 것이 자연스럽다.

20
(A) more
(B) most
(C) the most
(D) many

해설 비교급의 접속사인 than이 나오는 것으로 보아, 비교급인 (A)의 more가 정답임을 알 수 있다.

Part 7

[21-22]

> ### Wentzville 시의 일부분에 작별을 고함
>
> Lakeford Diner는 60년간의 영업을 마무리하며 토요일에 폐업한다. 독일 이민자들인 Wilhelm과 Ada Lamberts에 의해 1955년 처음 개업한 이래로, 이 식당은 훌륭한 음식과 고전적인 인테리어로 지역의 아이콘과 같은 존재였다. 영업 마지막 날에는 특별한 음식 서비스가 제공될 것이다. 지난 60년에 걸쳐서 판매된 다양한 음식들이 특별히 포함될 것이다. Wilhelm Lamberts의 손자인 현재 주인은 매출의 꾸준한 감소와 최근 임대료의 상승이 폐업의 주된 이유라고 밝혔다.

어휘 immigrant 이민자   feature 특별히 포함하다   across ~전체에 걸쳐   decade 10년   steady 꾸준한   primary 주된

21
이 기사의 목적은 무엇인가?
(A) 새로운 식당의 개업을 알리기 위해서
(B) 고전적인 식당의 주인들을 소개하기 위해서
(C) 지역의 식당이 폐업하게 됨을 알리기 위해서
(D) 식당에서 출시하는 특별한 음식 서비스를 홍보하기 위해

해설 지문의 목적은 초반부에서 찾을 수 있다. 기사의 첫 부분에서 'Lakeford Diner는 60년간의 영업을 마무리하며 토요일 폐업한다 (The Lakeford Diner will close its doors for good this Saturday after more than 60 years in business.)'고 하였으므로 정답은 (C)가 된다.

22
Lakeford 식당의 현재 주인은 누구인가?
(A) Wilhelm Lamberts의 손자
(B) Wilhelm Lamberts
(C) Ada Lamberts
(D) Wentzville 시

해설 지문의 마지막 부분에서 현재 주인은 Wilhelm Lamberts의 손자라고 하였으므로 정답은 (A)이다.

01 명사절 접속사
p.132

문법 연습

A

정답

1 what / 목적어
2 how / 목적어
3 whether / 목적어
4 That / 주어
5 that / 보어

B

정답

1 (B)   2 (C)   3 (B)   4 (C)

해석

1
사장은 아시아 태평양 시장으로 확장할지 하지 않을지를 진지하게 숙고하고 있다.
(A) what
(B) whether
(C) that
(D) either

해설 '~할지 하지 않을지'는 'whether to부정사'로 표현할 수 있다. 정답은 (B)이다.

어휘 seriously 진지하게, 심각하게 consider 숙고하다, 고려하다 expand 확장하다 Asian-Pacific market 아시아–태평양 시장

2
사용자 설명서는 식기 세척기에 그릇을 넣는 방법과 세척하는 방법을 자세히 알려준다.
(A) what
(B) that
(C) how
(D) if

해설 의문사가 이끄는 명사절로서, '방법'을 알려줄 것이라는 내용이므로 (C)의 how가 정답이 된다.

어휘 manual 설명서 dishwasher 식기 세척기 load 채우다, 싣다 in detail 자세하게

3
고객 설문은 고객들이 우리 제품의 품질에 매우 만족한다는 것을 보여준다.
(A) ever
(B) that
(C) where
(D) regarding

해설 빈칸 뒤에 완전한 절이 있으므로 접속사인 (B)의 that이 정답이

된다. that 이하의 절은 빈칸 앞의 동사 indicates의 목적어 역할을 하므로 that은 명사절을 이끄는 접속사이다.

어휘 indicate 나타내다 quality 품질

4
홍보 전문가들은 여러분이 공식적인 환경과 비공식적인 환경에서 적절하고 예의 바르게 말하는 방법에 대해 가르친다.
(A) if
(B) whether
(C) how
(D) that

해설 빈칸 이후의 절은 '의문사 + to부정사'의 형태로서 전체 문장의 목적어 역할을 하고 있다. '~하는 방법'이라는 내용이 되어야 하므로 정답은 (C)의 how이다.

어휘 public relations 홍보 specialist 전문가 appropriately 적절하게 politely 예의 바르게 formal 공식적인 informal 비공식적인 setting 환경

02 등위/상관 접속사
p.134

문법 연습

A

정답

1 Both
2 Neither
3 and
4 or
5 either

B

정답

1 (A)   2 (A)   3 (B)   4 (C)

해석

1
국립 현대 박물관은 전시관을 새롭게 단장해야 해서 4월과 5월에 문을 닫는다.
(A) and
(B) but
(C) on
(D) or

해설 문맥상 4월과 5월 모두를 나타내는 것이 적절하기 때문에 접속사 and가 정답이 된다.

어휘 refurbish 새로 꾸미다 exhibition 전시

2
시장 조사 보고서나 예산 보고서 둘 중 하나는 회의에서 논의될 것이다.
(A) Either
(B) Neither
(C) Both
(D) Not only

해설 상관접속사 'either A or B'를 알고 있다면, 뒤에 나온 접속사 or 를 보고 정답을 (A)로 고를 수 있다.

어휘 budget 예산

3
Simpson 씨나 Kelly 씨 둘 다 지역 관리자의 방문 준비를 위한 토요일 근무에 자원하지 않았다.
(A) but
(B) nor
(C) or
(D) and

해설 상관접속사 'neither A nor B'를 알고 있어야 한다. 정답은 nor 이다.

어휘 volunteer 자원하다   regional manager 지역 관리자

4
고객들은 새 화장품의 품질뿐만 아니라 합리적인 가격에도 만족했다.
(A) both
(B) either
(C) not only
(D) neither

해설 'not only A but also B'의 표현을 알고 있어야 한다. 정답은 (C) 이다.

어휘 impressed 감동한   reasonable 합리적인

03 부사절 접속사

p.136

문법 연습

A

정답
1 that
2 Although
3 Unless
4 since
5 Because

B

정답
1 (D)   2 (A)   3 (C)   4 (B)

해석
1
Weber Retail의 사장인 Hunt 씨는 인건비를 줄이기 위해서 몇몇 직원들을 정리 해고하기로 결정했다.
(A) what
(B) whether
(C) that
(D) since

해설 빈칸 뒤의 절은 '직원들을 해고하기로 결정한 이유'에 해당하므로 (D)의 since가 정답이 된다.

어휘 lay off 정리 해고하다   reduce 줄이다

2
소프트웨어 문제로 기술적인 도움이 필요하다면, 언제든지 저에게 연락하세요.
(A) If
(B) That
(C) After
(D) Whether

해설 문맥상 '~라면'이라는 의미의 조건의 부사절이므로, 접속사 if 가 정답이 된다.

어휘 assistance 도움

3
Wilson 산업은 Wong 씨가 뉴욕 사무실에 필요함에도 불구하고, 내년에 그를 아시아 지사로 보낼 것이다.
(A) That
(B) Who
(C) Although
(D) Even

해설 주절과 종속절이 대조되는 내용이므로 양보의 접속사인 although가 정답이 된다.

어휘 transfer 전근시키다   branch 지사

4
회사가 새 웹사이트를 개선했기 때문에, Uptown 디자인의 고객들은 최근 주문 내역을 볼 수 있을 것이다.
(A) Although
(B) Because
(C) If
(D) Even if

해설 주절과 종속절이 인과 관계이므로 '~ 때문에'라는 의미인 (B)의 because가 정답이 된다.

어휘 enhance 향상시키다   recent 최근의

토익 실전 어휘 | 부사
p.138

정답
1   promptly
2   thoroughly
3   consistently
4   gradually
5   primarily
6   reasonably
7   conveniently
8   attentively
9   exclusively
10 punctually

1 (A)	2 (B)	3 (D)	4 (A)	5 (C)
6 (D)	7 (B)	8 (A)	9 (B)	10 (A)
11 (A)	12 (A)	13 (B)	14 (B)	15 (D)
16 (B)	17 (A)	18 (C)	19 (A)	20 (A)
21 (A)	22 (C)	23 (B)		

Part 5

1
등록이 상당히 저조하기 때문에, 11월 1일로 예정되어 있는 기술 워크샵은 취소될 것이다.
(A) As
(B) Until
(C) Though
(D) That

해설 주절과 종속절이 인과 관계이므로 '~ 때문에'라는 의미의 부사절 접속사인 as가 정답이 된다.

어휘 registration 등록

2
Parker 씨는 고객들에게 개인 대출과 사업 대출을 낮은 이자율로 제공한다.
(A) either
(B) both
(C) neither
(D) even

해설 상관접속사 'both A and B'를 암기해 두어야 한다. 정답은 both이다.

어휘 loan 대출   interest rate 이자율

3
KBest 기술의 사장인 James Hamilton 씨는 Muhammad Patel과의 계약을 갱신해야 할지를 심각하게 고민 중이다.
(A) because
(B) that
(C) what
(D) whether

해설 'whether to부정사'는 '~할지 말지'라는 의미이다. 정답은 (D)이다.

어휘 seriously 심각하게   renew 갱신하다

4
TK Max 의류는 영업일 4일 이내에 배송을 보장하지만, 내가 주문한 것은 훨씬 더 빨리 도착했다.
(A) but
(B) so
(C) because
(D) despite

해설 상반되는 사실을 나타낼 때에는 대조의 접속사 but을 쓴다. 따라서 (A)가 정답이다.

어휘 guarantee 보장하다

5
Sapp 씨는 몇몇 직원들이 맨체스터에 있는 신규 지점으로 발령될 것이라고 상당히 확신하고 있다.
(A) typically
(B) exclusively
(C) fairly
(D) mutually

해설 의미상 '꽤, 매우'라는 부사가 적절하므로 (C)의 fairly가 정답이 된다.

어휘 transfer 이동시키다

6
Eric's 식당은 늦어도 화요일까지는 손님의 수를 알려달라고 요청했다.
(A) so
(B) if
(C) and
(D) that

해설 빈칸 이후의 절은 동사 request의 목적어 역할을 하는 명사절이다. 따라서 접속사 that이 정답이 된다.

어휘 request 요청하다   no later than 늦어도 ~까지는

7
Ocean 피트니스 클럽의 골드 멤버에게만 독점적으로 제공되는 혜택을 원한다면, 지금 등록하세요.
(A) relatively
(B) exclusively
(C) efficiently
(D) accordingly

해설 의미상 '독점적으로'라는 뜻의 부사가 오는 것이 가장 적절하므로 (B)의 exclusively가 정답이 된다.

어휘 sign up 등록하다   relatively 비교적, 상대적으로   exclusively 독점적으로   efficiently 능률적으로   accordingly 그에 맞춰

8
Fred & Frank 사의 고객들은 우리와 계약을 체결하기 위해 제시간에 사무실에 도착했다.
(A) punctually
(B) thoroughly
(C) gradually
(D) primarily

해설 의미상 '제시간에, 늦지 않고'를 뜻하는 부사가 빈칸에 오는 것이 적절하다. 따라서 (A)의 punctually가 정답이 된다.

어휘 sign the contract 계약서를 작성하다   punctually 제시간에   thoroughly 철저하게   gradually 점차   primarily 주로

9
디자인과 합리적 가격 때문에 신제품의 판매가 극적으로 증가했다.

(A) drama
(B) dramatically
(C) dramatic
(D) being dramatic

해설 자동사인 increase 뒤에 빈칸이 있으므로 부사를 정답으로 골라야 한다. 의미상으로도 '극적으로 증가했다'라고 되어야 자연스러우므로 (B)의 dramatically가 정답이다.

어휘 due to ~ 때문에　reasonable 합리적인　dramatically 극적으로

10
회사의 중역들은 Freeman 씨를 인터뷰한 후에, 그를 최고 재무책임자로 고용하는 것에 모두 동의했다.
(A) After
(B) Provided
(C) Although
(D) Unless

해설 의미상 '인터뷰한 후에 고용하기로 한 것'이므로 시간의 접속사인 (A)의 after가 정답이다.

어휘 executive 중역　chief financial officer 최고 재무책임자

11
코디네이터뿐만 아니라 강사들도 학급 경영에 대한 워크샵에 참석했다.
(A) but
(B) and
(C) so
(D) or

해설 'not only A but also B'를 암기해 두어야 한다. 정답은 (A)이다.

어휘 instructor 강사　attend 참석하다

12
우리는 도시의 대기오염 수준을 면밀히 감시하고 있다.
(A) closely
(B) nearly
(C) dramatically
(D) adversely

해설 monitored와 어울리는 부사는 '면밀히'라는 뜻의 closely이다.

어휘 air pollution 대기오염　monitor 감시하다　closely 긴밀하게, 면밀하게　nearly 거의　dramatically 극적으로　adversely 불리하게, 반대로

13
유럽에서는 원자력 발전소에 대한 투자가 줄고 있는 반면에 태양 에너지가 중요해지고 있다.
(A) when
(B) while
(C) for
(D) but

해설 주절과 종속절이 서로 대조를 이루고 있으므로 while을 정답으로 골라야 한다.

어휘 solar energy 태양 에너지　investment 투자　nuclear power plant 원자력 발전소　decline 감소하다

14
본사로부터 지시를 받으면, 우리는 그에 따라 행동할 것이다.
(A) readily
(B) accordingly
(C) equally
(D) frequently

해설 '지시사항에 맞추어 행동하다'라는 의미가 되어야 적절하므로 (B)의 accordingly가 정답이 된다.

어휘 instruction 지시　headquarters 본사　act 행동하다　readily 쉽게　accordingly ~에 따라　equally 동등하게　frequently 자주

15
*Black Dog*은 파리 영화제에서 관객들이 선정한 최악의 영화였지만, 최고의 다큐멘터리 부문에서 비평가 상을 받았다.
(A) therefore
(B) nevertheless
(C) since
(D) although

해설 주절과 종속절의 내용이 대조를 이루고 있으므로 '~에도 불구하고'라는 뜻의 부사절 접속사 although를 정답으로 골라야 한다.

어휘 critic 비평가　audience 관객　least favorite 가장 싫어하는

16
DHO의 직원들은 근무할 수 없을 것으로 예상될 경우 9시 30분까지 직속 상관에게 알려야만 한다.
(A) only
(B) if
(C) even
(D) so

해설 '~한다면 ~해야 한다'는 문맥이므로 조건의 부사절 접속사 if가 정답이 된다.

어휘 inform 알리다　immediate supervisor 직속 상관　miss 놓치다

Part 6

[17-20]

> 제14회 연례 IT 및 신규 사업 컨퍼런스가 지난주 마드리드 Sierras 호텔에서 개최되었다. 컨퍼런스는 워크샵에 참석해서 상호간의 네트워크를 구축하고자 하는 9,000명이 넘는 전 세계 IT 전문가들과 기업가들을 한 곳에 불러 모았다. **NextBit 테크놀로지의 사장인 Sarah Tran 씨가 기조 연설을 했다.** 더불어, IT 창업 전문가인 Travis Goldman 씨의 프레젠테이션이 예정되었으나, 날씨 때문에 비행기가 지연되어서 취소되었다. 전반적으로, 대부분의 전문가들은 이 행사를 또 하나의 성공으로 생각하고 있다.

어휘 enterprise 기업　professional 전문가　entrepreneur 기업가　participate in ~에 참석하다　in addition 더불어　startup 창업　expert 전문가　delay 미루다　due to ~ 때문에

admission 입장료　showcase 보여주다　throughout 내내
keynote speech 기조 연설자　host 주최하다

17
(A) place
(B) placed
(C) placing
(D) places

해설 '행사가 열리다'라는 표현은 'take place'이므로 (A)의 place가 정답이 된다.

18
(A) 행사의 입장료는 월간 뉴스레터 회비에 포함되어 있다.
(B) 새로운 기술은 컨퍼런스 내내 전시되었다.
(C) NextBit 테크놀로지의 사장인 Sarah Tran 씨가 기조 연설을 했다.
(D) 지방 정부는 올해 행사를 주최하는데 도움을 주었다.

해설 빈칸 뒤에는 'In addition'으로 시작해서 발표자에 대해 설명하는 내용의 문장이 이어지고 있다. 행사의 진행 순서를 고려하면, 기조 연설자에 대한 내용의 문장인 (C)가 삽입되는 것이 가장 자연스럽다.

19
(A) but
(B) so
(C) therefore
(D) nonetheless

해설 '일정이 잡혀있었으나 비행기가 지연되어 취소되었다'는 내용이므로 앞뒤 문맥이 대조를 이룬다. 따라서 (A)의 but이 정답이 된다.

20
(A) success
(B) factor
(C) composition
(D) result

해설 '대체적으로 성공적인 행사였다'라는 내용이 되어야 자연스러우므로 (A)의 success가 정답이 된다.

어휘 success 성공　factor 요인　composition 구성

Part 7

[21-23]

---
www.toysgalore.com

Toys Galore

홈　|　공지　|　위치　|　쇼핑　|　연락처

이번 주 월요일 12월 8일부터 저희의 영업 시간이 변경된다는 것을 고객들에게 알려 드리고자 합니다. 휴가철 동안, 여러분들이 편리하게 쇼핑할 수 있도록 연장 영업을 할 것입니다. 임시 영업 시간은 오전 7시부터 오후 11시 30분까지입니다. 이러한 변경 사항은 7번가에 있는 Toys Galore에 한정됩니다. 다른 모든 지점에서는 정규 영업 시간이 유지될 것입니다. 7번가 지점은 1월부터 정규 영업 시간을 재개할 것입니다. 이러한 변경 사항이 여러분들의 휴가철 쇼핑을 더 쉽게 해주기를 바랍니다. 더 많은 정보를 원하신다면, (777) 765-7654로 전화해 주세요.

어휘 temporary 임시의　operation 영업　holiday season 휴가철　extended 연장된　facilitate 가능하게 하다　needs 요구　maintain 유지하다　resume 다시 시작하다　a bit 약간

21
이 공지 사항은 누구를 위한 것인가?
(A) 고객
(B) 사업 파트너
(C) 직원
(D) 정비 인력

해설 고객들에게 휴가철 영업 시간의 변경을 알리는 내용의 공지 사항이므로 (A)가 정답이 된다.

22
세 번째 줄의 단어 "facilitate"와 그 의미가 가장 유사한 것은?
(A) install
(B) process
(C) support
(D) appoint

해설 '쇼핑이 가능하게 하다'라는 의미이므로 '지원하다'라는 뜻의 동사 support가 이를 대신하기에 가장 적절하다.

23
1월에 일어날 일은 무엇인가?
(A) 지점의 위치가 바뀔 것이다.
(B) 지점 운영시간이 정상으로 돌아갈 것이다.
(C) 특별 휴가 이벤트가 시작될 것이다.
(D) 신규 지점이 개장할 것이다.

해설 1월부터 다시 정규 영업 시간으로 돌아간다고(The 7th Street store will resume its normal business hours in January) 하였으므로 (B)가 정답이 된다.

Chapter **12** | 관계사 Relatives

01 관계대명사
p.144

문법 연습

A

정답
1　Down-to-Earth stores sell organic fruits and vegetables which(= that) are grown in local areas.
2　Most of the products which(= that) are produced in this factory are exported to other countries.
3　Employees whose performance reviews were not very good will not be eligible for an annual bonus.
4　The applications which(= that) were received too late will not be considered for the position.

B

정답

1 (A)   2 (B)   3 (A)   4 (C)

해석

1

취업 박람회에 관심 있는 사람이 백 명 이상이었다.
(A) who
(B) which
(C) whose
(D) of which

해설 빈칸은 주격 관계대명사 자리이므로 (A)가 정답이 된다.

어휘 job fair 취업 박람회

2

Masco's는 어려운 사람들을 도와주는 것을 사명으로 하는 단체이다.
(A) who
(B) whose
(C) that
(D) what

해설 선행사인 organization과 mission사이에는 '~의'라는 소유 관계가 성립되므로, 소유격 관계대명사인 (B)의 whose가 정답이 된다.

어휘 organization 단체   privileged 특권을 가진

3

사장의 서명이 없는 어떤 계약이든 법적인 효력을 갖지 못할 것이다.
(A) that
(B) whose
(C) what
(D) whom

해설 빈칸에는 주격 관계대명사가 필요한데, 보기에서 주격 관계대명사는 that뿐이므로 (A)가 정답이 된다.

어휘 legal 합법적인

4

경력이 많은 지원자들은 회사에 취업할 수 있을 것이다.
(A) who
(B) whom
(C) whose
(D) of which

해설 선행사 candidates와 다음에 오는 명사는 소유의 관계이므로 소유격 관계대명사 whose가 정답이 된다.

어휘 extensive 많은

02 관계대명사의 생략 / 전치사 + 관계대명사   p.146

문법 연습

A

정답

1   The product (which / that) we are going to focus on is

our new dishwasher.
2   The person to whom you need to talk when you are in trouble is Mr. Norris.
3   The names of the applicants to whom you have to send a letter are written on the last page.
4   The electric products (which are) produced in local areas are usually cheaper than the imported ones.

B

정답

1 (B)   2 (B)   3 (A)   4 (B)

해석

1

상자에 보이는 4자리 제품 코드는 상품을 수리 받으실 때 필요합니다.
(A) show
(B) shown
(C) showing
(D) to show

해설 '상자에 보이는 4자리 제품 코드'라는 의미로 빈칸에는 수동의 의미의 과거 분사가 필요하다. 따라서 과거 분사인 (B)가 정답이 된다. 이때 shown 앞에는 which is가 생략되어 있다.

2

두 대도시를 연결하는 고속도로는 자동차와 트럭으로 늘 붐빈다.
(A) connect
(B) connecting
(C) connected
(D) to be connected

해설 문맥상 '두 대도시를 연결하는'이라는 의미가 되어야 하므로 현재 분사인 (B) connecting이 정답이 된다. connecting 앞에는 which is가 생략되어 있는 것으로 볼 수 있다.

어휘 major city 주요 도시, 대도시   crowded 붐비는

3

당신이 이전에 추천한 변호사는 그 회사에서 일자리를 구하는 데 실패했다.
(A) that
(B) what
(C) whose
(D) which

해설 선행사가 명사이고 빈칸 뒤에 주어 동사가 있으므로, 목적격 관계대명사를 정답으로 골라야 한다. 보기에서 목적격 관계 대명사로 쓰일 수 있는 것은 (A)의 that이다. (D)의 which는 선행사가 사람이기 때문에 정답이 될 수 없다.

어휘 recommend 추천하다   firm 기업, 회사

4

그 회사의 높은 이직률은 모두가 항상 걱정하는 문제였다.
(A) which
(B) about which
(C) about that
(D) that

해설 'be concerned about ~'은 '~에 대해 걱정하다'라는 의미의 표현이다. 관계대명사절의 about은 관계대명사 which 앞으로 이동될 수 있으므로 (B)가 정답이 된다. 관계대명사 that과 전치사는 함께 쓸 수 없으므로 (C)는 정답이 될 수 없다.

어휘 turnover 이직률　concerned 걱정하는

03 관계부사 / 복합관계사

p.148

문법 연습

A

정답

1 where
2 when
3 whichever
4 why
5 Whoever
6 However

B

정답

1 (A)　　2 (A)　　3 (A)　　4 (D)

해석

1
영업 보고서는 우리가 가격을 인하했던 달에 더 많이 판매했다는 것을 보여준다.
(A) when
(B) whenever
(C) what
(D) how

해설 선행사가 시간을 의미하는 the month이므로 시간의 관계부사인 (A)의 when이 정답이 된다.

어휘 indicate 보여주다, 나타내다　lower 낮추다

2
이번 달에 온라인 구매를 하는 사람은 누구든지 20퍼센트의 할인을 받게 될 것이다.
(A) who
(B) whom
(C) whenever
(D) whoever

해설 선행사 anyone이 사람이기 때문에 주격 관계대명사인 (A)의 who가 정답이 된다. 의미상 (D)의 whoever가 정답이 될 것 같아 보이지만, whoever는 선행사가 포함되어 있는 복합관계대명사이다.

3
여러분의 우려 사항들에 대해 이야기해 볼 수 있는 질의 응답 시간이 있을 것입니다.
(A) where
(B) which
(C) whom
(D) that

해설 선행사인 'Q&A session'을 꾸며주는 관계부사를 고르는 문제이다. 정답은 (A)의 where인데, 관계부사 where는 장소뿐만 아니라 상황을 의미하는 선행사 뒤에도 사용된다.

어휘 address 검토하다, 토의하다　concern 걱정

4
지원자들 중에서, 가장 많은 경험을 가진 사람이 그 일자리를 얻게 될 것이다.
(A) wherever
(B) however
(C) whichever
(D) whoever

해설 문맥상 '누구든지 가장 많은 경험을 가진 사람'이라는 의미가 되어야 하므로, 복합관계 대명사인 (D)의 whoever가 빈칸에 와야 한다.

토익 실전 어휘 | 형용사 어구

p.150

정답

1 considerable
2 wide
3 to
4 responsive
5 exempt
6 popular
7 significant
8 for
9 proficient
10 open

실전 연습

p.151

정답

1 (B)	2 (A)	3 (B)	4 (C)	5 (D)
6 (B)	7 (A)	8 (A)	9 (C)	10 (C)
11 (A)	12 (A)	13 (D)	14 (A)	15 (B)
16 (A)	17 (B)	18 (C)	19 (A)	20 (A)
21 (A)	22 (C)			

Part 5

1
당신은 소프트웨어 사용에 대해 더 많은 교육을 시켜줄 멘토를 배정받게 될 것이다.
(A) whom
(B) who
(C) whoever
(D) whose

해설 선행사가 mentor이고 빈칸이 종속절의 주어 자리이므로 주격 관계대명사를 정답으로 골라야 한다. 따라서 정답은 (B)의 who이다.

어휘 assign 할당하다, 배정하다　mentor 멘토

2

Office Yard는 당신이 사업을 시작할 때 필요한 다양한 종류의 사무 가구와 용품을 판매하고 있다.

(A) wide
(B) significant
(C) indifferent
(D) representative

해설 'a variety of'는 '다양한'이라는 의미의 구문인데, variety 앞에 wide를 삽입하여 의미가 강조된다.

어휘 significant 중요한 indifferent 무관심한 representative 전형적인

3

공장 내 근무와 연관된 직무를 해야 하는 사람은 누구나 안전복을 착용해야 한다.

(A) who
(B) whose
(C) of which
(D) how

해설 선행사 anyone과 명사 duties 사이에는 소유의 관계가 성립되므로 소유격 관계대명사인 whose가 정답이 된다.

어휘 safety clothes 안전복 duty 의무; 직무 involve 연관시키다, 수반하다

4

이 회사에서 10년 이상 근무해 온 Han 씨는 지역 관리자 직책을 맡을 자격이 된다.

(A) qualify
(B) qualifying
(C) qualified
(D) qualifications

해설 'be qualified for ~'는 '~할 자격이 되다'라는 의미의 숙어이다.

어휘 regional manager 지역 관리자 qualify 자격을 주다 qualified 자격이 있는

5

많은 음식 비평가들은 그 식당을 여러분들이 가장 편안한 분위기를 느낄 수 있는 곳으로 묘사했습니다.

(A) whom
(B) which
(C) what
(D) where

해설 선행사가 장소를 의미하고 있으므로 관계부사 where가 정답이 된다.

어휘 critics 비평가 describe 묘사하다 homey 집 같은, 편안한

6

이 주차 건물의 규모는 국내에서 가장 큰 것과 비슷한데, 이는 최근에 건설되었다.

(A) compared
(B) comparable
(C) comparison

(D) comparing

해설 'be comparable to ~'는 '~와 비슷하다, ~에 필적하다'라는 의미의 구문이다.

어휘 comparable 비슷한 comparison 비교

7

우리 컴퓨터에 설치되어 있는 소프트웨어는 제대로 작동하는 것 같다.

(A) that
(B) where
(C) what
(D) of which

해설 빈칸에는 선행사가 사물인 주격 관계대명사가 필요한데, 보기 중에서 주격 관계대명사는 (A)의 that이다.

8

최근에 도심 지역에 개업한 Mega 헬스클럽은 회원들의 요구에 잘 대응한다.

(A) responsive
(B) respective
(C) interested
(D) concerned

해설 'be responsive to ~'는 '~에 대응하다'라는 의미의 구문이다.

어휘 downtown 도심 responsive 대응하는 respective 각자의, 각각의

9

몇몇의 중역들은 그들이 새로운 TV 광고의 효과에 대해 확신할 수 없다고 말했다.

(A) available
(B) capable
(C) uncertain
(D) unwilling

해설 'be uncertain about ~'은 '~에 대해 확신하지 못하다'라는 의미의 구문이다.

어휘 commercial 광고 capable 할 수 있는, 유능한 uncertain 확신이 없는 unwilling 꺼리는

10

우리가 컴퓨터와 관련해서 어려움을 겪을 때마다 기술적인 문제들을 해결하는 것이 Yang 씨가 맡은 업무이다.

(A) which
(B) however
(C) whenever
(D) that

해설 문맥상 '어려움을 겪을 때마다'라는 의미가 되어야 하므로, 빈칸에는 '~할 때마다'라는 의미의 복합관계부사인 whenever가 와야 한다.

11

최근의 설문 조사에는 좋은 품질과 서비스가 보장된다면 고객들은 기꺼이 더 많은 돈을 것이라는 사실을 보여 준다.

(A) that
(B) which
(C) what
(D) whatever

[해설] 빈칸에는 알맞은 접속사를 고르는 문제인데, 접속사 뒤에 완전한 문장이 이어지고 있으므로 명사절 접속사인 (A)의 that이 정답이 된다.

[어휘] quality 질   guaranteed 확실한, 보장된

12
사고에서 심하게 부상을 입은 Davis 씨는 병원으로 보내졌다.
(A) who
(B) that
(C) whoever
(D) which

[해설] 선행사가 사람이므로 주격 관계대명사를 정답으로 골라야 한다. 빈칸 앞에 콤마가 있을 경우 관계대명사 that은 사용될 수 없으므로 정답은 (A)의 who이다.

[어휘] seriously 심각하게   injured 부상을 입은

13
당신이 동료로부터 받는 도움에 대해 고마워하는 것은 중요하다.
(A) grateful
(B) subject
(C) comprehensive
(D) appreciative

[해설] 'be appreciative of ~'는 '~을 감사해 하다'라는 의미의 구문이다. (A)의 grateful은 전치사 of가 아닌 for와 함께 쓰인다.

[어휘] assistance 도움   grateful 고마워하는   subject ~될 수 있는 comprehensive 포괄적인   appreciative 고마워하는

14
우리는 당신이 그 절차에 대한 정보를 얻을 수 있는 교육 과정을 개설하기로 되어 있다.
(A) where
(B) which
(C) what
(D) that

[해설] 선행사가 'training sessions'이며 빈칸 뒤에 완전한 형태의 절이 있으므로 적절한 관계부사를 정답으로 골라야 한다. 보기에서 관계부사는 where뿐이므로 정답은 (A)이다.

15
그 회사는 빠르게 변하는 환경에 준비되어 있는 사람을 찾고 있다.
(A) reliable
(B) ready
(C) accustomed
(D) independent

[해설] 문맥상 '~에 준비가 되어 있다'라는 의미의 구문인 'be ready for ~'가 되어야 자연스러우므로 정답은 (B)이다.

[어휘] rapidly 빠르게   reliable 믿을 수 있는   accustomed 익숙한 independent 독립적인

16
워크샵에 참석하고 싶은 사람은 누구든지 미리 신청을 해야 한다.
(A) who
(B) whoever
(C) whatever
(D) whom

[해설] 선행사가 사람을 의미하는 anyone이므로 빈칸에는 관계대명사 who가 필요하다. 의미상 whoever도 어울리기는 하지만, whoever는 선행사를 포함하고 있는 복합관계대명사이기 때문에 정답이 될 수 없다.

[어휘] sign up 신청하다   in advance 미리

Part 6

[17-20]

> Kitchen Works USA
> 포트스미스 길 456번지
>
> 관계자 분께,
>
> 귀사에서 최근에 구매한 믹서기의 환불을 요청하고자 이 편지를 보냅니다. 저는 추천을 받아 이 믹서기를 구매하였지만, 처음 사용한 후에 받아들일 수 없는 문제를 몇 가지 발견하였습니다.
>
> 첫 번째로, 그 믹서기에는 2리터를 담을 수 있다고 광고되었지만, 사용할 때 1.5리터만 담을 수 있습니다. 다음으로, 포장을 열었을 때, 사용하기도 전에 뚜껑에 균열이 있는 것을 발견하였습니다. **게다가, 사용 중에 소음이 너무 심합니다.** 저는 진심으로 그 제품에 실망했고, 누구에게도 이 제품을 추천하고 싶지 않습니다. 환불 절차를 처리하기 위해 무엇을 해야 할지 알려 주십시오.
>
> *Thomas Fraser* 드림

[어휘] refund 환불   recommendation 추천   unacceptable 받아들일 수 없는   lid 뚜껑   cracked 균열이 있는

17
(A) whichever
(B) which
(C) of which
(D) what

[해설] 선행사가 사물이므로 목적격 관계대명사인 (B)의 which가 빈칸에 와야 한다.

18
(A) advertised
(B) was advertising
(C) was advertised
(D) advertisement

[해설] 문맥상 '2리터를 담을 수 있다고 광고되었다'라는 의미가 되는 것이 자연스러우므로, 수동형인 (C)의 was advertised가 정답이 된다.

19.

(A) that
(B) which
(C) whatever
(D) how

> 해설 빈칸에는 절과 절을 연결하는 접속사가 필요한데, 빈칸 뒤에 완전한 문장이 이어지고 있으므로 명사절 접속사인 (A)의 that이 정답이 된다.

20

(A) 게다가, 사용 중에 소음이 너무 심합니다.
(B) 하지만, 제 친구는 제가 이 믹서기를 구입할 것을 추천했습니다.
(C) 그뿐만 아니라, 저는 영수증을 갖고 있지 않습니다.
(D) 이것에 이 제품에 대한 유일한 문제점입니다.

> 해설 빈칸 앞에서는 구매한 블랜더의 문제점들을 나열하고 있으므로, furthermore(게다가)라는 표현을 써서 문제점 하나를 추가하는 문장인 (A)가 오는 것이 가장 자연스럽다.

Part 7

[21-22]

> **LBG 제약에서는 한계가 없습니다.**
>
> 성장을 위한 무한한 잠재력을 갖고 있는 직업을 찾고 계신가요? 경쟁력 있는 영업 경력을 갖고 계신가요? 그렇다면, 플로리다에 기반을 둔 LBG 제약이 여러분을 기다립니다!
>
> 우리는 워싱턴 D.C. 지점에서 근무할 경력직 선임 영업관리자를 찾고 있습니다. 이 직책은 월간 영업 목표를 설정 및 달성, 영향력 있는 B2B 고객들과의 직접적인 업무, 그리고 영업 효율성을 제고하는 프로젝트를 지휘하는 업무와 연관이 있습니다. 선임 영업관리자는 이러한 목표를 달성하기 위해 영업 부서와도 협력하게 될 것입니다.
>
> 우리는 개인과 팀의 영업 실적에 따라 추가 급여와 함께 경쟁력이 있는 급여를 제공할 것입니다. 연봉 협상 시 경력을 고려할 것이고, 제약이나 의료 분야의 경험이 있는 지원자들을 우대할 것입니다. 건강 보험과 퇴직금이 정규직 직원들에게 제공되고 있습니다.
>
> 지원을 원하시면, 우리의 웹사이트 LBGpharm.com/jobs에 방문해 주세요. 지원자들은 이메일 주소를 제공해야 하며 추천서를 제출해야 합니다. 지원 절차에 대해 궁금한 점이 있으면, 809-555-1234로 연락해 주세요.

> 어휘 potential 잠재력 growth 성장 competitive 경쟁력 있는 sales coordinator 영업관리자 profile 관심, 인지도 collaborate 협력하다 pharmaceutical 제약의 field 분야 severance package 퇴직금 professional references 추천서

21

선임 영업관리자의 직무로 광고에서 언급된 것은 무엇인가?

(A) 월별로 영업 목표를 달성하는 것
(B) 다른 영업 사원들과 경쟁하는 것
(C) 의학과 제약학을 공부하는 것
(D) 플로리다와 워싱턴 D.C. 사이를 운전하는 것

> 해설 지문의 중반부에 'The position involves setting and achieving monthly sales goals'라는 정보를 통해서 (A)의 내용이 언급되어 있음을 알 수 있다.

22

정규직 직원에게 제공되지 않는 혜택은 무엇인가?

(A) 건강 보험
(B) 퇴직 연금
(C) 회사 차량
(D) 영업 실적에 따른 보너스

> 해설 지문에서 'extra pay based individual and team sales, medical insurance, a severance package' 등이 제공될 것이라고 언급되었다. 즉, 언급되지 않은 혜택은 (C)이다.

Chapter 13 | 전치사 Prepositions

01 시간/장소의 전치사   p.156

문법 연습

A

> 정답

1 at
2 on
3 during
4 in
5 prior to

B

> 정답

1 (C)   2 (A)   3 (B)   4 (B)

> 해석

1

신임 최고 재무책임자의 임명이 회의실에서 발표될 것이다.

(A) for
(B) on
(C) in
(D) to

> 해설 회의실 내에서 발표될 것이므로 공간 내를 뜻하는 장소의 전치사인 in이 정답이다.

> 어휘 appointment 임명 chief financial officer 최고 재무책임자

2

아동 진료소의 개소식이 내일 아침 10시에 시작될 것이다.

(A) at
(B) on
(C) in
(D) into

> 해설 정확한 때를 나타내는 시간의 전치사는 at이다.

> 어휘 opening ceremony 개점식, 개소식 health clinic 진료소

3

런던 국립 박물관은 수리를 위하여 9월 2일부터 폐쇄될 것이다.
(A) at
(B) on
(C) in
(D) for

해설 정확한 날짜 앞에는 전치사는 on을 써야 한다.

어휘 renovation 수리

4

신입 직원을 위한 사무 가구는 목요일에 배송될 예정이다.
(A) at
(B) on
(C) in
(D) out of

해설 요일 앞에 쓰이는 전치사는 on이다.

어휘 be scheduled to ~할 예정이다

02 기타 전치사 / 혼동하기 쉬운 전치사   p.158

문법 연습

A

정답

1　for
2　During
3　by
4　Due to
5　Notwithstanding

B

정답

1　(B)　　2　(B)　　3　(B)　　4　(A)

해석

1

박물관의 운영에 관한 회의가 연기되어 수요일 오후로 재조정될 것이다.
(A) despite
(B) regarding
(C) owing to
(D) in order to

해설 문맥상 '~와 관련된 회의'라는 의미가 되어야 자연스러우므로 (B)의 regarding이 정답이다.

어휘 operation 운용　postpone 연기하다　reschedule 재조정하다　despite ~에도 불구하고　owing to ~ 때문에　in order to ~하기 위해서

2

환영회 동안, 최고 경영자는 새로 임명된 마케팅 관리자를 직원들에게 소개할 것이다.
(A) So

(B) During
(C) For
(D) To

해설 '환영회 동안에'라는 의미가 되어야 자연스러우므로 '~ 동안'을 뜻하는 전치사 for와 during 중에서 정답을 골라야 한다. for는 'for two days'와 같이 숫자로 표현된 기간 앞에 사용되며, during은 'during the summer'와 같이 기간을 의미하는 명사 앞에 사용되므로 정답은 (B)이다.

어휘 reception 환영회　appointed 임명된

3

Naomi 어페럴은 여성 의류 유행의 선도자로서 패션 산업에서 잘 알려져 있다.
(A) by
(B) as
(C) to
(D) with

해설 주어진 문장은 '~으로 잘 알려져 있다'라는 의미가 되어야 하므로 'be know as'의 표현이 완성되어야 한다. 정답은 (B)이다.

어휘 trendsetter 유행의 선도자　clothing 의류

4

지원자는 이력서와 자기 소개서를 이메일로 제출해야 한다.
(A) by
(B) until
(C) for
(D) on

해설 수단을 나타내는 전치사는 by이다. 'by email'과 같이 관사 없이 사용된다.

어휘 applicant 지원자, 신청자　résumé 이력서　cover letter 자기 소개서

03 전치사의 관용 표현   p.160

문법 연습

A

정답

1　in
2　within
3　under
4　at
5　on

B

정답

1　(B)　　2　(B)　　3　(C)　　4　(C)

해석

1

공무원들은 모든 예산 보고서를 제시간에 검토하기 위하여 초과 근무를 해왔다.

(A) at
(B) on
(C) in
(D) by

해설 '보고서를 제시간에 끝내다'는 뜻이므로 'on time(정각에, 시간을 어기지 않고)'이 정답이다.

어휘 work overtime 초과 근무를 하다   review 검토하다   budget 예산

2
상품들은 주문을 받자마자 영업일 기준으로 3일에서 4일 이내에 배송될 것입니다.
(A) as
(B) upon
(C) by
(D) for

해설 'upon receipt of'는 '~을 받자마자'라는 의미이다. 정답은 (B)이다.

어휘 ship 배송하다   receipt 수령

3
Marin 식당은 주말에 매우 붐비기 때문에, 미리 자리를 예약하는 것을 권합니다.
(A) at
(B) on
(C) in
(D) for

해설 '미리 자리를 예약하다'는 의미가 되어야 자연스럽기 때문에 'in advance'를 정답으로 골라야 한다.

어휘 crowded 붐비는   book 예약하다

4
Costa 씨는 부여 받은 일을 신속하게 처리할 수 없었다.
(A) at
(B) on
(C) in
(D) within

해설 'in a prompt manner'는 '신속하게'라는 표현이다. 정답은 (C)이다.

어휘 handle 처리하다   assigned 부여 받은   prompt 신속한   manner 방식

토익 실전 어휘 │ 전치사 어구 Ⅰ   p.162

정답
1 celebration
2 comparison
3 such as
4 on top of
5 in charge of
6 as of

7 up to
8 thanks to
9 in addition to
10 as to

실전 연습   p.163

정답

1	(A)	2	(A)	3	(A)	4	(D)	5	(B)
6	(C)	7	(B)	8	(B)	9	(A)	10	(B)
11	(A)	12	(C)	13	(B)	14	(C)	15	(B)
16	(A)	17	(B)	18	(B)	19	(A)	20	(A)
21	(A)	22	(D)	23	(C)	24	(B)	25	(C)

Part 5

1
Thompson 씨는 1년밖에 근무하지 않았지만, 벌써 관심을 끄는 프로젝트들을 많이 맡았다.
(A) Although
(B) In spite of
(C) Without
(D) Unless

해설 주절과 종속절의 내용이 대조를 이루고 있는데, 빈칸은 접속사 자리이므로 (A)의 although가 정답이 된다.

어휘 take on (일을) 맡다   high-profile 관심을 끄는   in spite of ~에도 불구하고

2
11월 1일부터, 최대 초과 근무 시간에 관한 새로운 법이 시행될 것이다.
(A) As of
(B) As to
(C) With
(D) Regarding

해설 문맥상 '11일 1일부터 새 법률이 실시될 것이다'라는 의미가 되어야 자연스러우므로 '~부터'를 뜻하는 (A)의 as of가 정답이 된다.

어휘 regarding ~에 관하여   go into effect 실시하다   as of ~부터   as to ~에 관하여

3
대형 체인점과의 경쟁에도 불구하고, Anderson 상점은 고객들의 인기를 유지하고 있다.
(A) Despite
(B) Until
(C) Though
(D) In case of

해설 대조를 이루는 내용인데, 빈칸 뒤에 절이 아닌 명사가 있으므로 전치사를 정답으로 골라야 한다. (A)의 despite가 정답이다.

어휘 competition 경쟁   maintain 유지하다   popularity 인기   despite ~에도 불구하고   in case of ~의 경우

4

겨울 내내, 정부의 시설들은 지역 주민들을 위해 개방될 것이다.

(A) With
(B) Regarding
(C) At
(D) Throughout

해설 의미상 '겨울 내내, 겨울 동안 계속'이라는 의미가 되어야 자연스럽다. 따라서 (D)의 throughout이 정답이다.

어휘 facility 시설   resident 주민   throughout 내내, ~ 동안 쪽

5

최근의 확장 때문에, 최고 경영자는 이달 말까지 직원을 더 채용하기로 결정했다.

(A) As of
(B) Due to
(C) Such as
(D) Despite

해설 인과 관계의 문맥이므로, '최근의 확장 때문에'라는 뜻이 되어야 자연스럽다. 따라서 (B)의 due to가 정답이 된다.

어휘 expansion 확장   due to ~ 때문에   such as 예를 들면   despite ~에도 불구하고

6

그 회사는 유럽에 기반을 두고 있음에도 불구하고, 생산 시설들은 모두 베트남에 있다.

(A) at
(B) on
(C) in
(D) to

해설 국가명 앞에는 전치사 in을 쓴다. 따라서 정답은 (C)이다.

어휘 be based in ~에 기반하다   production 생산   facility 시설

7

주문을 하시려면, 팩스로 주문서를 보낼 수도 있고 웹 사이트를 방문할 수도 있습니다.

(A) at
(B) by
(C) in
(D) to

해설 수단을 나타내는 전치사는 by이다. 따라서 정답은 (B)이다.

어휘 place an order 주문하다   either A or B A아니면 B   order form 주문 양식

8

우리는 1층에 있는 자동판매기 건너편에 있는 복사실에 사무용품들을 보관한다.

(A) into
(B) across from
(C) down
(D) throughout

해설 위치를 나타내는 표현들 중 문맥상 어울리는 전치사는 (B)의

across from이다.

어휘 office supply 사무용품   vending machine 자동판매기

9

Franklin 극장은 연극 *환한 밤*을 상영하고 있으며, 이는 3월 15일까지 계속될 것이다.

(A) until
(B) by
(C) at
(D) between

해설 '3월 15일까지 계속되다'라는 의미가 되어야 자연스럽다. 따라서 전치사 until이 정답이다.

어휘 theater 극장   show 상영하다   play 연극   run 계속하다

10

최고 재무책임자로서, Turner 씨는 사장님께 직접 보고할 것이다.

(A) By
(B) As
(C) Even
(D) So

해설 자격을 나타내는 전치사는 as이므로 정답은 (B)이다.

어휘 directly 직접

11

Brown 씨는 자신이 곧 있을 승진에서 고려되지 않는다는 사실을 알게 되어 실망했다.

(A) under
(B) about
(C) before
(D) over

해설 문장의 의미상 '고려 중인'이라는 표현인 'under consideration'이 되어야 한다. 따라서 정답은 (A)이다.

어휘 disappointed 실망한   find out 알아내다   consideration 고려   upcoming 다가오는   promotion 승진

12

시카고행 비행기는 궂은 날씨 때문에 취소되었다.

(A) though
(B) because
(C) due to
(D) in spite of

해설 인과 관계를 나타내는 문맥인데 빈칸 뒤에 절이 아닌 명사구가 있으므로 정답은 전치사인 due to이다.

어휘 inclement (날씨가) 궂은, 나쁜

13

응급상황 발생 시에는, 빌딩에 있는 엘리베이터를 사용하지 말고 계단을 사용해야 한다.

(A) So as
(B) In case of
(C) Although
(D) In spite of

해설 문장의 의미상 빈칸에는 '~의 경우에, ~이 발생할 시에는'이라는 뜻의 'in case of'가 와야 한다.

어휘 emergency 응급상황   stairs 계단

14

직원들은 근무 조건에 관한 새로운 정책의 결과로 주 42시간까지 근무할 수 있다.

(A) except for
(B) such as
(C) up to
(D) apart from

해설 문맥상 '42시간까지'라는 의미가 되어야 하는데, 정도를 나타내는 전치사는 up to이다. 정답은 (C)이다.

어휘 as a result of ~의 결과로   policy 정책   working condition 근무 조건

15

중역들은 최고 경영자가 회의실에 입장하기 전에 자기들끼리 인수합병에 대해서 논의하기 시작했다.

(A) between
(B) among
(C) about
(D) over

해설 '중역들끼리 논의했다'는 의미가 되어야 자연스럽다. 'among themselves'는 '자기들끼리'라는 의미이므로 정답은 (B)이다.

어휘 executives 중역   merger and acquisition 인수합병

16

Camp 씨는 3월 1일까지 상하이 출장에 대한 비용 보고서를 제출해야 한다.

(A) by
(B) at
(C) about
(D) nearly

해설 특정일까지 어떤 행위를 마쳐야 한다는 내용이므로 '~까지'를 뜻하는 전치사 by가 정답이 된다.

어휘 file 제출하다, 제기하다   expense 비용

Part 6

[17-20]

Beaverton 중앙도서관

Beaverton 중앙도서관은 Beaverton 주민들과 Oregon 도서관 네트워크 회원들에게 서비스를 제공하고 있습니다. 대출이 가능한 자료들은 책, 멀티미디어(DVD, 블루 레이, 음악 CD, 오디오 북), 그리고 노트북 1일 대여입니다. 저희는 특정 주제의 자료를 찾는데 도움이 필요한 회원들에게 검색 지원을 제공하고 있습니다. 도서관 회원들은 그룹 스터디를 위한 강의실을 예약할 수 있는데, 저희는 회의실도 보유하고 있습니다. 선착순으로 예약할 수 있으니 가능 여부를 확인하시려면 저희에게 미리 연락해 주시기 바랍니다. **이는 전화를 통해서 가능하며 웹페이지에서 온라인으로도 가능합니다.**

도서관은 매일 아침 9시부터 오후 8시까지 개방되며 국경일이나 공휴일에는 문을 닫습니다. 행사나 다른 도서관 서비스에 대해 더 자세한 정보를 원하시면, 저희 웹사이트 www.belib.com을 방문해 주세요.

어휘 offer 제공하다   material 자료   on loan 빌리는   include 포함하다   specific 특정한   on a first-come, first-served basis 선착순으로   in advance 미리   availability 이용가능성

17

(A) at
(B) on
(C) in
(D) to

해설 주제를 의미하는 단어 앞에는 'on(~에 관한)'을 쓸 수 있다.

18

(A) of
(B) on
(C) within
(D) to

해설 'on a first-come, first-served basis'는 '선착순으로'라는 표현이다. 정답은 (B)이다.

19

(A) 이는 전화를 통해서 가능하며 웹페이지에서 온라인으로도 가능합니다.
(B) 미반납된 자료에 대해서는 매일 연체료가 늘어날 것입니다.
(C) 여러 지역 행사에는 성인과 청년 모두를 위한 프로그램이 포함됩니다.
(D) 여기에는 요청한 연구 주제와 관련된 몇 권의 책들도 포함하고 있습니다.

해설 빈칸 앞에 장소 예약에 대한 내용이 설명되어 있다. 따라서 예약하는 방법을 설명하고 있는 문장인 (A)가 정답으로 가장 적절하다.

20

(A) to
(B) of
(C) as
(D) and

해설 'from A to B'는 'A 부터 B까지'라는 뜻으로 업무 시간의 시작과 끝을 표현하기에 적절하다. 정답은 (A)이다.

Part 7

[21-25]

디지털 마케팅 컨퍼런스 일정

토요일

오전 10시	개막식
오전 10시 30분	기조 연설자: "온라인 시장의 미래" / Kevin Heart
오후 1시 30분	워크샵: "소셜 미디어 경영" / Ashley Kumar
오후 4시	첫 날 행사 정리 / Claire Bach, 컨퍼런스 의장
오후 5시 30분	정찬 / 대회의장

일요일

오전 11시	프레젠테이션: "멀티미디어 광고 이론" / Rosella Aguilar
오후 3시	워크샵 : "모바일 플랫폼 사용" / Orion Akbar 박사
오후 6시 30분	컨퍼런스 폐막식
오후 7시	저녁 만찬
오후 8시 30분	인맥 형성을 위한 칵테일 행사

모든 식사와 음료는 호텔 식당에서 제공될 것입니다.

【어휘】 ceremony 의식, 식 keynote speaker 기조 연설자 marketplace 시장, 장터 chairperson 의장 theory 이론 beverage 음료수 dining 식사

발신: Orion Akbar
수신: Claire Bach
제목: 컨퍼런스 일정

Bach 씨께,

올해 컨퍼런스에서 워크샵을 주최할 수 있는 기회를 주셔서 다시 한 번 감사 드립니다. 불행하게도, 일요일 밤 비행기로 집으로 돌아가게 되어서, 저는 워크샵이 끝난 후에 즉시 출발해야 합니다. 하지만, 그 전에 있는 모든 행사에는 참석할 수 있을 것입니다. 그에 맞게 일정을 준비하실 수 있도록 하기 위해서 이를 알려드립니다. 이해해 주셔서 감사 드리며, 이로 인해 불편을 드리게 되어 죄송합니다.

Orion Akbar 박사
마케팅 부서
Tulsa 주립대

【어휘】 unfortunately 불행히도 immediately 즉시 attend 참석하다 accordingly 그에 맞춰 inconvenience 불편함 cause 야기하다

21
일요일 아침에는 어떤 행사가 열릴 것인가?
(A) Aguila의 프레젠테이션
(B) 개막식
(C) Akbar의 워크샵
(D) Heart의 기조 프레젠테이션

【해설】 일정표에 따르면 일요일 아침 11시에는 Rosella Aguilar가 멀티미디어 광고 이론에 대해 강연한다. 따라서 정답은 (A)이다.

22
컨퍼런스 일정에서 알 수 없는 것은 무엇인가?
(A) 컨퍼런스에는 두 번의 워크샵이 있다.
(B) 컨퍼런스에서 음식이 제공될 것이다.
(C) 행사는 이틀에 걸쳐 열릴 것이다.
(D) 입장료는 선불로 지불해야 한다.

【해설】 일정표에는 입장료에 대해 언급되어 있지 않으므로 정답은 (D)이다.

23
Akbar씨가 Bach 시에게 이메일을 보낸 이유는 무엇인가?
(A) 일정 변경을 요청하려고
(B) 워크샵을 취소하려고

(C) 개인 일정을 알려주려고
(D) 컨퍼런스에 등록하려고

【해설】 Akbar 씨는 워크샵을 마치면 바로 집으로 돌아가는 비행기를 타야 한다고(my flight returning home is on Sunday night, so I have to leave the conference immediately after my workshop ends) 작성했다. 따라서 개인 일정에 대한 내용을 알리기 위해서라는 내용의 (C)가 정답이 된다.

24
Akbar 씨의 직업은 무엇인 것 같은가?
(A) 행사 기획자
(B) 교수
(C) 컨퍼런스 매니저
(D) 소셜 미디어 마케터

【해설】 일정표에 따르면 Akbar는 박사이며, 이메일 하단을 보면 그가 근무하는 곳은 Tulsa 대학 마케팅 부서이므로 Akbar 씨는 교수일 것이다. 따라서 (B)가 정답이 된다.

25
Akbar 씨가 참석할 수 없는 행사는 무엇인가?
(A) 개막식
(B) 기조 연설
(C) 인맥 형성을 위한 칵테일 행사
(D) Kumar의 워크샵

【해설】 이메일에 따르면 Akbar 씨는 본인의 워크샵이 끝난 후에 즉시 비행기를 타야 한다고 했다. 일정표에 따르면 그의 워크샵은 오전 11시에 시작하며, 그 다음 일정은 오후 3시부터 시작되므로 그는 오후 3시 이후의 행사에는 참여할 수 없을 것이다. 따라서 정답은 (C)이다.

Chapter 14 | 가정법 The Subjunctive Mood

01 가정법 과거 / 가정법 과거완료 p.170

문법 연습

A

【정답】

1 had taken a morning flight / would have made it
2 were enough staff members / wouldn't need to work
3 you drove to work / would spend a lot of money
4 had ordered the shelf / would have gotten
5 had found the class boring and useless / would have complained
6 had known about the defect / would have been more careful

【해석】

1 그가 아침 비행기를 탔더라면, 회의에 도착할 수 있었을 것이다.
2 충분한 직원들이 있다면, 우리가 초과 근무를 자주 하지 않아도 될 것이다.

3 당신이 자주 운전을 한다면, 통근에 더 많은 돈을 쓸 것이다.

4 지난달에 선반을 주문했더라면, 더 나은 혜택을 받았을 것이다.

5 내가 수업이 지루하고 유용하지 않다고 느꼈다면, 코디네이터에게 불평을 했을 것이다.

6 내가 그 제품의 결함에 대해 알았더라면, 다룰 때 더 주의했었을 것이다.

B

정답

1 (D)   **2** (C)   **3** (D)   **4** (B)

해석

1
그 팀이 개조 프로젝트를 더 일찍 시작했었더라면, 그들은 재개장하기 전에 그것을 마무리했을 것이다.
(A) starts
(B) started
(C) has started
(D) had started

해설 가정법 과거완료를 완성하는 문제이다. 가정법 과거완료에서는 if절에 'had + p.p' 형태의 동사를 써야 하므로 (D)가 정답이 된다.

어휘 renovation 개조, 보수

2
나에게 정보가 주어지지 않았다면, 나는 문제가 무엇인지 알지 못했을 것이다.
(A) be
(B) being
(C) been
(D) was

해설 가정법 과거완료에서는 if절에 'had + p.p' 형태의 동사가 와야 하므로 (C)의 been이 정답이 된다.

어휘 figure out ~을 이해하다

3
만일 직원들이 그렇게 열심히 일하지 않았더라면, 그 프로젝트는 완전한 실패로 끝났을 것이다.
(A) ended
(B) have ended
(C) had ended
(D) would have ended

해설 가정법 과거완료 문장의 주절에는 'would have + p.p' 형태의 동사가 필요하므로 (D)가 정답이 된다.

어휘 complete 완전한   failure 실패

4
그가 회사의 회장으로 선출된 상황이라면, 그는 조직에 더 급진적인 변화를 가져왔을 것이다.
(A) elected
(B) was elected
(C) have been elected
(D) had elected

해설 가정법 과거에서는 if절에 과거 동사를 써야 하므로 (B) 혹은 (D)가 정답이 될 수 있는데, 의미상 수동이 되어야 하므로 (B)가 정답이 된다.

어휘 chairman 회장   radical 급진적인   elect 선출하다

02 가정법 현재와 미래 / 혼합 가정법

p.172

문법 연습

A

정답

1 had started / would
2 gets worse
3 had worked / would be
4 should have
5 is / will
6 had warned / would not have

B

정답

1 (B)   **2** (A)   **3** (B)   **4** (C)

해석

1
경영진이 직원들에게 문제에 대해 알렸더라면, 우리는 현재의 위기에 더 잘 준비되어 있을 것이다.
(A) will be
(B) would be
(C) would have been
(D) have been

해설 '과거에 ~했었더라면, 지금 ~할 텐데'라는 의미의 혼합 가정법을 완성하는 문제이다. 혼합 가정법에서는 if 절에는 'had + p.p' 형태의 동사를 쓰고, 주절에는 'would + 동사원형'의 형태를 쓴다. 따라서 정답은 (C)이다.

어휘 management 경영진   prepared 준비된   crisis 위기

2
오후 2시 이전에 주문을 하시면, 바로 다음날 집으로 구매하신 물건이 배송될 것입니다.
(A) place
(B) places
(C) placed
(D) had placed

해설 단순 조건문에서는 if절에 현재 시제를 써야 미래의 의미를 나타낼 수 있으므로 (A)가 정답이 된다.

3
당신이 계정에 접근하는 데 어려움을 겪게 된다면, 고객 서비스 센터로 연락 주십시오.
(A) will
(B) should
(C) would
(D) might

67

해설 '혹시라도 ~하면, ~하라'는 의미의 가정법 미래 문장을 완성하는 문제이다. 가정법 미래 문장에서 if절에는 조동사 should를 써야 하므로 정답은 (B)가 된다.

4

Chang 씨가 디자인 관련해서 도움을 주지 않았더라면, 우리는 지금 발표할 준비가 되어 있지 않을 것이다.

(A) has not helped
(B) does not help
(C) had not helped
(D) have not helped

해설 '과거에 ~했었더라면, 지금 ~할 텐데'라는 의미의 혼합 가정법을 완성하는 문제이다. 혼합 가정법에서는 if 절에는 'had + p.p' 형태의 동사를 쓰고, 주절에는 'would + 동사원형'의 형태를 쓴다. 따라서 정답은 (C)의 had not helped가 된다.

03 가정법의 도치
p.174

문법 연습

A

정답

1 had not broken down / would have gotten
→ Had the car not broken down, we would have gotten there right on time.
2 were / wouldn't be able to
→ Were not for your consistent support, we wouldn't be able to maintain our business.
3 were / would not drive
→ Were the buses less crowded during rush hour, I would not drive to work.

B

정답

1 (C)　　2 (A)　　3 (B)　　4 (B)

해석

1

인재 개발팀이 교육 과정에 대해 더 빨리 공지했었더라면, 더 많은 사람이 참여했을 것이다.

(A) If
(B) Have
(C) Had
(D) Whether

해설 가정법 과거완료 문장에서 if가 생략될 경우 동사인 'had + p.p'에서 had가 주어 앞으로 도치된다. 따라서 정답은 (C)이다.

2

Sanderson 씨가 다른 프로젝트로 바쁘지 않다면, 그녀는 기꺼이 우리를 도와 줄 텐데.

(A) Were
(B) Had
(C) Had been
(D) If

해설 가정법 과거 문장에서 if가 생략될 경우 동사는 주어 앞으로 도치된다. 이 경우에는 be동사인 were가 문장 맨 앞으로 도치되어야 하므로 정답은 (A)이다.

3

Cooper 씨가 컨퍼런스에 참석했었더라면, 그는 그가 속한 분야의 많은 전문가들을 만났을 텐데.

(A) If
(B) Had
(C) Have
(D) Should

해설 가정법 과거 완료 문장에서 if가 생략될 경우 동사 'had + p.p'에서 had는 주어 앞으로 도치된다. 따라서 정답은 (B) Had이다.

어휘 professional 전문가

4

혹시라도 당신의 은행 계좌에 접근하는 데 어려움을 겪게 된다면, 비밀번호를 재설정해 보시기 바랍니다.

(A) If
(B) Should
(C) Unless
(D) So long as

해설 '혹시라도 ~하면, ~하세요'라는 의미의 가정법 미래 문장을 완성하는 문제이다. 가정법 미래 문장에서 if절에는 조동사 should를 써야 하는데, if가 생략될 경우 조동사가 문장의 맨 앞에 와야 하므로 정답은 (B)가 된다.

어휘 difficulty 어려움　reset 재설정하다　so long as ~이기만 하다면

토익 실전 어휘 | 전치사 어구 II
p.176

정답

1 an effort
2 behind
3 light
4 in case
5 as a token of
6 contrary to
7 at the end of
8 in terms of
9 apart from
10 at the beginning

실전 연습
p.177

정답

1 (C)	2 (A)	3 (B)	4 (A)	5 (D)
6 (B)	7 (C)	8 (B)	9 (A)	10 (B)
11 (C)	12 (C)	13 (A)	14 (B)	15 (C)
16 (B)	17 (C)	18 (A)	19 (B)	20 (C)
21 (B)	22 (C)	23 (B)	24 (A)	25 (D)

Part 5

1

Maxim & Co가 그 회사에 투자했었더라면, 지금 그렇게 심각한 재정난을 겪고 있지 않을 것이다.

(A) does not invest
(B) has not invested
(C) had not invested
(D) was not invested

해설 '과거에 ~했었더라면, 지금 ~할 텐데'라는 의미의 혼합 가정법을 완성하는 문제이다. 혼합 가정법에서 if절의 동사는 'had + p.p' 형태여야 하므로 정답은 (C) had not invested가 된다.

어휘 financial 재정적인   invest 투자하다

2

그들의 애초 계획과는 반대로, 식사할 곳을 찾는 것에 어려움을 겪는 이들을 위해 추가로 구내 식장을 짓기로 결정하였다.

(A) opposed
(B) result
(C) effect
(D) order

해설 'as opposed to ~'는 '~와는 반대로'라는 의미의 구문이다.

어휘 initial 처음의, 초기의   have a hard time ~ing ~하는 것에 어려움을 겪다

3

Wood 씨가 그의 직원들에게 더 주의를 기울였다면, 그렇게 많은 수의 사람들이 그의 부서를 떠나려고 하지 않을 것이다.

(A) has paid
(B) had paid
(C) has been paying
(D) pays

해설 '과거에 ~했었더라면, 지금 ~할 텐데'라는 의미의 혼합 가정법을 완성하는 문제이다. 혼합 가정법에서는 if절에 'had + p.p'형태의 동사를 쓰고, 주절에는 'would + 동사원형'의 형태를 쓴다. 따라서 정답은 (B) had paid가 된다.

어휘 pay attention to ~에 주의를 기울이다

4

이 정책의 변경은 내일 아침부터 효력이 발생됨을 알려드립니다.

(A) in
(B) from
(C) out of
(D) at

해설 정책의 변경이 내일부터 '유효하다'는 의미가 되어야 하는데, '유효한'이라는 의미는 'in effect'이다.

5

출산 휴가를 받기를 원한다면, 공식적으로 미리 양식을 제출해야 한다.

(A) prior
(B) at least
(C) before
(D) in advance

해설 문맥상 '미리 양식을 제출해야 한다'라는 의미이므로 '미리'라는 의미의 구문인 (D)의 in advance가 정답이 된다.

어휘 maternity leave 출산 휴가   officially 공식적으로

6

귀하께서 주문하신 무선 프린터가 현재 재고 소진 상태임을 알려드리게 되어 유감입니다.

(A) in
(B) out of
(C) from
(D) not

해설 문맥상 '현재 재고가 없는'이라는 의미가 되어야 자연스러우므로 (B)의 out of가 정답이 된다.

어휘 wireless 무선   out of stock 재고가 소진된

7

기술팀이 지난달에 추가 교육을 받았더라면, 그들은 훨씬 더 새 시스템에 익숙할 것이다.

(A) receives
(B) received
(C) had received
(D) has received

해설 '과거에 ~했었더라면, 지금 ~할 텐데'라는 의미의 혼합 가정법을 완성하는 문제이다. 혼합 가정법에서는 if절에는 'had + p.p' 형태의 동사를 쓰기 때문에 정답은 (C)이다.

8

혹시 추가 질문이 있으면, 저희 고객 서비스 센터로 연락 주십시오.

(A) Unless
(B) Should
(C) As long as
(D) As well

해설 '혹시라도 ~하면, ~하세요'라는 의미의 가정법 미래 문장을 완성하는 문제이다. 가정법 미래 문장에서 if절에 조동사 should를 쓰는데, 이 문장에서는 if가 생략되었으므로 should가 문장의 맨 앞으로 나와야 한다.

9

배송 대행 업체의 도움 덕분에, 배송이 일정 보다 앞서 도착할 것으로 예상된다.

(A) ahead of
(B) in advance
(C) prior to
(D) after

해설 문맥상 '일정 보다 앞서 도착한다'라는 의미가 되어야 하므로, ahead of가 정답이 된다.

어휘 forwarder 발송자, 운송 회사   shipment 배송   ahead of ~보다 빨리

10

만일 프린터가 제대로 작동하지 않는다면, 수리 기사에게 전화를 하기 전에 제공된 설명서를 읽어보시기 바랍니다.

(A) do not work
(B) does not work
(C) did not work
(D) had not work

해설 '만일 ~하면, ~하다'라는 의미의 단순 조건문을 완성하는 문제이다. 단순 조건문에서는 조건절에서 현재 시제가 미래 시제를 대신하므로 (B)의 'does not work'이 정답이 된다.

11
여기에서 공부하는 동안 혹시라도 추가로 문구류가 필요하다면, 우리 비서에게 요청해 주세요.
(A) If
(B) What
(C) Should
(D) Had

해설 가정법 미래 문장에서 if절에는 조동사 should를 쓰는데, if가 생략되었으므로 should가 문두로 나온다. 따라서 정답은 (C)이다.

어휘 stationery 문구류   secretary 비서

12
홍보 기간 중에는 추가 비용 없이 늦게 체크 아웃할 수 있습니다.
(A) for
(B) in
(C) at
(D) from

해설 '추가 비용 없이'라는 의미가 되려면 빈칸에 전치사 at을 써야 한다. 정답은 (C)이다.

어휘 promotion 홍보

13
직원들의 사기를 향상시키기 위한 노력의 일환으로 우리는 더 많은 여가 활동을 포함시키려고 노력하고 있다.
(A) in an effort
(B) out of order
(C) in terms
(D) with regard

해설 'in an effort to ~'는 '~하려는 노력의 일환으로'라는 의미의 숙어이다.

어휘 incorporate 포함하다   morale 사기, 의욕   out of order 고장 난

14
그 지역에 대해 더 자세한 정보를 원하시면, 테이블에 놓여 있는 소책자를 참고해 주세요.
(A) Whether
(B) If
(C) That
(D) What

해설 '만일 ~하면, ~해야 한다'라는 의미의 단순 조건문을 완성하는 문제이다. 따라서 정답은 (B)이다.

어휘 booklet 소책자

15
당신의 성적표 사본은 요청하면 발부될 것입니다.
(A) from
(B) in
(C) upon
(D) according to

해설 upon request는 '요청하면'이라는 의미의 표현이다.

어휘 transcript 성적표   request 요청

16
당신이 만일 빠른 배송 서비스를 이용했었더라면, 요청한 제품이 지금 여기에 도착해 있을 것이다.
(A) used
(B) had used
(C) have used
(D) would use

해설 '과거에 ~했었더라면, 지금 ~할 텐데'라는 의미의 혼합 가정법을 완성하는 문제이다. 혼합 가정법에서 if절에는 'had + p.p' 동사를 쓰기 때문에 정답은 (B)의 had used가 된다.

Part 6

[17-20]

> Food for All 재단은 North Stonebrook에 새로운 노숙자 쉼터를 열 것이라고 발표했습니다. 이 쉼터에는 사용할 준비가 갖춰진 무료 급식소와 120명을 수용할 수 있는 수면 공간을 갖추게 될 것입니다. 또한 구직을 원하는 사람들을 돕기 위해 구직 상담 서비스를 시행할 계획도 갖고 있습니다. 이 새로운 시설의 공사는 이번 3월에 시작할 것입니다. **이는 9월 말에 완공될 것으로 예상됩니다.** 이 공사는 익명 기부자의 상당한 기부 덕분에 가능하게 되었습니다. 이 기부가 없었다면, 프로젝트를 시작할 수 없을 것입니다.

어휘 shelter 쉼터, 안식처   operational 사용할 준비가 갖춰진
soup kitchen 무료 급식소   facility 시설   substantial 상당한

17
(A) open
(B) opened
(C) opening
(D) to open

해설 빈칸이 be동사 뒤에 있으므로 (B)나 (C) 중에서 정답을 골라야 하는데, 주어인 it이 '재단'을 의미하므로 능동형인 (C)를 정답으로 골라야 한다.

18
(A) implement
(B) apply
(C) enclose
(D) relinquish

해설 문맥상 '구직 상담 서비스를 시행할 계획을 갖고 있다'는 내용이 되어야 하므로 '실행하다'라는 의미의 동사인 (A)의 implement가 빈칸에 와야 한다.

어휘 implement 시행하다   enclose 동봉하다   relinquish 포기하다

19

(A) 현재 재단에서는 근무를 시작할 수 있는 자원봉사자를 찾고 있습니다.
(B) 이는 9월 말에 완공될 것으로 예상됩니다.
(C) 겨울의 몇 개월 동안 더 넓은 공간이 이용 가능할 것입니다.
(D) 현재 무료 급식소를 위한 예산은 없습니다.

해설 빈칸 앞에는 공사가 3월에 시작할 것이라는 내용이 언급되어 있으므로, 공사가 끝나는 시기에 대해 언급하고 있는 (B)가 이어지는 것이 적절하다.

20

(A) be not
(B) has not been
(C) had not been
(D) would not be

해설 '과거에 ~했었더라면, 지금 ~할 텐데'라는 의미의 혼합 가정법을 완성하는 문제이다. 혼합 가정법에서는 if 절에 'had + p.p' 형태의 동사가 와야 하므로 정답은 (C)이다.

Part 7

[21-25]

모집: 포커스 그룹 참가자

Max Fame Marketing 회사는 올해 말에 출시될 스마트폰 관련 연구에 참여할 포커스 그룹의 참가자를 모집합니다. 참가자는 Geno-Tech Phones의 스마트폰 신모델인 X3를 사용해 볼 기회를 갖게 될 것입니다. 포커스 그룹 연구 기간 동안, 여러분은 소규모 그룹에서 그에 대한 의견을 나누게 될 것입니다. 그 후에 제품과 관련된 설문 조사도 작성해야 합니다. 참여해 주신 분에 한해, 75달러의 상품권이나 X3를 구입할 때 이용할 수 있는 25퍼센트의 할인 쿠폰을 드립니다.

날짜: 3월 12일 오후 12시부터 1시30분까지
장소: The Marimax Complex, 112호

관심이 있는 분들은 Cynthia Jones에게 (417) 445-4444로 전화하시거나 cynthia@maxfame.com으로 메일을 보내 주세요.

어휘 participant 참가자   complete 작성하다, 기입하다   gift certificate 상품권

포커스 그룹 연구에 참여해 주셔서 감사합니다. 다음 설문지를 작성하시고 나가실 때 프론트 데스크에 맡겨 주세요.

이름: *Jeremy Lathrom*   **나이:** *28*
연락처: *jerlat@jmail.com / (417) 883-3333*

오늘 제품을 사용한 경험은 어땠습니까?

	우수	보통	평균 이하	나쁨
디자인			✓	
속도	✓			
사용의 편의성		✓		

이 제품을 구입할 의향이 있습니까?

☑ 네 / ☐ 아니요

추가 의견이나 제안 사항이 있으면 작성해 주세요.
저는 X3를 즐겁게 사용했습니다. 이 휴대폰은 매우 빨랐고, 사용 방법을 배우기도 꽤 쉬웠습니다. 하지만, 볼륨 버튼의 위치가 이상했습니다. 한 손으로 휴대폰을 잡고 있을 때 누르기가 어려웠습니다. 그것만 아니면, 이 제품은 매우 우수합니다.

어떤 선물을 받고 싶으신가요?   ☑ 상품권 / ☐ 쿠폰

수신: cynthia@maxfame.com
발신: jerlat@jmail.com
제목: 포커스 그룹 상품권

Jones 씨께,

제가 최근 Max Fame 회사와 관련된 포커스 그룹 연구에 참여했을 때, 그에 대한 보상을 받게 될 것이라고 들었습니다. 프로젝트에 참여한 지 6주의 시간이 지났지만, 아직 아무것도 받지 못했습니다. 저를 위해 이를 확인해 주실 수 있나요? 제가 이 포커스 그룹 연구에 참여했다는 것을 증명할 정보가 필요하다면 저에게 알려주세요. 감사합니다.

Jeremy Lathrom 드림

어휘 compensation 보상금, 보상   participation 참가

21

포커스 그룹에서는 어떤 종류의 제품이 테스트되고 있는가?
(A) 온라인 서비스
(B) 휴대폰
(C) 컴퓨터
(D) 웹 사이트

해설 첫 번째 지문에서 '스마트폰 관련 연구에 참여할 포커스 그룹의 참가자를 찾고 있다(looking for participants for an upcoming focus group about a new smartphone)' 내용이 언급되어 있다. 따라서 정답은 (B)이다.

22

포커스 그룹 세션과 관련해 알 수 없는 것은 무엇인가?
(A) 지원자들은 제품을 사용해 볼 수 있다.
(B) 지원자들은 서로 제품에 대해 이야기해 볼 것이다.
(C) 각각의 지원자는 제품을 다시 디자인하는 데 도움을 줄 것이다.
(D) 지원자들은 참여 시간에 대해 보상을 받게 될 것이다.

해설 지원자들이 제품의 디자인을 다시 하는 데 도움을 준다는 내용은 언급되지 않았다.

23

Lathrom이 휴대폰에 대해 언급한 것은?
(A) 너무 비쌌다.
(B) 볼륨 버튼이 사용하기 쉽지 않았다.
(C) 예상했던 것 보다 더 무겁다.
(D) 사용할 때 느리다고 느껴졌다.

해설 설문지에서 Lathrom 씨는 '볼륨 버튼의 위치가 이상했고, 한 손으로 휴대폰을 잡고 있을 때 누르기가 어려웠다(I think the volume button is in a bad position. It's difficult to press it when holding the phone with one hand)'고 하였으므로 (B)가 정답이 된다.

24

이메일에서 두 번 째 줄의 단어 "compensation"과 의미가 가장 유사한 것은 무엇인가?

(A) 보상
(B) 적립금
(C) 연금
(D) 구독

해설 compensation은 '보상'이라는 의미의 명사로 (A)의 reward와 의미가 같다.

25

Jones 씨에게 언제 이메일이 보내졌을 것 같은가?

(A) 3월 초에
(B) 3월 말에
(C) 4월 초에
(D) 4월 말에

해설 첫 번째 지문에서 포커스 그룹 연구는 3월 12일에 있다고 하였고, 세 번째 지문에서 Lathrom 씨는 자신이 연구에 참여한지 6주가 지났다(It has already been more than 6 weeks since I participated in the project)고 하였다. 따라서 이메일은 대략 4월 말 경에 작성되었음을 알 수 있다.

Half Test
p.183

정답

Part 5

1 (C)	2 (C)	3 (B)	4 (C)	5 (A)
6 (B)	7 (D)	8 (B)	9 (A)	10 (D)
11 (B)	12 (C)	13 (B)	14 (A)	15 (A)

Part 6

16 (A)	17 (D)	18 (C)	19 (D)	20 (A)
21 (C)	22 (B)	23 (A)		

Part 7

24 (A)	25 (C)	26 (D)	27 (B)	28 (D)
29 (B)	30 (D)	31 (C)	32 (A)	33 (D)
34 (A)	35 (C)	36 (B)	37 (D)	38 (A)
39 (C)	40 (A)	41 (D)	42 (C)	43 (C)
44 (D)	45 (A)	46 (C)	47 (C)	48 (A)
49 (C)	50 (B)			

Part 5

1

Manhattan 커뮤니티 센터는 1월 11일 수요일에 시작되는 보수 공사로 인해 폐쇄될 예정이다.

(A) begin
(B) will begin
(C) beginning
(D) has begun

해설 빈칸에는 동사가 올 수 없으므로 현재 분사인 (C)를 정답으로 쉽게 고를 수 있다. 의미상으로도 빈칸 뒤의 내용이 renovations를 수식하고 있으므로 현재 분사인 beginning이 와야 한다.

어휘 renovation 수리, 보수

2

시 정부는 직원들에게 그들이 출근할 때 대중교통을 이용할 것을 권장한다.

(A) use
(B) using
(C) to use
(D) are using

해설 encourage는 'encourage + 목적어 + to부정사' 구문으로 사용되므로 정답은 (C)이다.

어휘 encourage 권장하다   public transportation 대중교통

3

새로운 K510 프로젝트는 이전의 다른 모델들과 비슷하기는 하지만, 가격은 거의 절반밖에 되지 않는다.

(A) likely
(B) similar
(C) significant
(D) reflected

해설 접속사 although가 있으므로 주절과 종속절은 대조적인 내용이어야 한다. 주절은 '가격이 절반밖에 되지 않는다'는 내용이므로, 종속절의 내용은 '두 모델이 비슷하다'라는 의미가 되어야 한다. 따라서 정답은 (B)이다.

어휘 similar 비슷한   significant 중요한   reflected 반영된

4

신분 확인 명찰을 신청할 때, 직원들은 인사부에 재직증명서를 제출해야 한다.

(A) access
(B) basis
(C) proof
(D) label

해설 의미상 '재직증명서를 제출해야 한다'라고 되어야 자연스럽기 때문에 '증명서'를 뜻하는 (C)의 proof가 정답이 된다.

어휘 sign up for ~에 등록하다, ~을 신청하다   identification badge 신분 확인 명찰   present 제출하다   proof of employment 재직증명서

5

이번 주 월요일에, 모든 점원들은 관리자가 점포에 남아 있을 것을 요청하지 않는다면 한 시간 일찍 퇴근하게 될 것이다.

(A) unless
(B) either
(C) nor
(D) because

해설 한 시간 일찍 퇴근하는 것과 상점에 머무는 것이 의미상 서로 상반된다. 따라서 '~하지 않는다면'이라는 부정의 의미를 포함하고 있는 접속사인 unless가 정답이 된다.

어휘 sales clerk 판매원, 점원

6
Bobby 병원의 의사와 간호사들은 야간 근무를 할 때 초과 근무 수당을 받는다.
(A) their
(B) they
(C) theirs
(D) them

해설 접속사 뒤에 빈칸이 나오고 그 뒤에는 동사가 있으므로 빈칸은 종속절의 주어 자리이다. 따라서 주격 인칭대명사인 (B)의 they가 정답이 된다.

어휘 overtime pay 초과 근무 수당   night shift 야간 근무

7
Malcom 전자의 신임 마케팅부장의 임명은 12월 1일에 발표될 것이다.
(A) appoint
(B) appoints
(C) appointed
(D) appointment

해설 빈칸은 정관사 the와 전치사 of 사이에 있으므로 빈칸은 명사 자리이다. 따라서 '임명'을 뜻하는 명사인 (D)의 appointment가 정답이 된다.

어휘 director 책임자, 관리자   announce 발표하다

8
훌륭한 리더는 가능할 때마다 팀원들 사이에 소통을 향상시키려는 노력을 한다.
(A) enhance
(B) to enhance
(C) are enhancing
(D) enhanced

해설 빈칸은 try의 목적어 자리이다. try는 to부정사와 동명사 모두를 목적어로 취할 수 있는데, 'try to부정사'는 '~하려고 노력하다'라는 뜻이고 'try 동명사'는 '시험 삼아 ~을 해보다'라는 의미이다. 이 문장에서는 '향상시키려고 노력하다'라는 의미이므로 (B)가 정답이 된다.

어휘 communication 소통

9
Hill 호텔의 직원들은 결근해야 할 경우 가능한 한 빨리 그들의 관리자에게 연락해야만 한다.
(A) if
(B) soon
(C) though
(D) while

해설 빈칸은 절과 절을 연결하는 접속사 자리인데, 서로 대조를 이루는 내용은 아니므로 (C)와 (D)는 정답이 될 수 없다. 따라서 조건의 접속사인 (A)의 if가 정답이 된다. (B)의 soon은 부사이다.

어휘 contact 연락하다   supervisor 관리자, 감독자   absent 결석한, 결근한

10
Jackson 씨는 그녀의 모든 추천인들로부터 강력하게 추천을 받았다.
(A) high
(B) higher
(C) highest
(D) highly

해설 빈칸은 현재완료 수동태 사이에 위치하고 있으므로 이는 부사 자리이다. high는 부사로 쓰일 경우 '높이', '많이'라는 의미이므로 빈칸에 들어가기에 적절하지 않다. 정답은 '매우, 대단히'라는 뜻의 부사인 (D)의 highly이다.

어휘 recommend 추천하다   reference 추천인, 신원 보증인

11
평가 위원회의 공석을 충원하기 위해서, Nico Academy는 교육 분야 경력자를 찾고 있다.
(A) which
(B) who
(C) what
(D) how

해설 빈칸은 접속사의 역할을 하며 뒤에 이어지는 절의 주어 역할도 해야 한다. 이 모두를 할 수 있는 것은 주격 관계대명사인데, 선행사가 사람이므로 (B)의 who가 정답이 된다.

어휘 vacant 비어 있는   assessment 평가   committee 위원회

12
Lin 씨는 기사들이 언제쯤 그녀가 교정을 볼 수 있도록 준비되는지 알고 싶어 한다.
(A) hers
(B) she
(C) her
(D) herself

해설 to부정사의 의미상의 주어는 'for + 목적격'이므로 (C)가 정답이다.

어휘 article 기사   proofread 교정을 보다

13
Zack 영화제에서 비평가들이 가장 좋아하는 영화였음에도 불구하고, *이상한 화요일*은 수상하지 못했다.
(A) Because
(B) Despite
(C) Nevertheless
(D) For

해설 비평가의 찬사에도 상을 수상하지 못했다는 문맥이다. 그런데 빈칸 뒤에 절이 아닌 구가 있으므로 대조의 전치사인 (B)의 despite가 정답이 된다.

어휘 critic 비평가   award 상   despite ~에도 불구하고 nevertheless 그럼에도 불구하고

14

제조사는 최상의 결과를 위해 드라이어를 최소 10회 사용할 때마다 미세 필터의 청소를 권장한다.

(A) be cleaned
(B) cleans
(C) is cleaned
(D) cleaning

해설 동사 advise 뒤의 that절에는 동사원형을 쓰며, 그 앞에는 should가 생략되어 있다. 의미상 필터가 청소되어야 하므로 수동형인 (A)의 'be cleaned'가 정답이 된다.

어휘 manufacturer 제조사　fine 미세한　at least 최소한, 적어도

15

Wellington 은행의 새로운 위치는 도로나 철도에서 쉽게 접근할 수 있다.

(A) easily
(B) cordially
(C) promptly
(D) actively

해설 의미상 가장 적절한 부사를 찾는 문제이다. '도로나 철도로 접근할 수 있다'는 내용을 수식하기 위해서는 '쉽게'라는 뜻의 easily가 정답으로 가장 적절하다.

어휘 location 위치, 장소　accessible 접근 가능한

Part 6

[16-19]

연간 포상 휴가

회사에서는 직원 휴가에 관한 새로운 정책을 도입하기로 결정했습니다. 우리는 이제 뛰어난 성과에 대해 직원에게 보상하게 될 것입니다. 회사의 직원 평가 결과를 바탕으로 각 부서에서 한 명의 직원이 선정될 것입니다. 이 사람들은 3일 동안의 추가적인 유급 휴가를 받게 될 것입니다. **이는 내년 말까지 사용되어야 합니다.** 경영진은 21일에 있을 회의에서 수상자들을 선정할 것입니다. 직원들의 이름은 12월 28일 회사의 송년회에서 발표될 것입니다.

어휘 institute 도입하다　reward 보상하다　performance 성과 evaluation 평가　calendar year 역년(1월 1일~12월 31일까지의 기간)

16

(A) regarding
(B) in spite of
(C) even
(D) depending on

해설 '직원 휴가에 관한 새로운 정책'이 자연스러운 해석이다. 따라서 '~에 관한'이라는 의미의 regarding이 정답이 된다.

어휘 regarding ~에 관한　in spite of ~에도 불구하고

17

(A) specific
(B) convenient
(C) relevantn
(D) outstanding

해설 빈칸 뒤의 performance를 수식하기 위해서는 '뛰어난'이라는 의미의 outstanding이 가장 적절하다.

어휘 specific 특정한　convenient 편리한　relevant 관련 있는 outstanding 뛰어난

18

(A) 이번 주에 여러분의 휴가를 신청해주세요.
(B) 우리는 최종 목록을 발표하게 되어 기쁩니다.
(C) 이는 내년 말까지 사용되어야 합니다.
(D) 인센티브 제도가 도입될 것입니다.

해설 빈칸 앞에 '3일간의 추가 휴가가 주어진다'는 내용이 있으므로, 이 휴가와 관련된 내용이 이어져야 한다. 그러므로 해당 휴가를 내년 말까지 사용해야 한다는 내용의 (C)가 정답이 된다.

19

(A) has announced
(B) has been announced
(C) will announce
(D) will be announced

해설 적절한 시제를 고르는 문제이다. 12월 28일은 미래이므로 미래 시제가 와야 하는데, 이름은 '발표되어야' 하는 것이므로 (D)의 will be announced가 정답이 된다.

[20-23]

수신: Katherinefm@finefurniture.co.uk
발신: Helenjs@finefurniture.co.uk
제목: 최고의 성과
날짜: 6월 7일

친애하는 Katherine,

경영진과 저는 당신이 Good Design Award에서 수상했다는 소식을 들어서 기뻤는데, 그 시상식은 전 세계에서 가장 명성 있는 디자인 시상식 중 하나입니다. 우리 모두는 당신이 Fine Furniture의 이례적인 실적에 기여했다는 것에 동의합니다. 그렇기 때문에, 우리는 당신에게 3,000달러의 보너스를 드리게 되어 기쁘게 생각합니다. 이는 6월 25일에 다음달 월급과 함께 지급될 것입니다. 게다가, 우리는 7월 1일부로 당신의 연봉을 15퍼센트 인상하기로 결정했습니다. **이는 당신의 훌륭한 성과를 반영하고 있습니다.** 당신의 Cozy Chair 제품라인은 지난 몇 년 동안 가장 많이 판매된 가구입니다. 우리는 당신의 노고와 우리 회사에 대한 헌신에 감사하고 있습니다.

Helen 드림

어휘 performance 성과, 실적　executives 경영진　award 상　renowned 명성 있는　exceptional 특출한, 매우 우수한 contribution 기여, 공헌　paycheck 봉급　commitment 헌신

20

(A) exceptional
(B) reasonable
(C) necessary
(D) affordable

해설 회사에 대한 기여도가 매우 우수하다는 내용이다. 따라서 (A)의 exceptional이 정답이다.

21

(A) pay
(B) paying
(C) be paid
(D) have paid

해설 will 뒤에는 동사원형이 와야 하는데, 주어인 it은 보너스를 뜻하므로 '지불되어야' 한다. 따라서 수동형인 (C)의 be paid가 정답이다.

22

(A) Nonetheless
(B) In addition
(C) In other words
(D) For instance

해설 빈칸 앞에는 보너스 수여한다는 내용이 있고, 빈칸 뒤에는 연봉 인상을 해준다는 내용이 이어지고 있다. 즉, 뒤의 문장은 추가적인 내용이므로 빈칸에는 (B)의 in addition이 와야 한다.

23

(A) 이는 당신의 훌륭한 성과를 반영하고 있습니다.
(B) 회사는 더 많은 사람들을 채용할 것입니다.
(C) 당신은 본사로 전근 조치될 것입니다.
(D) 급여 인상은 모든 직원들에게 제공될 것입니다.

해설 빈칸 뒤에는 Katherine이 디자인한 가구가 최고의 판매 실적을 올리고 있다는 내용이 언급되었다. 따라서 이와 연관된 내용인 (A)의 'This reflects your excellent performance.'가 정답이 된다.

Part 7

[24-25]

Yasmine Sayed [오전 10시 06분]
안녕하세요. 왜 전화를 받지 않나요?

Dale Horne [오전 10시 07분]
고객과 회의를 막 시작하려고 해요. 무슨 문제라도 있나요?

Yasmine Sayed [오전 10시 07분]
오, 미안해요. 늦었다는 것은 알지만, 주문번호 34566의 세부 사항을 이메일로 보내줄 수 있을까요?

Dale Horne [오전 10시 08분]
물론이죠, 하지만 3시 이후에 제 자리로 복귀해요. 급한 것이라면, Cassie에게 부탁해도 돼요. 그녀는 저와 함께 해당 주문에 대한 일을 하고 있거든요.

Yasmine Sayed [오전 10시 10분]
좋아요. 그렇다면 그녀에게 메시지를 보낼게요. Reynolds 씨가 12시까지 영업 보고서를 제출하기를 원해요.

Dale Horne [오전 10시 10분]
정오까지요? 그는 항상 갑작스럽게 요청하는군요.

Yasmine Sayed [오전 10시 11분]
그러게요. 이번 주에만 세 번째예요.

Dale Horne [오전 10시 11분]
와, 행운을 빌어요. 제가 도울 것이 있다면 알려 주세요.

Yasmine Sayed [오전 10시 13분]
그럴게요. 고마워요.

어휘 be about to 막 ~하려고 하다　detail 세부 사항　short notice 촉박한 통보

24

Sayed 씨는 왜 Horne 씨에게 메시지를 작성했는가?
(A) 고객의 주문에 대해 물어보기 위해서
(B) 고객과의 회의를 준비하기 위해서
(C) Reynolds 씨에 대해 더 많이 알기 위해서
(D) Horne 씨가 언제 사무실에 복귀하는지 알아보기 위해서

해설 오전 10시 7분에 Sayed 씨가 주문번호 34566의 세부사항에 대해 물어보았다. 따라서 (A)가 정답이 된다.

25

오전 10시 10분에, Sayed 씨가 "I'll message her then"이라고 쓸 때 그녀가 의미하는 것은 무엇인가?
(A) 그녀는 Cassie에게 세부 정보를 제공할 것이다.
(B) 그녀는 고객에게 연락할 것이다.
(C) 그녀는 Cassie에게 데이터를 보내 달라고 요청할 것이다.
(D) 그녀는 기한 연장을 요청할 것이다.

해설 Cassie 씨는 Horne 씨와 함께 해당 주문 관련 업무를 하고 있어서(She's working on that order with me), Cassie 씨가 Sayed 씨에게 도움을 줄 수 있다는 내용이다. 따라서 (C)가 정답이 된다.

[26-28]

수신: 사무실 전 직원
발신: Gail Meyers
제목: 신규 데이터베이스
날짜: 10월 15일

여러분 모두가 알고 있는 것처럼, 우리의 신규 디지털 데이터베이스가 이번 주에 도입될 것입니다. 목요일부터, 모든 판매 보고서는 이 신규 디지털 시스템을 통해서 제출되어야 합니다. 예전과 마찬가지로, 보고서에는 고객 ID 번호, 총 판매 수량, 그리고 여러분의 직원 ID가 포함되어야 합니다. 잘 된다면, 이 신규 시스템은 우리의 수치들을 더욱 효과적으로 추적하고 더 나은 결과물을 만들어 내는 것을 더 쉽게 만들어 줄 것입니다.

신규 데이터베이스에 접속하려면, 여러분은 IT 부서에 로그인 ID와 비밀번호를 신청해야 할 것입니다. 여러분은 데이터베이스 프로그램을 처음 열 때 요청함으로써 신청할 수 있습니다. 하지만, 요청을 처리하는 데 24시간이 걸리므로, 늦어도 수요일까지는 반드시 신청해야 합니다. 목요일까지 ID와 비밀번호가 준비되어 있지 않으면, 여러분의 업무 처리는 지연될 것입니다. 만약의 경우를 대비해서, 다음주 월요일까지는 종이에 작성된 판매 보고서를 받을 것입니다. 하지만, 그것들은 추후에 디지털화 되어야 할 것입니다. 여러분의 협조와 노력에 감사 드립니다.

어휘 introduce 도입하다　include 포함하다　track 추적하다 effectively 효과적으로　access 접속하다　apply for ~을 신청하다 at the latest 늦어도　just in case 만약을 위해서

26

회람의 목적은 무엇인가?
(A) 새로운 정책에 대한 피드백을 요청하기 위해서
(B) 분기판매보고서를 소개하기 위해서
(C) 신규 부서의 직원을 소개하기 위해서
(D) 직원들에게 절차상의 변화를 알리기 위해서

해설 회람의 첫 부분에 신규 디지털 데이터베이스가 도입된다고 하였고, 그에 따라 직원들이 따라야 할 사항에 대해서 설명하고 있으므로 (D)가 정답이 된다.

27
직원들은 무엇을 할 것을 권고 받는가?
(A) 목요일까지 모든 판매 보고서를 제출할 것
(B) 수요일까지 로그인 정보를 신청할 것
(C) 그들의 모든 판매보고서의 복사본을 만들 것
(D) 모든 질문과 관련하여 IT 부서에 연락할 것

해설 ID와 비밀번호를 신청해야 하는데 늦어도 수요일 아침까지는 신청하라고(make sure you apply by Wednesday morning at the latest) 했다. 따라서 (B)가 정답이 된다.

28
[1], [2], [3], 그리고 [4] 중에서 다음 문장이 들어갈 곳으로 가장 알맞은 곳은 어디인가?
"하지만, 그것들은 추후에 디지털화 되어야 할 것입니다."
(A) [1]
(B) [2]
(C) [3]
(D) [4]

해설 월요일까지는 종이에 작성된 판매 보고서를 받을 것이지만, 이는 추후에 디지털화되어야 한다는 내용이 되어야 자연스럽다. 따라서 월요일까지는 종이에 작성된 보고서를 받는다는 내용 다음인 [4]가 정답이 된다.

[29-31]

Rebound 엔터테인먼트는 인력개발팀에 근무할 경험 많고 의욕이 넘치는 사람을 찾고 있습니다. 우리 회사는 전 세계의 나라에서 모바일 게임을 현지화하는 것을 전문으로 하고 있으며, 런던, 파리, 뉴욕, 서울, 도쿄, 그리고 방콕에 지사가 있습니다. 우리의 인력개발팀은 여러 국가와 관련된 직원 정책을 관리합니다. 우리 팀의 일원으로서, 여러분은 전 세계의 사람들과 일할 기회를 갖게 될 것이며 그들 모두가 서로 연락하는 것을 돕게 될 것입니다.

여러분의 임무는 현지에 있는 우리 팀들을 지원하는 데 초점을 맞추게 될 것입니다. 여러분은 관리자와 감독자들에게 업무 현장에서 발생하는 문제들을 해결할 방법에 대해 조언하고 다문화 교육을 돕게 될 것입니다. 여러분은 우리 회사와 정책들에 매우 친숙하게 되고 잘 알게 될 것입니다. 여러분이 채용될 경우 직무 교육이 제공될 것입니다. 지원자들은 3년에서 5년의 인력개발팀 업무 경력이 있어야 하며, 국제 경력이 우대됩니다. 추가적인 언어 구사가 가능한 지원자들은 우대될 것입니다.

우리는 경쟁사보다 더 나은 급여, 의료 및 치과를 포함하는 모든 혜택, 그리고 여러분이 현재 뉴욕에 거주하지 않을 경우에 이주비를 받게 됩니다. 지원하시기 전에 우리 회사에 대한 더 많은 정보를 구하시려면 저희 웹사이트 www.reboundent.com에서 확인하시기 바랍니다.

어휘 experienced 경험 많은 driven 의욕이 넘치는 localize 현지화하다 border 국경 on the ground 현지에서, 현장에서 cross-cultural 여러 문화가 섞여 있는 preferably 가급적이면 competitive 경쟁력 있는

29
직장의 위치는 어디일 것 같은가?
(A) 런던
(B) 뉴욕
(C) 방콕
(D) 서울

해설 광고의 마지막 부분에서 '뉴욕에 거주하지 않을 경우 이주비를 제공한다는(a relocation bonus if you don't currently live in the New York area)' 내용이 있다. 따라서 직장의 위치는 뉴욕임을 알 수 있다.

30
광고에 언급되지 않은 것은 무엇인가?
(A) 지원자들은 3년에서 5년의 인력개발 분야의 경력이 있어야 한다.
(B) 채용되는 직원들은 직무 교육을 받을 것이다.
(C) 회사는 높은 연봉을 지급한다.
(D) 지원자들은 반드시 외국어를 구사해야 한다.

해설 두 번째 문단의 마지막 부분에서 추가적인 언어 구사가 우대된다는(Preference will be given to those who can speak additional languages) 내용이 있기는 하지만, 이는 필수적인 사항이 아니기 때문에 정답은 (D)이다.

31
광고에 따르면, 지원자들은 왜 웹사이트에 방문해야 하는가?
(A) 직책에 대해 문의하기 위해서
(B) 지원서를 제출하기 위해서
(C) 회사에 대해 더 알아보기 위해서
(D) 약속을 잡기 위해서

해설 광고의 제일 마지막 부분에서 자세한 정보를 위해 웹사이트를 방문하라고(We recommend checking out our Web site at www.reboundent.com for more detailed information about our company) 했으므로 정답은 (C)이다.

[32-35]

Ari LeBron　　　2:00 P.M.
KTD에서 우리의 회계 소프트웨어를 구매하기로 결정했다는 소식을 공유하게 되어 기쁘네요.

Ekka Taylor　　　2:00 P.M.
좋은 소식이에요.

Ari LeBron　　　2:01 P.M.
정말 그래요. Victor, 벌써 계약서를 발송했나요? 금요일에는 우체국이 문을 일찍 닫으니 오후 3시까지는 발송되어야 해요.

Victor Gotak　　　2:01 P.M.
아니요, 아직요. 30분 뒤에 우체국에 갈 수 있어요. 교통이 아주 나쁘지 않기를 바라요.

Ari LeBron　　　2:02 P.M.
좋아요. Grackle Inc. Accounting이라는 회사 계좌로 청구하면 돼요. Ella, 당신이 KTD 직원들에게 소프트웨어 사용법 교육을 담당하고 있죠?

Ella Taylor　　　2:02 P.M.
네, 그래요. 이미 5월 5일 화요일로 예정되어 있어요.

Ari LeBron   **2:02 P.M.**

교육에 몇 명이나 참여하나요?

Ella Taylor   **2:03 P.M.**

그들은 12명이 참석할 것이라고 말했어요.

Ari LeBron   **2:04 P.M.**

정말인가요? 예상했던 것보다 많군요. 아, 괜찮아요. 문제될 것은 없어요. 그렇다면 더 큰 장소를 예약해야 하겠군요.

Ella Taylor   **2:05 P.M.**

맞아요. Victor, 수업 장소로 304호실을 예약해 주겠어요? 오후 2시부터 세 시간 동안 필요할 거예요.

Victor Gotak   **2:05 P.M.**

맡겨 주세요.

Ella Taylor   **2:06 P.M.**

고마워요.

어휘 share 공유하다   contract 계약서   business trip 출장

32

온라인 채팅에서는 주로 무엇이 논의되는가?

(A) 새로운 회계 소프트웨어
(B) 온라인 이벤트
(C) 신규 직원 채용
(D) 신규 직원 교육

해설 지문의 첫 부분에 거래처에서 회계 소프트웨어를 구매했다는 내용이 있고, 이와 관련된 사항이 논의되고 있다. 따라서 (A)가 정답이다.

33

Taylor 씨는 무엇을 책임지고 있는가?

(A) 시설 관리
(B) 계약서 작성
(C) 출장 일정 수립
(D) 교육 과정 준비

해설 LeBron 씨는 Taylor 씨에게 교육을 책임지고 있는지 물었고, 그녀는 'yes'라고 답했다. 따라서 (D)가 정답이다.

34

오후 2시 05분에, Gotak 씨가 "Consider it done"라고 쓸 때 그가 의미하는 것은 무엇일 것 같은가?

(A) 그는 회의실을 예약할 것이다.
(B) 그는 가능한 한 빨리 우체국에 갈 것이다.
(C) 그는 이미 계약서를 수정했다.
(D) 그는 이미 이용 가능한 장소를 확인했다.

해설 Taylor씨는 Gotak 씨에게 교육실304호를 예약해줄 수 있는지 물었고, 그에 대한 응답이 'Consider it done(처리된 것이나 마찬가지예요)'이다. 따라서 그가 회의실을 예약할 것이라는 내용의 (A)가 정답이 된다.

35

계약서는 몇 시에 발송될 것 같은가?

(A) 오후 1시까지
(B) 오후 2시까지
(C) 오후 3시까지
(D) 오후 4시까지

해설 금요일에는 우체국이 일찍 닫기 때문에 3시까지 보내야 한다고 (It needs to be sent by 3 P.M. because the post office closes early on Fridays) 했다. 따라서 (C)가 정답이 된다.

[36-40]

http://www.wilsonofs.com

회사 소개 | **홈** | 리뷰 | 카탈로그 | 맞춤형 주문

Wilson's 사무용 가구에 오신 것을 환영합니다!

우리는 사무용 책상, 의자, 선반, 테이블, 회의실용 가구, 그리고 카탈로그에서 더 많이 확인하실 수 있는 다양한 제품들을 20년 동안 제공해 왔습니다. 온라인 상에서 우리의 제품들을 둘러보실 수 있으며 catalogue@wofs.com으로 이메일을 통해 종이로 제작된 카탈로그를 요청하실 수 있습니다.

또한, 우리는 여러분이 자신의 업체만을 위한 맞춤형 사무실을 디자인하는 작업을 함께 할 전문적인 디자이너 직원을 보유하고 있습니다. 여러분은 색상, 스타일, 그리고 평면도 배치도까지 주문 제작하기 위해 디자이너와 1대 1로 작업하게 될 것입니다. 관심이 있으시다면, 맞춤형 주문 페이지에서 더 많은 것을 알아 볼 수 있습니다.

모든 고객들을 위해, 우리는 맞춤형 주문을 포함하여 200달러 이상의 모든 주문에 대해 무료 배송을 제공합니다. 우리의 제품들은 또한 환불이 보장됩니다. 제품이 마음에 들지 않을 경우, 여러분의 주문은 30일 이내에 환불될 것입니다. 환불을 요청하실 경우에는, 반품에 필요한 모든 배송 비용을 구매자가 부담하게 됩니다.

어휘 browse 둘러보다   professional 전문적인   business 사업체   one on one 1대 1로   customize 주문 제작하다 floorplan 평면도   shipping 배송

http://www.wilsonofs.com

회사 소개 | 홈 | **리뷰** | 카탈로그 | 맞춤형 주문

★★★★★

Wilson's 사무용 가구를 정말로 추천합니다! 저는 최근에 저의 새 사무실에 설치하기 위해 대량 주문을 했는데, Wilson's는 완벽했습니다. 온라인 카탈로그는 이용하기 쉬웠고, 모든 사람들을 위한 제품이 준비되어 있습니다. 이곳은 치과 검사실을 위해 특별히 설계된 책상들도 보유하고 있는데, 이는 제가 찾는 데 어려움을 겪어 왔던 것입니다. 특히, 무료 배송은 놀라웠습니다. 저는 내년에 새로운 사무실을 개업할 때 맞춤형 주문을 사용할 계획입니다. – Irene Lockland

어휘 recently 최근에   large order 대량 주문

36

웹페이지에 다르면, 환불 정책에 대해 맞는 것은 무엇인가?

(A) 완료된 주문에 대해서는 환불되지 않을 것이다.
(B) 고객들은 반품 비용을 부담해야 한다.
(C) 작년에 구매된 제품들도 환불될 수 있다.
(D) 200달러 이상의 제품들만 환불된다.

해설 웹페이지 마지막 부분에 환불을 요청할 경우, 구매자가 배송비를 책임져야 한다는(In the event that you request a refund, the buyer will be responsible for any shipping costs required to return the products) 내용이 있다. 따라서 고객이 반품 비용을 부담해야 한다는 내용의 (B)가 정답이다.

37

웹페이지에 따르면, 고객들은 왜 회사에 이메일을 보내야 하는가?

(A) 주문하기 위해서
(B) 질문하기 위해서
(C) 재고를 확인하기 위해서
(D) 카탈로그를 주문하기 위해서

해설 종이 카탈로그는 이메일로 신청해야 한다고(You can browse our products online or submit a request for a paper catalogue by e-mailing us) 언급되어 있으므로 정답은 (D)이다.

38

고객의 주문에 대해 제공되는 특별한 서비스는 무엇인가?

(A) 고객은 디자이너와 함께 작업할 수 있다.
(B) 맞춤형 가구는 환불 가능하다.
(C) 계약금이 요구되지 않는다.
(D) 고객들은 주문에 대해 무료 선물을 받는다.

해설 디자이너와 함께 맞춤형 사무실을 디자인할 수 있다는(we have a professional staff of designers that can work with you to design a custom office set for your business) 내용이 언급되어 있으므로 (A)가 정답이 된다.

39

Lockland 씨는 어디에서 일하는 것 같은가?

(A) IT 회사에서
(B) 인쇄 사무실에서
(C) 치과 사무실에서
(D) 대학교에서

해설 두 번째 지문에 따르면 Lockland 씨가 만족한 내용들 중 하나로 '그곳은 치과 검사실용으로 디자인 된 책상도 보유하고 있다는(It even has desks that are specifically designed for dentist's exam rooms)' 것이었다. 즉, Lockland 씨가 치과 사무실에서 근무한다는 사실을 유추할 수 있다.

40

리뷰에서 Lockland 씨에 대해 언급된 것은 무엇인가?

(A) 그녀는 200달러 이상을 썼다.
(B) 그녀는 디자이너와 1대 1로 작업했다.
(C) 그녀의 업체는 최근에 폐업했다.
(D) 그녀는 맞춤형 주문을 했다.

해설 리뷰에 무료 배송이 훌륭했다는(The free shipping was especially amazing) 내용이 있고, 웹페이지에 따르면 200달러 이상의 주문에 대해 무료 배송 서비스가 제공된다. 즉, Lockland 씨는 200달러 이상의 물품을 구입했을 것이므로 정답은 (A)이다.

[41-45]

http://www.fountainfilmfestival.com

The Fountain 영화제
1월 14일~18일

날짜	장소	영화 제목	설명
1월 14일	Fox 극장	*문라이즈*	가족의 전통과 현대적인 세상의 균형을 이루기 위해 노력하는 원주민 가족의 이야기
1월 15일	Fox 극장	*피타고라스와 나*	전국대회 본선을 위해 노력하는 도심 고등학교 수학 동아리에 대한 다큐멘터리
1월 16일	Willingham	*데스크보이즈*	건축가의 인생과 그의 마법 연필 이야기가 전개되는 단편 애니메이션 수상작
1월 17일	Olivia 극장	*엘 파세오*	멕시코 시골의 성장 영화. 이 영화는 당신이 웃음을 터뜨리게 만들 것이다.
1월 18일	West 극장	*낯선 남자*	American Best Movie Nomination에서 수상한 보기 힘든 공포 영화. 많은 우여곡절이 담겨 있음.

어휘 venue 장소 description 설명 indigenous 토착의 coming-of-age 성년 rural 시골의, 지방의 burst 터뜨리다 twists and turns 우여곡절

발신: Norman Snow, 1월 5일 월요일 오후 3시 20분

안녕, Jayce. Fountain 영화제가 이번 달에 열려! 내가 정말 보고 싶어 하는 영화가 14일에 있어. 축제는 항상 인기가 좋아서, 티켓을 구하는 것이 쉽지 않을 것 같아. 만약의 경우에 대비해서 오늘밤에 티켓을 두 장 구매하려고 해. 나하고 같이 볼까? 갈 수 없더라도 괜찮아. 다른 사람을 찾아도 되지만, 너를 가장 먼저 초대하고 싶었어. 알려줘!

어휘 take place 일어나다 popular 인기있는 just in case 만약을 위해서

수신: n.snow@pontra.com
발신: fontainfilm@fontainfims.com
날짜: 1월 10일
제목: Fountain 영화제 발매

Snow 씨께,

1월 14일에 상영되는 *문라이즈*의 티켓을 구매해 주셔서 감사합니다. 유감스럽게도, Fox 극장의 문제로 인해 상영 시간이 재조정되었다는 소식을 전해 드립니다. 영화의 새로운 상영일은 1월 18일입니다. 이는 같은 장소에서 그날 상영되기로 일정이 잡혀 있는 영화가 끝난 직후에 상영될 것입니다.

이 영화 티켓의 수령을 원하실 경우, 본 이메일에 답장을 주시면, 제가 티켓을 보내 드리도록 하겠습니다. 다른 영화 티켓의 구매를 원하실 경우, 그 과정 또한 도와 드릴 수 있습니다. 어느 경우든, 이러한 불편에 대해 사과하는 의미로 정가에서 20퍼센트 할인된 가격으로 티켓을 제공해 드리고자 합니다. 양해해 주셔서 감사 드리며 답신을 기다리겠습니다.

Valencia Ortega
Fountain 영화제 발권 담당

어휘 ticketing 매표, 발매 regretfully 유감스럽게도 reschedule 재조정하다 process 과정, 처리 in either case 어느 경우든 apologize 사과하다 inconvenience 불편

41

웹페이지에 따르면, Snow 씨가 관람에 관심을 가지고 있는 영화의 장르는 무엇인가?

(A) 애니메이션
(B) 코미디
(C) 다큐멘터리
(D) 드라마

해설 Snow 씨는 문자 메시지에서 14일에 상영되는 영화를 보고 싶다고(There is a movie on the 14th that I really want to see) 했는데, 웹페이지에 따르면 14일에 상영되는 영화의 제목은 *문라이즈* 이다. 설명 항목을 보면 이 영화는 가족을 소재로 한 이야기이므로 정답은 (D)이다.

42

문자 메시지에서 첫 번째 줄의 어구 "taking place"와 그 의미가 가장 유사한 것은?

(A) selling out
(B) changing
(C) happening
(D) participating

해설 'take place'는 '일어나다'는 뜻이므로 (C)가 정답이 된다.

43

Ortega 씨의 이메일에서 명시되고 있는 것은 무엇인가?

(A) 구매 가능한 티켓이 남아 있지 않다.
(B) 영화제는 특별 손님을 모실 것이다.
(C) 극장에 문제가 있다.
(D) 고객의 구매가 확정되었다.

해설 이메일에는 14일 상영 예정이었던 *문라이즈*가 극장 문제 때문에 재조정된다고(I have to inform you that this showing has been rescheduled due to an issue at the Fox Theater) 하였다. 따라서 (C)가 정답이다.

44

이메일에 따르면, *문라이즈*에 앞서 상영될 영화는 무엇인가?

(A) *피타고라스와 나*
(B) *데스크보이즈*
(C) *엘 파세오*
(D) *낯선 남자*

해설 *문라이즈*는 18일에 상영되기로 예정된 영화 다음에 상영된다고(It will be shown right after the scheduled film on that day) 했는데, 웹페이지의 일정표를 보면 18일에는 *The Strange Man*의 상영이 예정되어 있으므로 정답은 (D)이다.

45

Snow 씨는 영화제로부터 무엇을 받게 될 것인가?

(A) 할인
(B) 무료 티켓
(C) 기념품
(D) 가이드북

해설 세 번째 지문에 따르면 불편함에 대한 사과로 티켓에 대해 20퍼센트 할인을 제공한다는(we would like to offer you the tickets at 20% off of the standard price as our way of apologizing for this inconvenience) 내용이 있으므로 정답은 (A)이다.

[46-50]

신용카드 명세서

이름: Peter Ward
계좌번호: xxx xxxx xxxx 1123
기간: 4월 2일 – 5월 1일

날짜	판매자	액수
4월 6일	Meyer's 디지털 제품	65.09달러
4월 7일	Giuseppe's 파인 비스트로	88.90달러
4월 13일	Benchmark 카페	8.20달러
4월 20일	Martin's 어패럴	50.10달러
4월 20일	Bags and More	41.99달러
5월 1일	Daniels 사무용품	124.95달러

어휘 statement 명세서, 계산서　vendor 파는 사람; 행상인　bistro 작은 식당　apparel 의류

수신: customerservice@martinsapparel.com
발신: peterward@thenet.com
날짜: 5월 4일
제목: 신용카드 청구 금액 문제

관계자 분께,

제가 귀하의 웹사이트에서 최근에 구매한 것과 관련된 문제를 해결하기 위해서 메일을 드립니다. 저는 할인 중이었던 청바지 한 벌을 구매했는데, 두 벌의 금액이 청구된 것으로 보입니다. 신용카드 명세서를 확인할 때에는 발견하지 못했었는데 청바지 한 벌 가격의 정확히 두 배의 가격이 청구된 것을 알게 됐습니다. 주문을 확인한 다음 청바지 한 벌에 해당하는 금액을 환불해 주시기 바랍니다.

Peter Ward 드림

어휘 charge 청구 금액　address an issue 문제를 해결하다　refund 환불하다

수신: peterward@thenet.com
발신: customerservice@martinsapparel.com
날짜: 5월 6일
제목: 구매 문의

Ward 씨께,

귀하의 주문에 대한 청구 시 발생했던 것으로 보이는 문제에 대해 이 메일을 보내 주셔서 감사합니다. 제가 직접 귀하의 주문을 살펴 보았는데 저희의 구매 시스템의 오류로 인해 귀하께 이중으로 청구되었던 것 같습니다. 이 일로 인해 귀하께 발생한 불편에 대해 사과 드립니다. 제가 5~8영업일 이내에 처리되는 환불 요청서를 제출했습니다. 귀하의 최초 결제 수단을 바탕으로 해서 환불금이 지급될 것입니다.

추가적으로, 진심어린 사과의 의미로, 저희의 상점 어느 곳에서나 사용하실 수 있는 30달러 상당의 쿠폰을 보내 드리려고 합니다. 귀하께 쿠폰을 보내 드릴 수 있도록 우편 주소를 알려 주시기 바랍니다. 이용해 주셔서 감사하며 다시 모시게 되기를 바랍니다.

Hailey Lombilla 드림
Martin's 어패럴 고객 서비스팀

어휘 possible 가능한　issue 지급하다　as a token of ~의 표시로

46

Ward 씨는 4월에 어디에서 가장 많이 구매했는가?

(A) 의류점에서

(B) 사무용품점에서

(C) 식당에서

(D) 전자제품점에서

해설 신용카드 명세서를 보면 4월 중에서 가장 금액이 큰 것은 식당 (Giuseppe's Fine Bistro)에서 사용한 88.90달러임을 알 수 있다. 따라서 (C)가 정답이다.

47

Ward 씨가 환불 받기를 원하는 구매는 언제 이루어졌는가?

(A) 4월 7일에

(B) 4월 13일에

(C) 4월 20일에

(D) 5월 1일에

해설 Ward 씨는 청바지 한 벌을 구매했지만 두 벌의 금액이 청구되었다고 했다. 명세서의 상점들 중에서 옷을 판매하는 곳은 Martin's Apparel뿐인데, 이곳에서 구매한 날짜는 4월 20일이므로 정답은 (C)이다. apparel이라는 단어를 모를 경우 이메일 상의 주소와 발신자 정보를 통해 해당 상점이 Martn's Apparel이라는 것을 알아낼 수도 있다.

48

첫 번째 이메일에서, 첫 번째 줄의 단어 "address"와 그 의미가 가장 유사한 것은?

(A) deal with

(B) advise

(C) consider

(D) request

해설 address는 '문제를 다루다, 처리하다'라는 의미이므로 (A)의 deal with가 정답이다.

49

Lombilla 씨가 Ward 씨에게 요구한 정보는 무엇인가?

(A) 구매에 사용한 금액

(B) 구매 환불액을 보낼 곳

(C) 쿠폰 수령을 원하는 장소

(D) 사용했던 지불 수단

해설 세 번째 지문에서 Lombilla 씨는 할인 쿠폰을 보낼 수 있도록 우편 주소를 알려달라고(Please provide me with a mailing address so that I can send the coupon to you) 했다. 따라서 (C)가 정답이다.

50

Ward 씨는 어떻게 환불액을 지급 받을 것 같은가?

(A) 현금으로

(B) 신용카드로

(C) 쿠폰의 형태로

(D) 수표로

해설 첫 번째 지문이 '신용카드 명세서(Credit Card Statement)'이므로 그가 신용카드로 결제했다는 것을 알 수 있다. 그런데 세 번째 지문에서 환불은 최초 결제 수단으로 이루어진다고(The refund will be issued based on your original purchasing method) 언급되어 있다. 따라서 (B)가 정답이다.

레벨업이 필요할 땐

토익
부스터 RC

RC의 기본기를 위한 모든 것!

- 핵심 문법 사항을 단기간에!
- 토익에 꼭 필요한 어휘들을 빠짐없이!
- 최신 출제 경향을 반영한 지문과 문제!
- 자신의 실력을 측정해 볼 수 있는 RC Half Test 1회분!